新 潮 文 庫

オリンピア1936

ナチスの森で

沢木耕太郎著

新 潮 社 版

11300

オリンピア1936　ナチスの森で＊目次

オリンピア1936　ナチスの森で

序章　階段から

1

「この線はミュンヘンの南に向かっているんです」

　隣に坐《すわ》っているノリコ・ハール・カバシマが教えてくれた。

　私たちはその日、ミュンヘンの中心に位置するマリエン広場から、Ｓバーンの６番という近郊電車に乗り、ポッセンホーヘンに向かっていた。

　ポッセンホーヘンは湖の近くにある町、と聞いていた。

「ええ、シュタルンベルクという湖です。あの辺りは、ミュンヘンの市街地に住む人たちの別荘や、リタイアーした人の家があったりする、一種の高級保養地なんです」

　そこに、これから私がインタヴューをしようとしているレニ・リーフェンシュタールが住んでいるのだ。同行のノリコは、その通訳をしてくれることになっている女性だった。

レニ・リーフェンシュタール。彼女が生まれたのは一九〇二年八月だというから、すでに九十歳をはるかに超えている。二十世紀が始まった翌年に生まれ、やがて終わろうとしているいまもなお生きつづけていることになる。いや、単に「生きつづけている」というだけではない。常に舞台の上で脚光を浴び、現役でありつづけているのだ。

第二次大戦前のレニは、ダンサーであり、女優であり、さらには自らが主演した『青の光』や、ナチスの党大会をドキュメントした『意志の勝利』などの映画監督として、ドイツ国内だけでなく世界的な名声を獲得していた。しかし、戦後はナチスの協力者という疑いをかけられ、有罪とはならなかったものの、結果としてドイツの映画界から追放されることになる。ところが、ムーヴィーのカメラを取り上げられた彼女は、今度はそれをスチールのカメラに持ち替え、アフリカの奥地に住む一部族を撮った『ヌバ』によって写真家として復活する。その時、彼女は七十一歳だった。さらに、七十代でダイヴィングを習得したレニは、七十六歳で『珊瑚《さんご》の庭』、八十八歳で『水中の驚異』を発表し、その旺盛《おうせい》な好奇心と行動力で世界を驚かせた。現在は、ヴィデオ・カメラで水中の神秘的な映像を撮りつづけ、恐らくは彼女にとって最後のものになるだろう映画を作っている、とのことだった。レニは、かつてのナチスやヒトラーとの関係ばかりでなく、その超人的な創作活動によっても、生きながら伝説の人となってしまった感がある。

だが、私はその日、ダンサーとしてでもなく、女優としてでもなく、写真家としてでもなく、『オリンピア』を撮った監督としてのレニに会おうとしていた。

レニ・リーフェンシュタールの作品『オリンピア』は、一九三六年に催されたベルリン・オリンピックの記録映画である。『オリンピア』は『民族の祭典』と『美の祭典』の二部から成り、全体では四時間になろうかという大作だが、現在もなお、事あるごとに映画館で上映され、テレビで放映されつづけている。それは、かつて撮られたオリンピック映画の中の最高傑作というばかりでなく、全映画史の中でもベストテンに入る作品だという評価まである。事実、『オリンピア』が封切られた一九三八年には、その年のヴェネチア国際映画祭に出品され、グランプリにあたる金獅子《きんじし》賞を受賞している。

一方、あれはオリンピック映画の形を借りたナチスのプロパガンダだったという見方も存在する。ナチス・ドイツを平和国家だと偽装するための宣伝として、大きな役割を果たしたというのだ。それによれば、ベルリン・オリンピックはナチスの祭典であり、その祭司がアドルフ・ヒトラー、巫女《みこ》がレニ・リーフェンシュタールだったということになる。

だが、レニに対して極めて批判的なグレン・B・インフィールドでさえ、その著書『レニ・リーフェンシュタール』（喜多《きた》迅鷹《としたか》・元子《もとこ》訳）の中で、こう書かざるをえなかった。

《『オリンピア』は、それまでのスポーツ映画にはっきりと訣別《けつべつ》を告げる作品だった。これは映画の新たな領域を切り開いたパイオニア的作品であり、その後も、これに匹敵する作品は現われていない》

日本では、少し遅れて一九四〇年、昭和十五年の秋に、まず『民族の祭典』が公開された。これはひとつの社会的事件になった。東京劇場での初日には、午前九時の開場前に二千人もの群衆が殺到したといわれている。配給元の東和の社史にある《この年の秋は日本中が『民族の祭典』の人気に沸き返った》という言葉は、決して大袈裟《おおげさ》なものではなかった。その最大の理由が、ベルリン大会における日本選手の活躍にあったことは間違いない。しかし、それに加えて、レニ・リーフェンシュタールの斬新《ざんしん》な映像が、知識人をも巻き込んで評判を呼んだことも大きかった。『民族の祭典』を見て、佐藤春夫《さとうはるお》は一編の詩を書き、あるいは小林秀雄《こばやしひでお》が一編のエッセイを書いた。

その熱狂は、何も東京だけに限ったものではなかった。数年前に退官するまで京都大学で教鞭《きょうべん》をとっていた作家の山田稔《やまだみのる》は、『シネマのある風景』という本の中で、少年時代に門司《もじ》の映画館で見た『民族の祭典』の記憶について書いている。

《……競技場のメインポールに鉤《かぎ》十字のドイツ国旗が揚がる。ナチ風の挙手の礼をするヒットラー。少年の好きなドイツ国歌の旋律が鳴りひびき、彼は胸のうちで唱和する》

また、女優の高峰秀子《たかみねひでこ》が『わたしの渡世日記』の中で、こんな情景を書き留めている。当時、十六歳だった高峰秀子は、山本嘉次郎《やまもとかじろう》監督の『馬』という作品に出演中だった。その演出助手であった若き黒沢明《くろさわあきら》と親密さを増していった彼女は、ロケ先の盛岡で一緒に映画を見にいく。映画はレニの『民族の祭典』だった。その作品は、高峰秀子には単に日本選手の活躍に感激させ、ヒトラーのちょび髭《ひげ》に興味を抱かせたくらいのものだったが、未来の監督を夢見る青年黒沢明に強い衝撃を与える。街の映画館から宿に帰るまでの道では、黒沢は自分の足元に視線を落としながら黙々と歩きつづけ、《私の存在など気にもとめてくれなかった》と高峰は書いている。『民族の祭典』には、才能豊かな映画青年を、それほど深く揺さぶる力があったことになる。

オリンピックがテレビによって世界に中継されるのは、一九六四年の東京大会からである。それ以前のオリンピックにおいては、人々の視覚的な記憶は、新聞雑誌に掲載された写真と、劇場で上映されたニュース映像によって形作られてきた。そのため、どの大会も記憶は断片的なものにならざるをえなかった。しかし、唯一《ゆいいつ》の例外がベルリン大会だった。ベルリン大会にはレニ・リーフェンシュタールの『オリンピア』が存在したためである。少なくとも『オリンピア』を見た多くの人にとっては、ベルリン大会は開会式から閉会式に至る、ひとつの全体的なイヴェントとして記憶されることになったのだ。

レニの通訳をしてくれることになっているノリコは、現在、ドイツ人の大学教授と結婚しているが、かつてレニの個人秘書をしていたことがある。

なぜレニの秘書になったのか。シュタルンベルク湖に近づいていくにつれて乗客が少なくなっていく電車の中で、私はノリコの話に耳を傾けた。

彼女によれば、日本の大学を卒業すると、ドイツ文学を研究するためミュンヘンに留学したのだという。しかし、ドイツ人との恋愛に不安を覚えた家族に引き戻され、学業半ばで一時日本に帰国せざるをえなくなった。日本に帰ったノリコは、番組制作会社の「テレビマンユニオン」でアルバイトをするようになるが、ちょうどその頃、

『ベルリン・オリンピック』という番組でレニを呼ぶことになり、その通訳として行動を共にすることになった。十日余りの世話を大過なく終えると、レニは別れ際《ぎわ》にいつかドイツで会いましょうと言ってくれた。ノリコが、たぶん近いうちにドイツに行くことになると思いますと言うと、もしよければ私の秘書にならないかと誘われたのだという。そして、実際、ミュンヘンのレニのもとを訪ねると秘書として雇ってくれることになった。

秘書としてのノリコの仕事は、当時レニが発表しようとしていた自伝のための資料整理をすることだった。本来、その自伝は、ゴースト・ライターがまとめることになっていたが、レニはどうしてもその草稿が気に入らず、自分で書くことにしたのだ。ノリコは、八十歳を過ぎたレニが、自分の万年筆でコツコツと書いている姿を知っている。そして、その文章は、名文というのではないが、修飾の少ない正確なドイツ語で書かれていた。

八十歳で書きはじめられた自伝『回想』は、ようやく八十五歳の時に完成した。のちにノリコが邦訳することになるその本は、文庫本で実に千四百頁《ページ》にも達する大部なものになった。

レニの秘書役はさほど楽な仕事ではなかったようだ。恐らく、レニの性格の激しさに翻弄《ほんろう》されることが多かったのだろう。結局、ノリコは二年で辞めることになるが、しかし、だからといって喧嘩《けんか》別れをしたわけではなかった。それは、レニに、どこか憎めない童女のようなところがあったからだった。

たとえば、レニが若い時に受けた胆石の手術の痕《あと》の話になる。すると、レニは、いきなりぱっとスカートをまくって、「ほら、こんなに大きいのよ」と言いながら腹部を見せたりする。レニには、こうした無垢《むく》ともいえる大らかさがあったのだ。

ノリコの話を聞きながら、もしかしたら、彼女がレニの秘書になるについては、私も微妙なかたちで関与しているかもしれないな、と思った。

二十年ほど前のことだった。私は外国から長い旅行を終えて帰ってくると、しばらくしてオリンピックについてのルポルタージュを書いた。なぜオリンピックだったのか。そのモチーフはもうかなり曖昧《あいまい》になっているが、旅の途中でギリシャのオリンピアに立ち寄り、古代の競技場である「スタディオン」で戯《たわむ》れに走ってみたということも、いくらかは影響していたかもしれない。

オリンピック、それも日本人とオリンピックとの関わりについて書こうと思った時、二つの大会が頭に浮かんだ。東京大会とベルリン大会である。どちらも日本人が大活躍し、その姿が記録映画によって残されている。だが、当時、歴史としての東京大会を描くにはまだ少し早すぎるような気がした。私は日本人にとってのベルリン大会を再現してみることにし、出場選手をはじめとして、選手団の役員、新聞社の特派員や放送関係者、ベルリン駐在の大使館員などを訪ね歩き、そのインタヴューをもとに六十枚ほどの文章を書き上げたのだ。

雑誌「文藝春秋」に掲載されたそのルポルタージュには、ささやかながら二つの新しい発見があった。ひとつは、その頃の日本ではほとんど忘れ去られていたマラソンの優勝者の孫基禎《ソンギジョン》にインタヴューし、レースの模様と当時の複雑な心境を話してもらえたこと。そしてもうひとつは、レニ・リーフェンシュタールが撮った『オリンピア』の映像の、思いがけない秘密を明らかにできたことである。

しばらくして、そのルポルタージュに興味を抱いた「テレビマンユニオン」の若いディレクターが、これをテレビ化できないかと相談に来た。当時の私はテレビのドキュメンタリーに関心が薄く、その企画に参加することはなかったが、参考になりそうな資料を提供することは拒まなかった。その結果、「テレビマンユニオン」の手で『ベルリン・オリンピック』という番組が製作されることになったのだ。恐らく、私の文章がなければその番組はなく、その番組がなければレニが日本に来ることはなく、だからノリコがレニの秘書になることもなかったはずだった。私はその小さな因縁の鎖を面白く思った。

だが、あのルポルタージュを書いてから確実に二十年が過ぎた。あのとき取材をさせてもらった多くの人が亡《な》くなっている。陸上の田島直人《たじまなおと》が死に、水泳の前畑秀子《まえはたひでこ》が死に、バスケットボールの横山堅七《よこやまけんしち》が死に、ボートの根岸正《ねぎしただし》も死んだ。

ベルリン・オリンピックに関係した多くの人たちから、長時間にわたって膨大な話を聞きながら、不充分で短いレポートしか書けなかった。私にはそのことがずっと気掛かりでならなかった。いつか、もう少しましな『ベルリン・オリンピック』を書かなくてはならない。だが、その切っ掛けがなかなか訪れないまま、もう書くことはないのかもしれないとなかば諦《あきら》めかかっていた。

ところが数年前、私は短距離ランナーのベン・ジョンソンを主人公に、一本のテレビ・ドキュメンタリーを作ることになった。それは、ソウルで獲得した金メダルを、ドーピングの発覚により剝奪《はくだつ》されたベン・ジョンソンが、バルセロナ・オリンピック目指して再起する姿を捉《とら》えようとした作品だった。私たちは、彼の住んでいるトロントで取材の交渉をし、トレーニングをしているフロリダを訪れ、生まれ故郷のジャマイカにも同行した。

番組自体は必ずしも成功したとはいえなかったが、放映後、私の手元にはそのとき取材した膨大な資料が残された。一時間の番組では、取材した材料の何十分の一も使い切れなかったのだ。そこには、ベン・ジョンソンだけでなく、それ以前の百メートルの名選手たちへの貴重なインタヴューも含まれていた。これは何らかのかたちで文章化しなくてはならない、と思った。

だが、いざそれを書こうとすると、どのようなタイトルにしたらいいかで迷いはじめた。テレビのタイトルは『一〇〇M』というものだった。しかし、そのタイトルではどうにもイメージが結ばれてこないのだ。

迷いに迷っている時、ふと「オリンピア」という言葉が浮かんできた。それはまさに、天上から降ってくる不思議な花びらのように、しばらく頭の中でゆっくりと舞っていた。

——オリンピア、オリンピア、オリンピア……。

すると、ベン・ジョンソンだけでなく、ジェシー・オーウェンス以降の百メートルの名選手や、ベルリン・オリンピックの取材で会った多くの日本選手たちが、ひとつのピラミッド状の空間に吸い寄せられていくような気がしてきた。ベルリン・オリンピックからアトランタ・オリンピックまで、ジェシー・オーウェンスからベン・ジョンソンまで。それらを包み込むものとしてのオリンピアというタイトル。私はようやく百メートルを書くための武器を手に入れることができたのを知った。それはまた、ベルリン・オリンピックについて、もういちど書くチャンスが巡ってきたということでもあったのだ。

オリンピア。これはギリシャの町の名であると同時に、レニ・リーフェンシュタールの映画のタイトルでもある。私は「オリンピア」というタイトルのもとに文章を書きはじめる前に、オリンピアを再訪し、レニ・リーフェンシュタールに会うことを望んだ。奇妙な言い方をすれば、オリンピアという土地と、レニ・リーフェンシュタールという女性に、「仁義」を切っておきたかったのだ。

ギリシャに行き、オリンピアを訪ねることにはなんの支障もなかった。だが、問題はレニ・リーフェンシュタールである。果たして会うことなどできるのだろうか。

日本のベルリン大会参加者の多くが死んでいるというのに、はるかに年長であるはずのレニ・リーフェンシュタールは、ミュンヘンでいたって元気に暮らしているらしい。その様子は、一九九三年にドイツで作られた『レニ』というドキュメンタリー映画で見ることができていた。九十一歳のレニは、ナチスの党大会が開かれたニュルンベルクの会場跡でインタヴューに答え、カリブの海では自ら潜ってヴィデオを回していた。もっとも、それから何年かが過ぎている。九十一歳の時に元気だったからといって、現在もなお元気とは限らない。

私はまず出版社の知人からミュンヘンに住む元秘書のノリコを紹介してもらい、次にそのノリコに恐る恐る相談の電話を掛けた。すると、電話の向こうのノリコは、レニが依然として元気いっぱいであることを教えてくれた。数カ月前にもセーシェル諸島のサンゴ礁《しょう》に潜りにいき、製作中の海底映画のためにヴィデオの撮影をしていたという。ただ、その時の潜水で耳に水が残り、軽い中耳炎になってしまったが、それ以外はなんの不自由もないとのことだった。そして、ノリコを通してインタヴューを申し込むと、レニからこの日を指定されたのだ……。

私たちの乗った電車がシュタルンベルク湖の横を通過した。曇り空のために湖面もくすんだ灰色をしている。湖岸の野原は数日前に降った雪の名残で真っ白だが、市街地よりいくらか深く積もっているような気がする。確かに、私たちは郊外に向かっているのだということがわかる。

ようやく着いたポッセンホーヘンの駅は、小さく寂しげなものだった。日本の駅のように周辺に商店が並んでいたりはしない。

駅舎の前の階段を上っていくと、白人の男性が車で迎えにきてくれていた。レニと一緒に住んでいるホルスト・ケットナーだ。映画『レニ』ではパートナーと紹介されていたが、三十年近く同棲《どうせい》している夫婦同然の間柄である。しかし、『レニ』の監督がパートナーとしか呼べなかった気持はわからないではない。ホルストは一九四二年生まれである。つまり一九〇二年生まれのレニとは四十歳もの年齢の開きがあるのだ。

私たちを車に乗せてくれたホルストは、二日前だったらよかったのに、と残念そうに言った。

「雪が本当に美しかったから」

そのホルストは、まだ五十代だというのに、周囲の家の屋根に積もっている雪よりはるかに美しい銀髪である。

「ここに来る前に立ち寄ったブダペストは、三日前が雪でした」

私が言うと、ここも盛大に降ったのは三日前だったのだ、とホルストが言った。降った翌日の景色が素晴らしかったらしいのだ。

「レニの中耳炎はどう」

ノリコが訊《たず》ねると、ホルストがあっさりと答えた。

「あれはもうまったく心配ない」

そんなやりとりをしながら少し溶けかかった雪道をゆっくり進んでいくと、十分もしないうちにレニの家に着いてしまった。

2

レニの家は、大邸宅というほどではなかったが、ゆったりとした敷地といい、落ち着いた色調の外観といい、まずは瀟洒《しょうしゃ》な住まいというにふさわしいものだった。

ホルストに案内されて家の中に入ると、奥から中年の婦人が出迎えに現れた。彼女が、現在のレニの秘書役をしているという、ヤーン夫人なのだろう。

居間に通された私たちがソファーに腰を落ち着けると、ホルストは中二階に向かって声を掛けた。すると、そこから低く太い女性の声が返ってきて、しばらくすると、階段にひとりの老女が姿を現した。薄手のシルクのようなブラウスに、ゆったりとした黒いパンツをはき、その上に原色をあしらった長めの上着を羽織っている。それがレニだった。

レニは、階段の手摺《てす》りにつかまりながらゆっくりと、しかし誰の助けを借りることもなく降りてきた。

映画で見たレニより少し老いているが、血色のよさといい、肌の艶《つや》のよさといい、とうてい九十代とは思えない。ただ、さすがに顔の皺《しわ》は深く、とりわけ口元から両頬にかけての長い皺は、高い鉤鼻《かぎばな》とともに、童話に出てくる魔法使いの老婆《ろうば》のような印象を与えかねないものだった。

差し伸べられたレニの手を軽く握りながら、私は不思議な気分になっていた。この人のこの手を、あのヒトラーもまた握ったことがあるのだ。握り、キスをした。レニの『回想』に何度となく出てくる情景である。

たとえば、ある夜遅く、突然、ベルリンの帝国官房に招かれたレニは、ヒトラーから青年時代のことや愛する母親の話などを延々と聞かされる。

《夜も深々と更《ふ》けてから、彼は立ち上がり、私の手を握って言った。「お休みになりたいでしょう。おいでくださってほんとうに感謝しています」／カネンベルクを呼んで、下にお連れするように、と言いつけた》

あるいは、第三帝国崩壊の一年前のこと、ペーター・ヤーコプという陸軍少佐と結婚したばかりのレニを、ヒトラーが夫婦ともども招いてくれる。

《ヒトラーは私の手にキスをしてから、夫に短く挨拶《あいさつ》をしたが、彼に何の注意も払わなかった。ヒトラーの姿が崩れてしまったのが目についた。手は小刻みに震え、目は

落ち着きを失っている。この前会ったときから何歳も老《ふ》けこんでしまっていた》

私は、握ったレニの手を通して、遠い歴史の闇《やみ》に消えたはずの人物に触れているような気がした。

レニは、ノリコと挨拶を交わし、それが済むと、あらためて私の方に向き直り、優しい笑顔を浮かべて言った。

「わざわざ私に会うためにミュンヘンまで来てくれたの？」

「ええ」

私が答えると、レニは華やいだ声を上げた。

「まあ、嬉《うれ》しいわ」

ところが、そんなことを言っておきながら、土産物がわりの品を渡し終わり、いざインタヴューを始めようとすると、これだけは言っておきますからね、というような固い口調でこう宣言した。

「本に書いてあるようなことは訊《き》かないでくださいね」

要するに、つまらない質問はするなというわけだ。それを聞いて、これは面白いぞ、と思った。私は、余計な廻り道などせず、単刀直入に『オリンピア』の話題に入っていくことにした。

私には素朴な疑問があった。レニはなぜオリンピック映画に『オリンピア』というタイトルをつけたのか。レニのオリンピック映画が『民族の祭典』と『美の祭典』という二部作になっているのは知っていたが、それをどうして『オリンピア』という言葉で括《くく》ろうとしたのか。

訊ねると、意外な答えが返ってきた。

「それは、私がつけたんじゃないの」

「あなたがつけたのではない？」

「そう。私がつけたのは『民族の祭典』と『美の祭典』というタイトルだけ。この方がずっと美しいわね。『オリンピア』というのは、報道機関が勝手につけた通称のようなものなの。映画全体がオリンピックの映画でしょ。だから、みんながオリンピック映画、オリンピア映画、と呼んだわけ。でも、私がつけたのは、あくまでも『民族の祭典』と『美の祭典』なんです」

さらにレニは、自分の撮ったオリンピック映画がなぜ『民族の祭典』と『美の祭典』という二つのタイトルを持つことになったかを説明しはじめた。

「それはね、映画が長くて、二本に分けざるをえなかったからなの。一本目の『民族の祭典』には、オリンピック大会の最も重要な要素を入れました。ギリシャの時代から受け継がれたオリンピックの理念をよく表しているもの、つまりプロローグのギリシャの遺跡や聖火リレーを撮った部分と、開会式と、重要な陸上競技のすべて。もともとギリシャの時代には水泳競技なんてなかったんですからね。こうした競技を各国の選手たちが競い合うから『民族の祭典』と名づけたわけです。二本目の『美の祭典』では、陸上以外の競技と選手村での様子が中心になっています。こちらの方は、競い合う姿が中心ではなく、その動きやリズムや美的なものに重きを置きました。それで『美の祭典』。一本目では優勝した人の名前が出てきますが、二本目ではほとんど出てきません。どちらもオリンピックを描いているけれど、それぞれ別の作品なんです。だからタイトルも二つあるの」

話しはじめると、レニのかすかに青みを帯びた灰色の眼がキラキラと輝きはじめた。別にライトが当たっているというわけでもないのに、本当に眼に輝きが増してきたのだ。いままで「キラキラと輝くような」という形容句を読んだことはあるが、実際にキラキラと輝き出す眼を見るのは初めてのような気がした。

レニは、『オリンピア』というタイトルを自分でつけた覚えはないという。だが、一般的には、『民族の祭典』と『美の祭典』の二本をまとめて『オリンピア』と呼ばれている。作り手としてはそれでもいいのだろうか。私が訊ねると、レニは別に大したことではないというような軽い調子で言った。

「いいんじゃない。ドイツ語では、英語のオリンピックはオリンピアーデだけれど、オリンピアでもあるの。二つの言葉の違いを説明すれば、オリンピアーデがベルリンとか東京とかの個々の大会をさす言葉なのに対して、オリンピアはオリンピックの本質を意味する言葉で、たとえそれがどこの大会であろうと、夏季であろうが冬季であろうが、オリンピアだということかな。オリンピアはオリンピアーデ全体を統合する、様式化された表現だというわけなの」

前日、ノリコに分厚いドイツ語辞典で調べてもらったところによれば、「オリンピア」はオリンピックの「詩的な古語」であるとのことだった。そういえば、ベルリン大会の『公式報告書』の表紙にも『オリンピア』の文字がデザイン的に使われていた。あるいは、「オリンピア」はそうした用いられ方をするのに適した言葉なのかもしれなかった。

私は、レニから『オリンピア』が正式なタイトルではなかったと聞いて、どこかでホッとしていた。

しかし、そうだとすると、レニの自伝『回想』にある、次のようなシーンをどう理解したらいいかわからなくなる。

ベルリン大会が終わり、膨大な撮影済みフィルムを抱えての、辛《つら》く苦しい一年半の編集の時期を経て、一九三八年、映画はようやく完成する。その初上映の日、映画が始まり、『オリンピア』の文字が出てきた時、レニの体は震え出し、やがて眼からどっと涙が溢《あふ》れ出る……。

私がその話を持ち出すと、レニは考えはじめた。

「そうだったかしらね……。でも、タイトルは本当に『オリンピア』じゃないんだけど……」

そして、ほんの少しの間があって、レニが嬉しそうに言った。

「ああ、そうだ、わかったわ。ギリシャに古代の石があって、そこにオリンピアという文字が刻まれているんだけど、それを『民族の祭典』のいちばん最初にもってきたの。その文字を見て、ということだったんだと思うわ」

それで、『オリンピア』と、『民族の祭典』『美の祭典』との関係は了解できた。少なくとも、レニの意識の中では、『オリンピア』は便利な通称以外のものではないのだ。私はタイトルについての質問を切り上げ、次に移ることにした。

あらかじめ考えていた順序では、このあとはレニの人生に関する質問をするつもりだった。ところが、思わず予定とは違うことを訊ねてしまったのだ。この作品を撮った時、あなたはドキュメンタリー映画というものをどのように定義していたのだろうか、と。

「ドキュメンタリー映画というのは、劇映画と対極にあるものです。ドキュメンタリー映画は、実際に起こったもの、あったものの上に成り立ち、ファンタジーを扱いません」

ドキュメンタリー映画は劇映画と対極にあるというレニの言葉を聞いて、私はソファーから身を乗り出した。それは私の最も知りたいことのひとつだったからだ。事前の心づもりでは、もう少しあとで訊ねるつもりだったが、レニの「つまらない質問はしないでね」という最初の一撃に、無意識のうちに対抗心を燃やしてしまったところがあったのかもしれない。

「あなたの『オリンピア』には二種類の映像が含まれていると思います。実際の出来事を撮ったものと、リメイクしたものの二種類です。劇映画と対極にあるのだとすると、リメイクするという行為はその考え方に抵触しませんか?」

実は、レニの『オリンピア』にはリメイクの部分、日本のテレビの業界用語を用いれば、「再現フィルム」が混じっていたのだ。

私が二十年前に書いたベルリン・オリンピックのルポルタージュで、レニの映像のささやかな秘密が明らかになったというのは、その撮り直しの部分に関することだった。

たとえば、『民族の祭典』で最も有名な「棒高跳びの真夜中の決戦」は、試合後に撮られた「再現フィルム」なのである。

それを私に教えてくれたのは、三段跳びの田島直人だった。

当時、中京大学の教授をしていた田島を大船の自宅に訪ねると、さまざまに興味深い話をしてくれたが、最後にレニ・リーフェンシュタールが話題になった。

「噂《うわさ》どおりの美人でしたか」

私が訊ねると、いくらか面映《おもは》ゆそうな笑いを浮かべて田島が言った。

「いわゆる正統的な美人といううんじゃないけど……女傑でしたね。ヒトラーが眼をかけたというだけあって、とにかく仕事に熱中している姿というのは、男とか女とかいうのを超越していました。傍《そば》で見ていて、これならスタッフも一生懸命にならざるをえないなと思いましたね」

そして、こう付け加えた。

「僕はリーフェンシュタールの家に招待されて、夜の一時か二時くらいまで接待してもらったことがあるんですよ」

「特別に？」

「僕は少しドイツ語がしゃべれたので、リーフェンシュタールが日本人を撮る時の通訳をしたことがあって、そのお礼ということでね。その時は西田修平《にしだしゅうへい》も一緒でした」

「どうして、西田さんが？」

「それはね、棒高跳びのシーンを撮り直したでしょ、それに快く参加してくれたことの感謝の意味もあって……」

「撮り直した？」

「棒高跳びは、決勝の白熱した場面が夜になってしまったんですよ。はじめはあんなに暗くなるまでやるとは予想してなかったんでしょうね。撮ることは撮ったけど、暗くて使いものにならなかった。そこで、後日アメリカと日本の選手を呼んで最後の場面だけ撮り直したんです」

　私も、棒高跳びで二位と三位を分けあった西田修平と大江季雄《おおえすえお》が銀と銅のメダルを半分ずつにしたという、いわゆる「友情のメダル」の話は聞いたことがあった。しかし、それを劇的に伝えている『民族の祭典』の棒高跳びのシーンが、撮り直されたものであるとは知らなかった。私が驚くと、田島が笑いながら言ったものだった。

「日本に『民族の祭典』が来た時、棒高跳びの仕上がりはどんなふうかと見ていると、撮り直したところが他のところにうまく溶け込んでいて、これでは誰にもわからないだろうと思ったものです。だって、あの慧眼《けいがん》な織田《おだ》幹雄《みきお》さんですら気がつかなかったくらいですからね」

当時、私が集めることのできた日本の資料には、『オリンピア』の中に撮り直された部分があることを述べたものはなかった。

それは日本だけのことではなかったと思われる。たとえば、一九七六年に刊行されたインフィールドの『レニ・リーフェンシュタール』にも、リメイクに関する指摘は存在しない。レニ告発の立場を取るインフィールドが、知っていながらその事実に触れないはずはない。また、ベルリン大会を包括的に描いた『ナチ・オリンピック』のリチャード・マンデルも、特にレニの『オリンピア』について一章を割いているにもかかわらず、リメイクには言及していない。

もっとも、私にしたところでその事実をさして重要なこととは思っていなかった。だから、田島直人に聞いた話を、単なる興味深い挿話のひとつとして書き記したにすぎなかったのだ。だが、そのルポルタージュが「文藝春秋」に発表されると、映画評論家の荻昌弘《おぎまさひろ》から「書かれていることは本当か」という驚きの電話が掛かってきた。

あとで確認してみると、田島は公式の場でいちどだけこの件について発言したことがあったが、その時はあまり注目されなかったのだという。

以後、『オリンピア』にリメイクの部分があることは日本でもかなり知られるようになり、また、のちにはレニが自らリメイクの状況を説明するようになったことで一般化しはじめた。しかし、その詳細が記されているレニの『回想』でも、リメイクが彼女のドキュメンタリー理論の中でどのように位置づけられているのかは、まったく語られていない。私はそれが知りたかった。

「あなたの言うとおり、棒高跳びは試合後に撮り直しました」

レニが話しはじめた。

「棒高跳びは試合が長引いてしまったので、最も面白い決勝の部分が夜に掛かってしまいました。でも、試合中にライトを当てて撮ることは国際オリンピック委員会から禁じられていました。当時のフィルムでは、ライトなしに夜間撮影をすることは不可能でした。その結果、私は素晴らしい棒高跳びの闘いを撮り損なうことになったのです。私に残された選択肢は二つでした。ひとつは棒高跳び全体を諦めること。もうひとつは、できるだけ忠実に決勝の部分をやり直してもらい、それを撮ることです。私は後者を選びました。そこで、日本のオオエとニシダとアメリカ人の三人にもういちどやってくれるように頼むことにしたのです。日本の二人はすぐに了解してくれましたが、アメリカ側の三人をその気にさせるのは大変でした。彼らは試合が終わってホッとしているところだったので、そんなことをやるのは面倒だったのでしょう。でも、結局やることに同意してくれました。翌日、同じ場所で、同じ選手たちに、同じバーの高さで跳躍してもらうことになったのです」

レニは、棒高跳びの撮り直しについて話し終えると、言った。

「試合後に撮り直したのはそれだけです」

いや、リメイクのシーンはまだある。十種競技もそうだったはずだ。

「そうそう、十種競技がありました。九種までは普通に撮っていました。ところが残りの千五百メートルがやはり夜だったので撮れませんでした。そこで、棒高跳びと同じようにもういちど走ってもらい、ライトを当てて撮ったのです。撮り直す決断をしたのが少し遅かったために、すでに選手たちは散り散りになっていました。優勝者のグレン・モリスは、アメリカ・チームとスウェーデンにいましたが、特別にベルリンに戻ってきてもらったのです」

その折、レニはグレン・モリスと激しい恋に落ちる。だが、それはまた別の物語である。ここでは、まずリメイクの問題を片付けなければならない。

私は、あらためて、ドキュメンタリーの中に撮り直しを挿入することに抵抗感はなかったかを訊ねた。すると、レニはそれには直接答えず、こう言った。

「でもね、あのシーンがなければよかったかというと、あった方がよかったと思うの」

私もそう思う。『民族の祭典』は棒高跳びの決戦をハイライトとすることで、見事な高まりをみせて終わるのだ。しかし、と私が言いかけると、それをさえぎってレニが言った。

「確かに、あの箇所は厳密な意味でのドキュメンタリーではありません。ただ、それでも創作でないといえるのは、同じスタジアムで、同じ選手で、現実に起こったのと同じ経過をたどるからです。つまり、あれは現実のデュープなのです。それが創作との違いです」

デュープというのは、写真用語でフィルムの複製を意味する言葉だ。

「それに、あれは全体の長さからいったら何百分の一程度でしょう。付け加えは必要でした。あの映画に棒高跳びのシーンがなかったらとても大きな損失です。十種競技についても同様です。マラソンと並んで十種はとても重要な競技なのです。それが九種までそろって十種目だけがないのは残念すぎます」

だが、撮り直すことに関して、内部のスタッフからの異論や批判はなかったのだろうか。

「あるはずがありません。私には助監督もいなかったんですよ。手本もなく、助言する人もいず、まったくのひとりで作ったといえるくらいなんですから」

手本とする作品もなく、頼る人もいなかったというレニの言葉を信じるなら、すべては彼女の頭脳の中から生まれてきたということになる。当時三十四歳の女優であり、監督としてはわずかな経験しか持たなかった彼女に、どうしてあの『オリンピア』を生み出すことが可能だったのだろう……。

私たちが熱中して話しているところに、秘書のヤーン夫人が、お茶の用意ができたと告げにきた。そこで、私たちは応接用のソファーから、食卓用のテーブルに席を移すことにした。

テーブルの上には大皿にケーキがのっていた。蒲鉾形《かまぼこがた》の細長いスポンジケーキにナッツ入りのクリームがかかっており、そこにココアがまぶしてある。レニによれば、近所の上手な人にわざわざ焼いてもらったのだという。

「日本の有名な作家が来るというものだから」

レニが笑いながら言った。それは言外に、あなたのような「若造」とは思わなかったわ、という軽い皮肉がこめられているようだった。もうインタヴューは受けたくないというレニを説得するため、交渉に当たったノリコが大袈裟に言ってくれすぎたのかもしれない。

ホルストが切り分けてくれたそのケーキは、さすがに自慢するだけのことはあっておいしかった。私は勧められるままに二度もおかわりをしてしまったが、驚いたのはレニもそれに劣らぬ旺盛な食欲でケーキを平らげていったことだった。これが九十歳を過ぎて、いまなお海底に潜り、映画を撮りつづけさせているエネルギーの源泉になっているのかもしれなかった。

3

確かに、レニは若い頃から旺盛なエネルギーを持っている女性だった。だから、彼女が運命を変化させる切っ掛けになる人物と出会うのは、常に自分から行動を起こしてのことだった。彼女の人生を大きく変えることになる男性、それはまず映画監督のアルノルト・ファンクであり、次にアドルフ・ヒトラーであった。

レニは、会社経営者である父と、女優願望を抱いていた母とのあいだに、ベルリンで生まれた。第一次大戦の前後に少女期を送ったレニは、一九二〇年代に入ると保守的な父親の期待を裏切り、自分の道を創作ダンスに見出《みいだ》すようになる。しかし、劇的なデビューを飾り、ダンサーとしての階段を上りはじめた矢先、膝《ひざ》に致命的な傷を負ってしまう。

絶望のさなか、レニは一本の映画を見る。

「それはファンクの『運命の山』という映画でした。私はその中に出てくる山の美しさに感激しました。地理学者でもあったファンクは普通の映画監督ではなく、山岳映画のスペシャリストであり、考案者でした。雲の動きを捉えた最初の監督だったし、スローモーションを巧みに使った監督でもありました。私は『運命の山』を見た瞬間、映画というものが真の芸術になり得るものだということを直感的に理解したのです」

レニはどんなことをしてもファンクに会いたいと思い、つてを頼りに面会を求め、手紙を書き送る。そして、ようやくベルリン市内のカフェで会う機会を得る。ファンクは、レニを見て一目で気に入り、三日三晩で彼女のためのシナリオを書き上げる。

それがレニの映画デビュー作となる『聖山』だった。

その『聖山』でのレニの役どころは、山に魅《ひ》かれる踊り子、というものだった。レニは、ファンクが必要としている山岳映画のヒロインを演じるため、危険を冒して膝の大手術をし、岩登りをマスターし、スキーを習った。その結果、足を骨折してしまうことになるが、レニの不屈の闘志と努力は、彼女を単なるお嬢さんダンサーとしか見ていなかった周囲の人々を驚かせた。

完成した『聖山』は好評を博し、新人女優としてのレニ・リーフェンシュタールも好意的に迎えられた。

「ダンサーをやめた後の六年間、私はファンクのもとで女優をしました」

その六年間で、レニは『聖山』、『大いなる跳躍』、『死の銀嶺《ぎんれい》』、『モンブランの嵐《あらし》』、『白銀の乱舞』の五本のファンク作品に主演し、ドイツにおけるスターとしての地歩を固めていった。

しかし、レニは、そうした映画に出演することに飽き足らないものを感じるようになっていく。

「いつも、同じような役の、同じような演技が求められたからです。いいえ、それは演技というようなものではありませんでした。氷の山を登り、スキーで滑り降り、そしていつも雪崩《なだれ》に遭う。そんなことばかりでした」

やがてレニは、ユンタという羊飼いの娘を主人公にした幻想的な映画の製作を夢見るようになる。だが、そのような映画に出資してくれる人もいなければ会社もなかった。彼女はわずかばかりの金をかき集めると、製作費を切りつめるため自らメガホンをとり、一九三二年に『青の光』を完成させる。

彼女が初めて監督した『青の光』は、第一回のヴェネチア国際映画祭に出品されると高い評価を受け、準グランプリにあたる銀獅子賞を獲得した。それは、ドイツの映画界ばかりでなく、世界の映画関係者に衝撃を与えることになった。一女優の初監督作品が、これほどの質のものになるとは思いもかけないことだったからだ。

「私はファンクの映画に出演するうちに、彼の映画の作り方を知らず知らず会得《えとく》するようになっていました。現代では映画のスタッフが二十人も三十人もいるのは当たり前ですが、当時のファンクは一本の映画を五、六人で作ったものです。助監督もいず、製作に携わる人は監督とカメラマンと俳優だけなどということもありました。だから、全員がすべての仕事をこなさなければならなかったのです。誰かが病気になれば誰かがその代役をしました。カメラマンが俳優になったり、俳優がカメラマンの助手をしたり、私はそうやって撮影や編集の仕方を身につけていったのです」

こうしたさなかに、レニは自身の運命を変えることになるもうひとりの人物に遭遇する。ベルリンのシュポルトパラスト〈室内競技場〉で、政権を掌握する直前のヒトラーの演説を聞いたのだ。

《吹奏楽団がマーチを次から次へと演奏したのち、時間に大幅に遅れて、やっとヒトラーが登場した。観衆はパッと席から飛び上がり、我を忘れて、「ハイル、ハイル、ハイル！」と叫んでいる。何分間続いただろうか。私はずっと後ろの席に坐っていたので、ヒトラーの顔を見ることができなかった。叫び声が収まってから、ヒトラーが話しはじめた。（中略）／身体が麻痺《まひ》している。演説の中にわからない箇所が多かったのに、私はすっかり魅了されてしまった。連続速射砲が聴衆めがけてバンバン撃たれている感じで、大衆がこの男の虜《とりこ》になってしまっているのを感じた》（『回想』）

演説に言い知れない感動を覚えた彼女は、今度はヒトラーに対して「お会いしたい」という手紙を出すのだ。『青の光』を見ていたヒトラーは、忙しい時間をやり繰りしてレニと会う。

ヴィルヘルムスハーフェンという北海の町でレニを迎えたヒトラーは、彼女を海辺の散歩に誘い、矢継ぎばやに映画についての質問をしはじめる。それは、レニの緊張を取り除いてやろうという配慮からでもあったが、ヒトラー自身の映画についての関心の深さにもよっていた。ヒトラーは、唐突に、こんなことを言ったりもした。

「我々が政権を獲得したら、あなたは私の映画を製作してくれますね」

ヒトラーは、その言葉通り、一九三三年に政権を獲得すると、レニにナチス党大会のドキュメンタリー映画の製作を依頼してきた。一九三三年の大会は準備不足のために短編しか作れなかったが、一九三四年の大会は、レニの超人的な働きによって長編のドキュメンタリー映画として完成し、『意志の勝利』というタイトルのもとに、ドイツ国内ばかりでなく世界中で公開されることになる。『意志の勝利』は、ドイツで国家映画賞を受賞し、パリ万国博の映画祭では金賞を獲得する。これがレニの名をさらに世界的なものにすることになるのだ。ナチスの名と共に。

一九三五年のある日、レニがグリューネヴァルトの陸上競技場でコンディション作りのためのトレーニングをしていると、ベルリン・オリンピックの組織委員会事務総長であるカール・ディームがいきなり話しかけてきた。来年ここを主会場として行われるベルリン大会の記録映画を撮ってくれないかというのだ。それがレニとオリンピックとの出会いだった。

しかし、当時のレニは、『意志の勝利』でドキュメンタリー映画を撮ることに疲れており、ディームの依頼を断る。

「私もスポーツは好きでしたが、そのとき最もやりたかったのはドキュメンタリー映画を撮ることではなく演技をすることでした」

するとディームは国際オリンピック委員会のオットー・マイヤーに会ってくれと言う。レニは承諾し、結局、そのマイヤーに撮ることを約束させられることになるのだ。

レニは、いったん断ったものをどうして引き受けたりしたのか。

「ある時、あの『民族の祭典』で使うことになるプロローグのイメージを、そっくりそのまま幻として見たのです。ギリシャの神殿が次々と登場し、さらに彫像の頭部、半身、そして全身がフェード・イン、フェード・アウトを繰り返しながら昂揚《こうよう》していき、最後の影像が人間に変化していきます。それがスローモーションでゆっくりと動きだし、普通のテンポになり、男性的な要素が女性的なものに変化し、ギリシャの踊りとなり、炎になっていく……。それはわずか数秒のことでした。恍惚《こうこつ》とする体験であると同時に、痛みにも似た体験でした」

それが彼女に、しばらく遠ざかっていたいと思っていたドキュメンタリー映画の監督を、ふたたび引き受けさせることになる。

「カール・ディームは、『青の光』と『意志の勝利』のどちらのレニを見込んで依頼してきたのですか」

「やはり『意志の勝利』でしょうね。『意志の勝利』はオリンピック映画と同じようにストーリーのないものだし、あれを製作していなければ依頼に来なかったでしょう。ディームが言いました。レニはこの映画を撮れる唯一《ゆいいつ》の人だと」

「カール・ディームやオットー・マイヤーは、あなたに対して、若いからとか、女性だからという差別観を持っていなかったのでしょうか」

私がそう訊ねたのは、初期のオリンピック運動の中には明らかな女性蔑視《べっし》、女性軽視の傾向があったからだ。近代オリンピックの創設者であるピエール・ド・クーベルタンは、女性を競技に参加させることにはあくまでも反対で、勝利者に対して栄冠を授ける役割しか認めようとしなかった。そのため、オリンピックに女性の競技が設けられるのは第二回のパリ大会からであり、それもテニスのシングルスと混合ダブルスの二種目に限られていた。ここに水泳が加わるのは第五回のストックホルム大会以降のことであり、陸上競技に至っては一九二八年の第九回アムステルダム大会まで一種目も行われなかったのだ。この陸上競技については、女性たちの手で「女性オリンピック」なるものが催されるようになり、国際オリンピック委員会がそれに押されるようなかたちで女性種目を創設したといういきさつもあった。

そのような状況下で、あえて若い女性であるレニに映画の製作を依頼してきたということの中には、彼女とヒトラーとの親密さという要素が不可欠のものとしてあったのではないか。私の質問にはそうした意味合いも含まれていた。だが、その種の質問は、六十年前から限りなく受けているのだろう、レニはいたってあっさりと答えた。

「とにかく、私の『意志の勝利』や『青の光』は世界中でセンセーションを巻き起こしていましたからね。『青の光』が初公開された時は、ドイツの主要紙が《ハリウッドの天蓋《てんがい》を打ち抜いた》と書きました。ハリウッドからも、チャップリンやフェアーバンクスが称讃《しょうさん》の電報を送ってくれたほどです」

「マイヤーに会って引き受けた場所は覚えていますか」

私が知りたかったのは、そこが結果として彼女の運命を大きく変えることになる場所だったからだ。

「最終的にオーケーしたのは私の部屋でよ。当時、私はヒンデンブルク通りにある建物の五階に住んでいましたから。でも、そのあとで一緒に食事に出掛けたかしら。そうだ、クアフュルステンダム教会の近くのレストランへ行ったんだったわ。とても有名なレストランだったけど……もう名前は忘れてしまいました」

レニはいったん引き受けたとなると、いつものように情熱的に仕事に取り組んだ。

「私には組織能力があり、強い意志の力がありました。何かを作ろうとしたら、なんとしてでもやり遂げます。技術的に無理だったら、無理でなくなるものを発明させてしまう。必要な道具を発明させてしまうのです」

その種の能力は『意志の勝利』で証明済みだった。たとえばレニは、ナチスの党大会に集まった数十万の群衆を、下から上へと移動しながら俯瞰《ふかん》するために、国旗掲揚塔に最新式のエレヴェーターを設置させた。あるいは、ヒトラーの長い演説を単調なものにしないため、演壇のまわりにレールを敷き、常にカメラを動かしながら撮影できるようにした。また、飛行船にカメラマンを乗せ、上空から撮影させもした。

こうしたアイデアと工夫は、ベルリン大会に向けての準備の中で、さらに大々的に発揮されることになった。

まず、レニは、ヴィリー・ツィールケ、ハンス・エルトゥル、ヴァルター・フレンツ、グッツィ・ランチュナーといった優秀なカメラマンを確保した。その上で、彼らを含めた六十人のカメラマンに、跳んだり、投げたり、走ったりする対象を、いかに的確に捉えるかの訓練を施した。

次にフィルムのテストをした。コダック、アグファ、ペルッツの三種類を綿密にテストした結果、それぞれ撮る対象によって発揮できる特性が異なっていることがわかった。そこで、使用するフィルムを一種類に絞るのではなく、撮る対象によって使い分けることにした。

最も困難だったのは、競技場における撮影場所の確保だった。観客席から平面的に撮ると、選手が周囲の夾雑物《きょうざつぶつ》に埋もれてしまう。レニはそれを避けるため、できるだけ空のようにシンプルなものをバックに選手たちを撮りたいと考えた。そのためには、競技場に穴を掘り、そこにカメラを据え、多少煽《あお》り気味に撮ることが必要になる。だが、競技場内での撮影など迷惑なだけだと考えている競技委員会の頑迷さの前に、その穴をひとつ認めてもらうだけでも膨大なエネルギーを費やさなくてはならなかった。それでもレニは怯《ひる》まず、最終的にはオリンピック・スタジアムに六つの穴をあけさせることに成功する。

それ以外にも、百メートル用には、コースの脇《わき》にレールを敷き、そこを自動的に移動できるカメラを据えることにした。このカタパルト・カメラは競技委員会の差し止めを食って実用には至らなかったが、水上競技のために開発された水中カメラや、当時としては最高最大の六百ミリの大望遠レンズは大いに活躍した。

撮影方法に関しても、レニはカメラマンと共にさまざまな新しい試みをした。カメラマンが、水中カメラを持ったまま選手と共に水中に潜って撮る。あるいは、練習中のマラソン・ランナーに小型カメラを首から下げてもらい、走っている雰囲気そのままに撮ってもらうという装置を考え出したりもした。また、競技場の俯瞰映像を撮るために無人の気球を飛ばし、あとでそこに搭載したカメラを回収するなどということもしたし、もちろん、飛行船にカメラマンを乗せて撮影させる準備も怠らなかった。

そして、いよいよ開会式の日がやって来た。

その日、レニに最も強い印象を残した出来事は、ヒトラーの撮影を巡るヨーゼフ・ゲッベルスとのトラブルだった。

式典が始まる直前、貴賓席の隅に設置したカメラが邪魔だから取り去れ、と宣伝相のゲッベルスに命じられたのだ。レニはここに設置することはヒトラーの承諾を得ているし、このカメラがないと開会宣言という最も大事なシーンを撮れなくなると抗弁した。しかし、ゲッベルスは断固として許さない。レニは絶望のあまり涙を流し、声を上げて泣きはじめた。

レニの『回想』には、この時のことだけでなく、ゲッベルスと角突き合わせる場面が随所に出てくる。このオリンピックのドキュメンタリー映画を巡っても、自分の影響下に置きたいゲッベルスと、自分の思うようにやっていきたいレニとが、激しくぶつかるところが描かれている。しかし、『レニ・リーフェンシュタール』の著者であるインフィールドによれば、ゲッベルスと常に反目しあっていたというレニの主張は、残されている文書類から判断するかぎり正しくないという。ゲッベルスはむしろ積極的にレニの映画作りを支援しており、レニは故意にゲッベルスとの不仲を主張することでナチスに対するアリバイを作ろうとしている、というわけだ。

しかし、ゲッベルスに対するレニの主観的な敵対意識と、現存する資料による客観的な協力関係は、必ずしも矛盾するものではなかったのではないかと思われる。恐らく、二人の関係には二面性があったのだ。ひとつには宣伝相と一映画人としての縦の従属関係があり、もうひとつはヒトラーに眼を掛けられている者同士としての横の緊張関係があった。レニにはヒトラーと直接つながっているという思いがあり、ゲッベルスは自分を介在させないで仕事を進めていくレニに対する反感がある。ゲッベルスは露骨にレニの足を引っ張ろうとはしなかったが、心理的にはレニの失敗を望むようになっており、それがことあるごとに表面化したということなのではないかと思われる。

この開会式直前の大騒動は、もうひとりの実力者であるヘルマン・ゲーリングの一言で収拾される。

「お嬢さん、泣くのはやめなさい。この場所に私のお腹も収まりますよ」

設置されたカメラによって視界が遮られ、坐《すわ》りにくくなる最大の被害者はゲーリングだった。そのゲーリングがいいと言っているのだから、さすがのゲッベルスもそれ以上文句をつけられなかったのだ。

いよいよ二日目から競技が始まると、レニは、カメラマンによりよい撮影場所を確保するため、無闇《むやみ》に制限を加えようとする競技委員会と必死の折衝をした。そのためには、泣いたり、わめいたりという女の武器を使うことも辞さなかった。

「四日目に、意地悪なゲッベルスが私にスタジアムに入ることを禁止した時は、スタジアムの後ろに坐り込んで、何時間も泣きわめきました。審判が私にひどい言葉で罵《のの》しられたとゲッベルスに言いつけた時です。ゲッベルスは私を困らせることができるチャンスを逃しませんでした。でも、それが国際的なスキャンダルに発展しそうになると、ゲッベルスは謝罪するなら許すと言い出しました」

それはこういう出来事だった。レニのカメラマンがハンマー投げを撮影していると、突然、ひとりの審判員がカメラマンを引きずってフィールドの外に連れ去ろうとした。それは、競技委員会の許可を得て、その範囲内で撮っているカメラマンに対して、まったく理不尽な行為だった。一審判員の恣意《しい》で大事な撮影の邪魔をされてはたまらない。その一部始終を見ていたレニは、怒り心頭に発し、全力疾走で審判員に近づくと叫んだ。

「このブタ野郎！」

これが大問題になったのだ。しかし、いちどは禁止令を発したものの、あまりにも凄《すさ》まじいレニの泣きわめきに困惑したゲッベルスは、審判員への謝罪を条件に許すことになる。

オリンピック期間中の競技場で、レニがカメラからカメラへと動きまわる姿はとても目立ったといわれている。はつらつとして生気にあふれ、まるで競技場の女王のようであったという人もいる。

「いえ、オリンピック期間中、私は人間の限界を味わいつづけていたのです。毎朝六時に起き、準備をし、昼間の撮影が終わると、夜の八時から深夜までそれぞれのカメラマンと五分ずつ話し合い、模型を見ながら明日は何を撮影すべきか詳細な指示を与えました。優秀なカメラマンばかりでなく、能力のないカメラマンもたくさんいたので、日中も競技場中を走りまわってあれこれ指図をしたり、手助けをしなくてはなりませんでした。本当に体力の限界でした」

オリンピックが終わると、さらなる困難が待っていた。撮影済みのフィルムはなんと四十万メートルにも及んでいたのだ。一時間の映画に必要なフィルムは約千五、六百メートルといわれているから、優にその二百五十倍ものフィルムがあったことになる。レニは、これをほとんど独力で編集しなくてはならなかった。そのため、一年半ものあいだ、ほとんど毎日を編集室で過ごすことになった。化粧や髪形に気をつける余裕もなく、編集用の上っぱりを着たままのレニは、朝から晩まで現像されたフィルムと格闘しなければならなかった。

そして、レニのオリンピック映画は『民族の祭典』と『美の祭典』としてようやく完成する。

オリンピックの閉会式から一年八カ月後の一九三八年四月二十日、その日はヒトラーの四十九回目の誕生日でもあったのだが、いよいよベルリンのウーファパラストでプレミア上映が行われることになった。

華やかな会場にはディームらの大会関係者、フルトベングラーなどの芸術家たち、そして最後にはヒトラーやゲッベルスをはじめとする政府の要人たちも姿を現した。

映画が始まると、レニは冒頭からこれまでの労苦を思い出して涙を流しつづけた。廃墟《はいきょ》としてのギリシャの遺跡から彫像が現れ、彫像が人間に変わり、競技をする男から女に、そして彼女たちの踊りから炎が生まれる……。

そのプロローグの最中に場内から大きな拍手が沸き起こった。撮影中も、編集中も、膨大な労苦がどのように報いられるかわかっていなかったが、その瞬間、この映画が大きな称讃に包まれるだろうことが察知できた。それは『青の光』や『意志の勝利』よりもはるかに大きな栄光をもたらすだろうことも想像できた。しかし、その時のレニには、『オリンピア』でのとてつもない成功が、それ以後の自分の人生を、どのように狂わせていくことになるかまではわかっていなかったのだ。

映画は、オリンピアでの採火式から聖火リレーになり、ついに開会式当日のオリンピック・スタジアムが俯瞰される。そして、鳴り響く「オリンピックの鐘」の音にかぶさって、開会式を待ちわびる十万余りの観客の喚声が聞こえてくる……。

第一章　炎は燃えて

1

その日、ベルリン市内は異様な興奮に包まれていた。とりわけ、ライヒスシュポルトフェルト〈帝国スポーツ広場〉のあるグリューネヴァルトの森には、殺気に近いものさえ漂っていた。当時、質量とも世界最高を誇ったオリンピック・スタジアムには、十万人以上の大群衆が詰めかけていた。

一九三六年八月一日、第十一回ベルリン・オリンピックの開会式当日のことである。

開会式は午後四時からの予定だった。真夏の晴天は七月の後半から崩れはじめ、その日も朝から天気は冴《さ》えなかった。しかし、午後にいちど小雨がぱらついたものの、開始直前には何とか最後までもちそうな空模様になっていた。

その頃、すでにオリンピック・スタジアムの西側に広がるマイフェルト〈五月広場〉には、各国の選手役員たちが百七十台のバスによって選手村から運ばれてきていた。彼らはその広場で、早く入場行進が始まらないものかとジリジリしながら待っていた。

この大会には五十一の国と地域から四千人の選手と二千人の役員が参加していた。本来はこれにもう一カ国スペインが加わり五十二カ国になるはずだったが、直前に内戦が始まり、選手村にいたスペイン選手団が急遽《きゅうきょ》帰国したため五十一カ国となっていた。しかし、それでも過去最高の参加国と選手役員を集め、史上最大の大会となるだろうことには変わりなかった。

クーベルタンによって提唱された近代オリンピックは、第一回大会が一八九六年にギリシャのアテネで開催されることになった。古代オリンピックの祖国とはいえ、国家的基盤が脆弱《ぜいじゃく》なギリシャに対しては、開催能力についての疑念がないではなかった。実際、危機は何度も訪れることになる。とりわけギリシャの財政難は深刻だったが、ギリシャの王室が開催賛成派に回ってくれたことと、ギリシャ出身の富豪たちが大金を寄付してくれたことで、なんとか開催にこぎつけることができた。

そのアテネ大会は、正式に参加する国は少なく、選手の数も三百人に達しないというささやかなものだった。国際的には冷笑されるか無視されるかだったが、開催国のギリシャでは、マラソンで自国のスピリドン・ルイスが劇的な優勝を遂げたことで爆発的な盛り上がりを見せ、一応の成功を収めて終わる。

しかし、第二回のパリ大会も、第三回のセントルイス大会も、万国博覧会と共に開催したため、サーカスと同列の「付録の見世物」のようなものになり、あえなく失敗してしまう。近代オリンピックはそこで消えても不思議ではなかった。だが、クーベルタンは決して希望を捨てなかった。粘り強く立て直しを図り、一九一二年の第五回ストックホルム大会で、ようやく軌道に乗せることに成功するのだ。

だが、一九一六年に予定されていた第六回ベルリン大会は、一九一四年に起きた第一次世界大戦によって中止せざるをえなくなる。これはオリンピックにとって二度目の大きな危機といえた。しかし、大戦終結後に、最も戦争の惨禍《さんか》が激しかった国のひとつであるベルギーが、第七回大会の開催国として名乗りを上げ、そのアントワープ大会が成功したことで、オリンピックはさらに大きな推進力を手に入れることになった。つまり、仮に世界規模の戦争が起きても、この大会だけは持続させるのだ、という世界的な合意を得ることができたのだ。以後、オリンピックは順調に発展していく。

参加国も着実に増えていき、一九二八年の第九回アムステルダム大会では四十六カ国を数えるに至った。ところが、第十回のロサンゼルス大会では参加国も参加選手も共に激減することになった。理由は、開催地であるロサンゼルスが、オリンピックの主要参加国であったヨーロッパ諸国からあまりにも遠かったからである。彼らにとってアメリカの西海岸は、ほとんど地球の裏側に行くというに等しかった。しかし、これは、オリンピック運動にとって決してマイナスにはならなかった。日本が前回の四十三人から百三十一人と参加選手数を三倍以上に増やしたのをはじめ、メキシコが二十九人から七十二人に増やすなど、東アジアや中南米諸国に対するオリンピックの吸引力が増したからである。これが、次の第十一回ベルリン大会で、史上空前の参加国と選手役員を集めることになる伏線となったともいえるのだ。

第十一回ベルリン大会は、実質的には十回目になる。これは第六回のベルリン大会が、第一次世界大戦のため中止になったからである。大戦後のオリンピックでは、敗戦国の参加は認められず、ドイツがようやく認められたのは、一九二八年の第九回アムステルダム大会からであった。復帰を認められたドイツのスポーツ関係者が、大会への参加の次に望んだのは、幻となったベルリン大会を実現することだった。その夢は、一九三一年五月の国際オリンピック委員会総会が、第十一回大会の開催地をスペインのバルセロナではなくドイツのベルリンに決定したことで、意外に早く実現することになる。

だが、不況下のドイツにあって、開催の準備は遅々として進まなかった。その状況を劇的に変えたのはアドルフ・ヒトラーだった。一九三三年一月に政権を奪取すると、ヒトラーはオリンピックを国家的な大プロジェクトとして推進することを決定する。

ベルリンの西に広がるグリューネヴァルトの森には、幻となった第六回の大会のために作られた八万人収容の陸上競技場があった。しかし、ヒトラーはその程度のものでは満足せず、古い競技場を解体させると、外装をすべて自然石で施した壮麗な新競技場を建設することを命じた。また、グリューネヴァルトにあった競馬場を移転させると、その森にさまざまなスポーツ施設を作る計画を積極的に進めた。

その結果、十万人収容の新しいオリンピック・スタジアムを中心にして、一万六千人収容の水泳競技場、二万人収容のホッケー場、三十万人収容の集会場マイフェルト〈五月広場〉が建設され、この一帯はライヒスシュポルトフェルト〈帝国スポーツ広場〉と呼ばれるようになる。また、そこから少し離れたところには体操の会場ともなるギリシャ風の野外劇場も建設され、グリューネヴァルトの森は、ナチスによるスポーツと芸術の一大センターとなったのだ。

三時五十分、選手役員が待機している五月広場に、黒いメルセデスのオープン・カーに乗ったヒトラーがやって来た。車から降りると、ヒトラーはこの大会の組織委員長であるテオドル・レヴァルトと共に、ブルガリア国王らの国家元首と、アンリ・ド・バイエ・ラトゥールをはじめとする国際オリンピック委員会のメンバーを引き連れ、整列している各国選手団の前を通ってスタジアムに向かった。

午後四時。ファンファーレが鳴り響き、ヒトラーの一行は、マラソン・ゲート横の階段からスタジアムの中に降り立った。満場の拍手と歓呼に迎えられたヒトラーは、レヴァルト以下を従え、色鮮やかなアンツーカーのトラックを歩き出した。すると、その途中で、薄いブルーのドレスを着た少女が、胸に花束を抱いて姿を現した。金髪が美しいその少女は、組織委員会事務総長カール・ディームの五歳になる娘だった。

カール・ディームは、単に組織委員会の事務総長というにとどまらず、理念の上でも、実務の上でも、ベルリン・オリンピックの中心的な存在といってよかった。自らも長距離走者だったディームは、貧しさから正規の教育は受けられなかったが、ほとんど独学でスポーツについて学んでいった。スポーツ・ジャーナリストからスポーツ指導者となり、オリンピック運動にも深く関わるようになる。その彼にとって、ベルリンでオリンピックを開くことは、第一次大戦で第六回のベルリン大会が中止になって以来の宿願だった。

ヒトラーは、そのディームの娘から笑顔で花束を受け取ると、正面スタンドの中段に用意された貴賓席についた。

四時十分。「旗を掲げよ！」という号令と共に、参加国の国旗が、スタジアムの周囲に立てられたポールをゆっくりと上がっていった。国旗が掲揚されると、この大会のために作られ、スタジアムの西側の塔に収められた巨大な「オリンピックの鐘」が、荘厳《そうごん》に鳴り響きはじめた。組織委員長のレヴァルトが発案したその鐘には、「私の響きは世界の若者を呼びさます」という文字が刻みつけられていた。

鐘が鳴り終わると、ようやく各国選手団の入場行進が始まった。

2

軽やかな行進曲に乗って、最初に入場してきたのはギリシャの選手団だった。古代オリンピック発祥の地でもあり、近代オリンピックの第一回大会の開催国でもあるところから、ギリシャは常に参加国の先陣を切って行進する栄誉を担《にな》っている。二番目は、ドイツ語でAの頭文字を持つエジプト。Jの日本は二十七番目だった。

日本選手団は、「秩父宮殿下御下賜」の日章旗を捧《ささ》げもった陸上主将の大島鎌吉《おおしまけんきち》を先頭に、まず役員、そのあとに十五名の女子選手が続いていた。本来、女子選手の総勢は十七名だったが、試合を翌日に控えた陸上の二名は、開会式で疲労しないようにとの配慮から、スタンドで見ることになっていた。

第五回のストックホルム大会で初めてオリンピックに参加した日本は、第九回のアムステルダム大会で初めて女子選手を送る。それが陸上の八百メートルで銀メダルを獲得した人見絹枝《ひとみきぬえ》である。この時はたったひとりだったが、次のオリンピックが日系人の多いロサンゼルスで催されることになると、女子選手は一挙に十六人にまで増やされることになった。そして、その流れはこのベルリン大会でも変わらず、最多の十七人が送り込まれていた。

背が高いため最前列で行進していた水上競技の大沢礼子《おおさわれいこ》は、歩きながら嬉《うれ》しくてならなかった。あの五月広場で足が棒のようになるまで待たされたあげくだったので、ようやく行進できることが嬉しかった。そして、それ以上に、ベルリンの競技場をこのようにして歩いているということが嬉しかった。

四年前、ロサンゼルス大会に出場する知人を横浜港で見送った時、こんなに盛大に見送られ、しかもただでアメリカ見物ができるとは、なんと素敵なことだろう、と思った。次のオリンピックはベルリンで開かれる。もし代表に選ばれれば、ただでヨーロッパ見物ができるのだ。そう思った大沢は、神田の美津濃《みずの》で「ショップ・ガール」をしながら、文字通り死にもの狂いで練習を重ね、その甲斐《かい》あってついに飛び込みの代表に選ばれることができた。しかも、姉の政代《まさよ》と一緒にというおまけつきだった。

――いま、私はベルリンにいるのだ！

大沢礼子がいい気持で行進していると、背後からぶつぶつと文句を言う声が聞こえてくる。

「お前たちのあとだから足が揃《そろ》わない」

「キョロキョロよそ見をするな」

女子選手のすぐ後ろを行進しているのは、馬術の選手たちのはずだった。馬術の選手は全員が現役の軍人だった。彼らには、帝国陸軍の軍人としての彼らなりの誇りがあった。その誇りが、選手団の本部から発表された入場行進の順番に対する怒りを生んだ。役員、女子、男子と続くということに我慢がならなかったのだ。彼らは、軍人が女子供のあとからついていくことなどできない、先頭で行進させろ、と主張した。実際、ロサンゼルス大会では、馬術の選手たちが選手団の先頭を切って歩いた。しかし、さすがに今度は女子選手を先に歩かせないわけにはいかない、レディー・ファーストが世界的な慣行でもあるからと本部役員が説得したが、馬術の選手団はなかなか納得しない。ようやく、男子選手の先頭を歩くのなら、ということで妥協が成立したが、それでも馬術の選手団には不満が残った。そのため、女子選手の背後を歩きながら、当てつけのような言葉を発することになったのだ。

「まったく女はしようがない」

大沢礼子は、馬術競技というものは、馬が八分で選手が二分、と聞いていたので、「二分のくせに何を偉そうに」と内心思っていたが、もちろん口にするわけにはいかなかった。大沢ばかりでなく、女子の選手はみな腹を立てていたが、相手は軍人である。知らん顔するよりほかなかった。

馬術の選手団には、ロサンゼルス大会で大賞典障害飛越に優勝した西竹一《にしたけいち》がいた。男爵《だんしゃく》の西は、オリンピック後、中尉《ちゅうい》から大尉に昇進しており、このベルリン大会でも優勝を期待されていた。しかし、ロサンゼルスでの優勝は、遠く離れたアメリカ西海岸での開催ということで、ヨーロッパの強豪の参加がほとんどない中でのことだった。馬場馬術の本場であるヨーロッパの強豪が出場するベルリン大会では、西の優勝の可能性は極めて薄かった。にもかかわらず、日本では過大な期待を寄せられている。その苦しい状況の中で、しかしこの西だけは、女子選手たちに対して軍人風を吹かせることはなかった。そのため、彼女たちのあいだでは「西さんは別」という暗黙の了解のようなものがあった。

だから、馬術の選手団から当てつけがましい台詞《せりふ》が聞こえ、大沢が馬術の選手団に腹を立てても、「二分のくせに」という仲間に西は入っていなかった。

日本選手の中でも、前回のロサンゼルス大会に参加した者と、今回初めてオリンピックに参加する者では、やはり感激の度合いが違っていた。

体操の野坂浩《のさかひろし》にとっては、これが初めての国際大会ではなかった。前年にハンガリーのブダペストで催された国際学生競技会に、慶応大学の学生として参加していたからだ。しかし、このベルリン・オリンピックは、競技場の規模といい、観客の数といい、比較にならないくらいのスケールだった。マラソン・ゲートからトラックに入った時、あまりにも凄まじい歓声に、何がなんだかわからなくなってしまった。体がフワフワとし、自分がどこをどう歩いているのかわからなくなってしまうほどだった。

一方、前回のロサンゼルス大会に参加したことのある陸上の西田修平は、行進に加わらず、ゲートの近くで見物していた。早稲田大学を卒業し、日立製作所に入社していた西田は、会社が欠勤扱いをすることを承知でベルリンに来ていた。暮れのボーナスはほとんど貰《もら》えないだろう。だとすれば、このオリンピックは大いに楽しまなくては損だ。ロサンゼルス大会では、行進する側だったので開会式を楽しむことができなかったが、今度は見る側にまわって楽しんでやろう。そう思ったのだ。

日本放送協会のアナウンサーである山本照《やまもとてる》は、開会式をメイン・スタンド上段に設置された放送席で見ていた。開会式の放送は先輩の河西三省《かさいさんせい》がすることになっていたが、アナウンサーは二人しかいなかったので、万一の時のことを考えて傍《そば》にいたのだ。しかし、放送を直接担当していない山本には、客席の反応を確かめる余裕があった。

入場行進が始まり、日本の出番が近づいてきた。選手村に入った日本チームはドイツでの人気を高めており、観客は盛大な拍手で迎えようと身構えていた。ところが、日本の選手団が出てくると、その気勢がそがれてしまった。山本には、その様子がはっきりと見て取れた。

まず、服装がよくなかった。それはまるでドブネズミの群れのようだった。他の国の選手団は、真紅のブレザーに白のズボンというカナダほど派手ではないにしても、民族服のギリシャやターバンを巻いたインドを除けば、どこも白を基調にした清潔でスマートな服を着ていた。ところが、日本選手団のいで立ちといえば、下から、灰色のズックの靴、灰色のズボンとスカート、上着は紺にオレンジのモールの縁取りをしたブレザー、そして帽子は灰色の戦闘帽、という具合だった。重く垂れ込めた曇り空の下では、その格好は地味を通り越して薄汚れて見えた。

　のちに、日本選手団の紺と灰色の制服は、ドイツ人から「あれはドイツでは囚人の服だ」と冗談めかして言われることになる。

　さすがにこの日の不人気はこたえたらしく、開会式が終わって宿舎に戻ると、選手団長の平沼亮三《ひらぬまりょうぞう》は本部役員の浅野均一《あさのきんいち》にこう言った。

「いくら質素を旨とするといっても、この次からは少し考えましょうな」

　だが、貴賓席の少し後ろで見ていた日本大使館の三等書記官牛場信彦《うしばのぶひこ》には、日本選手団がドイツの観客にそれほど悪い印象を与えたとは思えなかった。同じく、スタンドで撮影の指揮を執っていたレニ・リーフェンシュタールにも、日本選手団の制服がそんなにみすぼらしかったという記憶は残っていない。

　それに、服の色がそうした組み合わせになってしまったことについては、やむをえない事情があった。日本を出発してシベリア鉄道に乗り、ドイツに赴いてオリンピックに出場し、ヨーロッパを廻ってふたたび日本に帰ってくるまで、優に四カ月は掛かる長旅だった。その期間は、どこへ行くにも制服一着で押し通さなくてはならない。そのためには、見てくれよりもまず汚れにくいということが先決であり、また、汚れてもその汚れが目立たない素材であることが重要だった。そこで、紺のウールのブレザーと灰色のフラノのズボンかスカートという組み合わせになってしまったのだ。

しかし、色のくすみはまだよかった。異様だったのは日本の選手団がかぶっていた灰色の戦闘帽だった。他には戦闘帽をかぶって入場してきた選手団などいなかった。サッカーの堀江《ほりえ》忠男《ただお》は、自分のかぶっている帽子が恥ずかしかった。早稲田大学の左翼的な学生のひとりだった堀江には、ベルリンのオリンピックに参加することで、外の世界を見てみたいという明確な目的意識があった。だから少しくらいのことには我慢ができた。しかし、このスタジアムで、戦闘帽をかぶって行進しなければならないのは憂鬱《ゆううつ》だった。

――自分はオリンピックの起源についてもいくらかは知っている。その、ギリシャのポリスが休戦してまで行った平和の祭典のオリンピックに、何もこんな帽子をかぶっていくことはないではないか……。

堀江ばかりでなく、学生選手のあいだで戦闘帽は不人気だった。しかし、二・二六事件が起きた昭和十一年のその年には、すでにそうした思いを口にすることは難しくなっていた。

軍服を身につけたドイツの馬術と近代五種の選手を除けば、この開会式に「戦争」を持ち込んだのは日本の選手団だけだった。

日本選手団がドイツの観客の不評を買った理由はもうひとつあった。日本選手団は、貴賓席で入場行進を見守っているヒトラーに、何の挨拶《あいさつ》もしなかったように見えたのだ。選手団長と馬術の選手団にいる将校は敬礼をしたが、それ以外の選手は何もしなかったように映った。

もちろん、それは誤解だった。日本選手団は、実際には正面スタンドに立つヒトラーの前を通過する際、いっせいに「頭《かしら》ッ、右！」をした。しかし、巨大なスタジアムの中では、くすんだ色の制服を着た小柄な日本選手が、頭を少し動かしたくらいでは目立つはずがなかったのだ。

これについても、事前の相談では、もう少し派手な挨拶をした方がいいのではないかという意見も出されたが、軍人にとっては「敬礼」と「頭、右」以外の礼などありえない、という馬術陣の主張に押し切られてしまった。

もっとも、日本以外にも、ヒトラーへの挨拶の仕方でドイツ人観客の不評を買った国があった。イギリスも頭を右に向けただけだったため、観客の拍手は露骨なほど少なくなってしまった。

一方、フランスの選手団は右手を斜め横に掲げるオリンピック式の挨拶をした。ドイツの観客は、それを、同じように右手を斜め前に出すナチス式の挨拶と勘違いし、熱狂的な拍手を浴びせかけた。

その年の三月、ヒトラーはロカルノ条約を一方的に破棄し、フランスとの国境に広がる非武装地帯ラインラントに大部隊を送り込んでいた。当然、フランスは非難声明を発した。しかし、ヒトラーは軍隊の増員でそれに答えただけだった。そのような政治状況の中でのフランス選手団の挙手の礼は、あたかもフランスという国が、ドイツの強圧的な政策に屈し、恭順の意を表したかのような印象を与えることになったのだ。

だが、フランス選手団の挙手の意味を取り違えたのはベルリン市民ばかりではなかった。たとえば、東京日日新聞から特派された作家の横光利一《よこみつりいち》は、次のように書いた。

《フランスはドイツの環視の内を静かに黙って通って行く。如何《いか》にもこれは当然のことと観衆一般も観測の刹那《せつな》、突如としてヒットラー総統の面前まで来かかった時、ドイツ式の宣誓の礼をする。その巧みな逆転に、観衆はドヨめき立って暫《しばら》くは鳴りもやまず、後から続く英国は、ただこのフランスに与えられた歓呼の中を行くばかりだ》

あるいは、東京朝日新聞から特派された作家の武者小路実篤《むしゃのこうじさねあつ》は、こう書いた。

《フランス人がナチス式の挨拶をした時何となく涙ぐんだ。平和が感じられたからだ》

トラックを行進していく日本選手団の足並みはまったく揃っていなかった。その原因の第一は、当時の日本の選手が「西洋の行進曲」に合わせて歩くのに慣れていないということがあった。選手たちは、選手村に入って以来、国旗掲揚と朝礼が終わると、「西洋の行進曲」で入場行進の練習をしていたが、その成果はまったく上がっていないようだった。

しかし、足並みがバラバラだったのはそれだけが原因ではなかった。馬術の選手団が、行進曲とはまったく無関係に軍隊式の歩調を取るため、そのあとに続く男子選手が、行進曲と歩調のあいだに立たされ、混乱してしまったのだ。

もっとも、馬術選手団の勝手な行進がなくとも、日本選手団の足並みが揃ったかどうかはわからない。常々「西洋音楽に音痴な我々には、西洋の行進曲に合わせて歩くのは難しい」と思っていた本部役員の浅野均一は、先頭を歩きながら、日本選手団の行進が目茶苦茶になっているのを察知すると、「もはやこれまで」と観念し、幼稚園の先生のように大きな声で号令を掛けはじめた。

「オイッチニイ！　オイッチニイ！」

選手団は、行進曲と、軍隊式歩調と、号令とによって、さらに大混乱に陥った。

横光利一も書いている。

《中華民国は悉《ことごと》く夏帽を冠《かぶ》って出て来たが、一斉に揃えた脱帽の美しさは民国の優雅さが感じられる。むしろ日本選手の後半が足乱れ、踏むべからざる芝生を踏んで行進して来るのをみると、オリンピック日本招致が選手に与えた興奮を思いやられ手に汗を握るのである》

ここで、オリンピック日本招致云々《うんぬん》とあるのは、前日開かれた国際オリンピック委員会の総会で、四年後の第十二回大会を東京で開催することが正式に決定したことを指しているが、もちろん、そのことと足並みの乱れは無関係だった。

日本選手団がトラックを廻りきり、フィールドに整列してしばらくすると、最後から二番目のアメリカ選手団が入場してきた。アメリカの旗手であるアルフレッド・ヨアヒムは「いかなる王の前でも我らの国旗は下げない」という強い信念を抱いており、ついにヒトラーの前でも高く掲げたままだった。

足並みはさすがに西洋人だけあって西洋の曲によく合っている、と浅野は感心した。ところが、そのすぐあとから開催国であるドイツの選手団が姿を現すと、とつぜん行進曲がナチスの党歌風のものに切り替わった。すると、アメリカ選手団の足並みはみるみる崩れていった。西洋人でも西洋の音楽に合わないこともあるのだ。浅野は妙なところで安心したりしていた。

3

アメリカ選手団とドイツ選手団が行進しているあいだ、フィールドに整列していた日本選手団の中で、水上競技の葉室鉄夫《はむろてつお》は空を見上げていた。スタジアムの上空を、巨大な飛行船が飛来してきたからだ。それはツェッペリン号とヒンデンブルク号だった。

飛行船というと、風船が飛ぶようにゆったりとしたものかと思っていたが、それらはスタジアム全体の空を覆《おお》ってしまうのではないかと思えるほどの巨体を不意に現すと、凄まじい速さで過ぎ去っていった。とりわけヒンデンブルク号は巨大に映った。それもそのはず、ナチス政権の全面的なバックアップによって完成したヒンデンブルク号は、全長が二百四十五メートル、直径が四十一・二メートルもある、まさに「空飛ぶ巨鯨」だった。しかも、六基のダイムラー・ベンツのエンジンによって、最高時速は百二十五キロまで出すことができた。

——ツェッペリン号とヒンデンブルク号が、編隊で飛行するなどということがこれまでにあったのだろうか……。

だが、この葉室の記憶には疑問がなくもない。

開会式にヒンデンブルク号が飛来したという記録は残っているが、それがツェッペリン号との編隊飛行だったという記録はない。各種の資料に収められている写真にも、開会式の飛行船としてはヒンデンブルク号しか写っていない。また、飛来した時刻も、入場行進の最中ではなく、五月広場に待機している時だったのではないかという意見もある。しかし、葉室には間違いなく、競技場で整列している時に二機の飛行船を見たという強烈な記憶があるのだ。

飛行船の出現に興奮していたのは、日本大学の予科に通う十八歳の葉室だけではなかった。ベルリンで買ったライカを持ち込んでいた水上競技役員の松沢一鶴《まつざわいっかく》などは、貴重なフィルムをまるまる一本飛行船の撮影に費やしてしまうほどだった。

ドイツの選手団がフィールド内に整列し、ようやく選手役員の入場行進が終わった。すると、巨大なラウド・スピーカーを通して、ピエール・ド・クーベルタンの声が流れてきた。

「オリンピックにおいて重要なのは、勝つことではなく、参加することである。それは、人生の目的が成功することにあるのではなく、努力をすることにあるのと同じである。競技の核心をなすものは、争うことではなく、堂々と闘うことなのだ」

それは、やがてその一年後には死ぬことになるクーベルタンが、静養先のスイスのローザンヌで録音したものだった。

クーベルタンの声が消えると、中央の演壇にベルリン大会の組織委員長であるレヴァルトが登った。レヴァルトはヒトラーに感謝の言葉を述べ、ドイツがいかによきオリンピック精神の継承者であるかを説いた。

いささか長く退屈なレヴァルトの式辞が終わると、ヒトラーが登壇し、短く叫ぶように言った。

「ここに第十一回ベルリン・オリンピックの開会を宣言する！」

続いて、「旗を掲げよ」の号令が再び掛けられ、ドイツ海軍の兵士の手によって、フィールドの隅にある高いポールにオリンピック旗が掲揚された。

同時に、二十一発の礼砲が鳴り響き、鳩《はと》が空に解き放たれた。その鳩の数については、五千羽から六万羽までと諸説ある。ドイツの『公式報告書』にも「無数」と記されているだけなので正確なところはわからないが、いずれにしても数え切れないほど多くの鳩が空高く舞い上がったことは間違いない。鳩は、砲声が鳴り響くたびに舞う方向を変え、やがてスタジアムの外に飛び去っていった。

続いて、三千人の大混成合唱隊がリヒャルト・シュトラウス作曲の『オリンピック讃歌《さんか》』を歌いはじめた。演奏はベルリン・フィルを中核とした特別編成の交響楽団、指揮は作曲者のシュトラウス自身だった。

その時、スタジアム東側のゲートに、聖火のともされたトーチを右手に掲げた美しい亜麻色の髪の若者が姿を現した。彼こそ、一九一六年の、幻となったベルリン大会のためにカール・ディームが考案して以来、二十年目にしてようやく日の目を見ることになった「聖火リレー」の、その最後のランナーだった。

このベルリン大会まで、オリンピックの式典に聖火リレーというものは存在していなかったが、カール・ディームは、それによって古代オリンピックと近代オリンピックを結び付けようと考えたのだ。

ギリシャのオリンピアで採火された聖火は、三千キロ離れたベルリンまで、各国の三千人の若いランナーの手によって運ばれてきていた。ディームは、この聖火をリレーの最終ランナーの手でスタジアムの聖火台に点火させることで、聖火リレーという儀式の全体を、開会式のハイライトとしようとした。

その目論見《もくろみ》は成功し、以後の大会でも聖火リレーは踏襲されることになる。これによって、近代オリンピックにおける開会式のセレモニーの形は、ほぼ完璧《かんぺき》に整うことになった。

ただし、この聖火リレーについては、第二次大戦後の日本で、ナチス軍部による陰謀だったという説が流布《るふ》されるようになった。聖火リレーのコースが、ドイツ軍のギリシャ進攻のルートと同じだったところから、あらかじめ道を調べるために聖火リレーを利用したというのである。

その説は、オリンピックについての著作の多い鈴木良徳などによって主張されたが、たとえば『オリンピック余聞』には、その名も「ナチスの陰謀で始まったトーチ・リレー」と題された文章がある。この中で鈴木は、戦後来日したカール・ディームに会った時のことを記している。

《ちょうど産経会館ホールでの講演のとき、控室にいたディームに、私はたずねてみた。トーチ・リレーは先生の発案となっているが、ナチスの陸軍参謀本部の着想でしょう、と。ディームははっきりと「そうだ」と答えた》

しかし、これにはいくつかの疑問がある。ひとつは、このやりとりがどのようなものだったのかということだ。恐らく、主催者に紹介されてしばらく立ち話をしたのだろうが、ディームに鈴木の質問の意図が正確に伝わっていたのだろうか、という疑問がある。仮に、伝わっていたとして、そのような状況で、自らを否定するような言葉を、かくも簡単に吐くだろうかという疑問もある。聖火リレーは、ディームが生涯を捧げたオリンピック運動における重要な貢献のひとつなのだ。しかも、聖火リレーがナチスの参謀本部の着想であり、それを自らの発想だと偽っていたとしたら、彼がナチスに加担したことを認めることにもなる。だが、ディームは、戦後、レニ・リーフエンシュタールと同じように「非ナチ化審理」を受け、無罪となっている。もし、それが「ナチスの陰謀」であったとしたら、その審理の過程で徹底的に調査究明されていたはずなのだ。それが異国だったからつい気を許してしゃべってしまったのだ、ということにはならない。なぜなら、「審理」は何度でも蒸し返されることがあったので、異国においてもナチスに関する発言は注意深く行わなくてはならなかったからだ。

かつて読売新聞の記者だった川本信正《かわもとのぶまさ》もこう述べている。

「当時のナチスの力からしたら、聖火リレーなんて面倒なことをしなくても、知りたいことは何だってスパイできたはずだよ」

このベルリン大会には、聖火リレーの「ナチスの陰謀」説ばかりでなく、たいした検証もされないまま通説化する「うがった見方」がいくつか残されることになる。

ギリシャの第一走者から数えて三千七十五人目のランナーであり、シルゲンという名のその亜麻色の髪をした若者は、正面スタンド前のトラックを通常とは逆の時計回りに走り抜け、スタジアムの西側にある聖火台に駆け登っていった。

高く掲げたトーチから聖火台に火がともされると、ギリシャの選手団から民族衣装を着たひとりの老人が歩みでて、貴賓席のヒトラーに近づいていった。彼こそ、第一回のアテネ大会のマラソンで劇的な優勝を遂げ、オリンピックが泡のように消えるのを防ぐことになった、スピリドン・ルイスだった。

ルイスは、オリンピアから持ってきたオリーブの小枝をヒトラーに差し出すと、「平和の闘いだけが続くように祈ります」と言った。ヒトラーはその小枝を受け取り、ルイスの手を強く握った。

ドイツの『公式報告書』によれば、このシーンは《過去と現在がたがいに手を差し伸べ、偉大な理想が何千年という年月に橋をかけたのである》ということになる。

ルイスが退くと、各国選手団の旗手がトラックの中央に半円を描くように集まった。その前で、世界の選手を代表して宣誓したのは、ロサンゼルス大会の重量挙げで優勝した、ルドルフ・イズマイアというドイツの選手だった。

「我々はオリンピックにおけるルールを厳守し、国家の名誉とスポーツの栄光のために、真のスポーツマン・シップにのっとり競技に参加することを誓います」

開会式はすべてが淀《よど》みなく流れるように展開されていた。

その光景を眺めながら、陸上の田島直人は胸のうちで「やりやがったな」と呟《つぶや》いていた。

京都帝国大学から三井鉱山に就職していた田島にとって、このベルリンは、ロサンゼルス大会に次いで二度目のオリンピックだった。だから、場内を行進していても感激で我を忘れるということはなかった。しかし、式典が進行していくうちに、しだいに気持が高ぶってきた。

ロサンゼルス大会はカリフォルニアの青い空の下で、開会式も開放的で明るくゆったりとしていた。悪くいえば「抜けている」という面もなくもなかった。ところが、このベルリンの開会式には一分の隙《すき》もない。ほとんど完璧ともいえる運営には、ドイツ国民とナチス政権の、オリンピックにかける執念のようなものが感じられた。すべてが重々しく、悲劇的ですらあった。

――ドイツは頑張った。やりやがった……。

そして田島は、四年後に開かれるはずの東京大会に、一抹の不安のようなものを覚えた。

すると、三千人の大混成合唱隊は、ヘンデルのオラトリオ『メサイア』から、「ハレルヤ」を歌いはじめた。

その歌声は荘厳だった。ヨット競技の開催地であるキール湾から、開会式のためにベルリンに戻ってきていた早稲田大学の藤村紀雄《ふじむらのりお》は、将来、開会式の式次第は忘れても、このコーラスの響きだけは一生忘れないだろうな、と思った。

やがて、選手団の退場が開始され、すべての隊列がマラソン・ゲートの奥に消えた時、過去九回のオリンピックを凌駕《りょうが》する、史上最大のセレモニーは終わりを告げることになったのだ。

第二章　勝者たち

1

開会式での日本選手団に対する不評は、八月二日に第一日目の競技が始まると、文字通り霧散してしまった。

陸上競技のトラック種目の中で、まず初めに決勝が行われたのは一万メートルだった。この一万メートルの決勝こそ、ベルリン大会における最も劇的な勝負のひとつとされる、村社講平《むらこそこうへい》とフィンランド選手との対決の、第一ラウンドだったのである。

午後五時三十分、三十六人の選手がスタートした。一万メートルは、四百メートルのトラックを二十五周しなくてはならない。最後方から走りはじめた村社は、しかし一周も廻り切らないうちにトップに押し出されていた。あまりにも簡単にトップに立ててしまったことに薄気味悪さを覚えたが、あくまでも自分のペースを守っていけばいいのだと思い直し、そのままトップを走りつづけることにした。

四千メートル付近で、背後に数人の足音が迫ってきた。振り返ってみなくとも、フィンランドの三強、イルマリ・サルミネン、アルボ・アスコラ、ボルマリ・イソホロであることはわかっていた。やはり来たな、と村社は思った。

三千メートルあたりでは、ひょっとしたらこのまま勝てるのではないかと、のちに彼自身が語った言葉によれば「あさはかにも」思わないでもなかったが、彼らフィンランドの三強にぴったりとマークされてからは、そんなことを考える暇はなくなった。

時折、後ろに送った足のどこかが、三人のうちの誰かに当たる。前を走るランナーにとって、これほど不安なことはない。ランナーにとっては、後ろにいて前のランナーに蹴《け》られるより、前にいて後ろのランナーを蹴ってしまうことの方が恐ろしい。少なくとも村社の場合は、接触してバランスを崩すのは必ずといっていいほど前を走っている時だったからだ。

しかし、村社はフィンランドの三選手を引き連れ、果敢にトップを走りつづけた。前半の五千メートルを十四分五十九秒八で通過、六千メートルも十八分六秒でラップ・タイムを取った。ところが、六千メートルを過ぎると、サルミネンをはじめとする三強が、タイミングを見計らったように次々と村社を追い抜いていった。そのまま四人は一列になって走りつづけたが、あと三周というところで、再び村社がトップを奪い返した。

　長身のフィンランド選手たちに包みこまれるようになりながら、日本選手としても小柄な村社が、正確なピッチで、背筋を伸ばして走る姿には、孤立無援の悲愴《ひそうかん》感のようなものが漂っていた。その姿が、十万の大観衆の心を揺り動かした。ドイツ人観客が「ムラコソ！　ムラコソ！」と声を合わせて叫びはじめ、しだいにその声は場内を圧するようになった。

　最後の一周を知らせる鐘が鳴る寸前、フィンランド勢のうち、まずサルミネンがスパートした。続いて、アスコラ、イソホロがスパートし、村社をかわした。

　次々と抜き去られていく村社をスタンドで見やりながら、馬術監督の遊佐幸平《ゆさこうへい》は、「可哀《かわい》そうだなあ、可哀そうだなあ」と何度も呟《つぶや》いた。隣で見ていた浅野均一が顔を見ると、ポロポロと涙を流している。だが、決してその涙を拭《ぬぐ》おうとしない。軍人が人前で泣いているということを認めたくなかったようなのだ。

　もはや抜かれた村社に逆転する力は残っていなかった。三位のイソホロを二十メートル差まで追いつめるのが精一杯だった。

　しかし、翌日のドイツの新聞は、優勝したサルミネンより四位の村社を大きく扱った。紙面に、「勇敢なる小さき日本人、奮闘す」「ムラコソの四位は優勝者の栄誉に勝る」といった見出しが躍った。そればかりか、レースの模様に感動したドイツ人から、選手村にいる村社に激励の手紙が続々と送られてくるようになった。当時、ベルリンには在留邦人が五百人ほどいたが、彼らが日本選手団の役員に語ったところによれば、ドイツ人がこのような過剰な反応をすることは極めて珍しいとのことだった。村社の闘いぶりにはドイツ人の琴線に触れる何かがあったのだ。ドイツ各地からの手紙は、「ベルリン、ムラコソ」だけで彼のもとに届けられたという。

村社の一万メートルは、陸上の選手ばかりでなく、他の競技の選手にも深い感銘を与えた。水上競技監督の末弘厳太郎《すえひろいずたろう》は、レース後、選手村に戻ってきた村社を、「よくやった」と涙を流しながら抱き締めたという。

しかし、それはまた、日本の選手団の中では村社がここまでやると思われていなかったということを意味してもいた。この年の五月に行われた国内最終予選でこそ、ぬかるみの悪コンディションの中で好記録を出していたが、村社には、トップを走っては自滅する選手というイメージが拭いがたくあったのだ。

レース前、日本の新聞雑誌は村社の入賞を予想する記事を多く載せたが、それは必ずしも村社の力を全面的に信頼してのものではなかった。中には、《ただ彼が最初に先頭に立とうなどと云《い》う野心を起こしたら、スピードのある巨大な外人走者群の内でメチャメチャに揉《も》まれてしまうであろう》と「予測」し、慎重にレースを運ぶよう「忠告」するものまであった。
だが、もし村社がこのような「忠告」に従って慎重なレース運びをしていたら、仮に同じ四位になったとしても、ドイツ国内にこれほどのセンセーションは巻き起こさなかっただろう。
もちろん、日本国内でもセンセーショナルに報道された。
「日章旗揚らず、されど賞すべし　村社第四位」（読売新聞）
「九千にはトップ　力戦悔いなき村社」（東京日日新聞）
村社はベルリン大会における日本選手の中で、最初の「勝者」となったのだった。

村社講平が長距離を走りはじめたのは、宮崎中学二年の時である。
それまで、村社は軟式テニス部に属していた。ところが、中学二年の時の運動会で、花形種目である六千メートルのロードレースに飛び入り参加した村社は、優勝候補の五年生を破って優勝してしまった。彼はそれ以来、走ることが面白くなる。五年生に勝ったことが嬉《うれ》しかったのではない。自分が走った時間の記録が、二十四分四秒九と、秒以下の単位まで正確に出てくることに感動したのだ。自分の体の中に秘められている力が、そのような精密な数字となって出てくることが興味深かった。それ以後、村社は長距離を走るようになるが、彼にとって大事なものは常に勝ち負けより記録だった。

村社の家は、父の借財と十三人の子沢山のため経済的な余裕がなかった。村社は、それもあって、中学卒業後は上級学校への進学を諦《あきら》めざるをえなかった。

二年間の兵役を終え、図書館員になった村社は、再び走りはじめる。中学時代は県レヴェルの選手に過ぎなかったが、図書館にある書物や雑誌を参考にしつつ、ひとりで走り方や練習法の工夫を重ねていくうちに、いつしか全国レヴェルの選手になっていた。

二十五歳の時、明治神宮体育大会の一万メートルで三位になる。そのレースで、村社は自分の名前が「ムラコソ」と正しく読み上げられたことに感動する。それまでは「ソンシャ」と間違えられてばかりいたからだ。しかしこの時点では、村社は日本長距離陣の二番手グループの選手でしかなかった。ところが、一九三二年、昭和七年のロサンゼルス・オリンピックの国内最終予選で三位に入ると、代表選手にこそなれなかったものの、その走力を見込まれて中央大学にスカウトされた。実に村社が二十七歳の時のことである。

法科専門部の学費は中大の先輩である政治家の島村一郎《しまむらいちろう》が面倒を見てくれることになったが、東京での学生生活は極めて貧しいものだった。どうしても必要な金を作るためには、唯一《ゆいいつ》の金目の品物である絣《かすり》の着物を質屋に入れるということまでしなくてはならなかった。

しかし、それが、村社を練習一筋の生活に向かわせることにもなった。

たとえば、村社が一日も欠かさずつけていた練習日誌には、次のような平均的な一日の練習の様子が記されている。

《午後三時から明大グラウンドで練習三千メートル、五分休み一万千五百メートルを強く、また五分休み今度は六千五百メートルを最も強く、そしてなお千五百メートル、三千メートルと元気にまかせての猛練習を終った途端目まいを感じ、腹はペコペコ。合宿所までようやくはうように帰ると玄関先きでばったり》

もっとも、入学したての頃は、試合があっても常に「出ると負け」という具合だった。前半からトップに立ち、終盤で抜かれるというレースを、懲《こ》りずに繰り返したからだ。あいつは馬鹿《ばか》なのではないか、という声が同じ大学の部員の中から出てくる始末だった。「村社のオジサンはいつになったら陸上競技を諦めるのかね」という陰口を耳にしたこともあった。もう少しレース展開を考えればいいではないか、とも言われた。しかし、村社にとっては「記録」がすべてだった。トップで走ってさえいれば、他人に煩《わずら》わされることなく「記録」に向かって走っていくことができる。

村社のその不器用な一念は、やがて三年後の遣欧学生選手選定競技会の三千メートルで実を結ぶ。八分四十九秒八を出して二位に入るのだ。この時、選手選考に関わっていた織田幹雄は、八分五十秒を切ったらヨーロッパ遠征に連れていこうと考えていたという。まさに、このレースの〇・二秒が村社の競技人生を変えることになった。

昭和十年、三十歳の村社は欧州遠征の一員に選ばれる。ブダペストの国際学生競技会は年齢超過のため出場できなかったが、その後ベルリンで催されることになった五カ国対抗の一万メートルに出場し、予想外の優勝を遂げる。日本国内で、ただひたすら「記録」を目指して走っているうちに、村社の力は日本の水準から脱して、世界のトップ・レヴェルに近づきつつあったのだ。この勝利は、翌年のベルリン大会での活躍の重要な伏線となるものだった。なぜなら、村社にとってそれは、自己流の工夫と努力が決して誤ったものではなかったという自信につながるものだったからだ。

昭和十一年五月、村社はベルリン・オリンピックの国内最終予選で、五千メートルと一万メートルに日本新記録で優勝し、文句なく代表に選ばれる。

この年、村社は好調だった。田島直人は、オリンピックへ向かうシベリア鉄道の列車の中で、その好調に不安を訴える村社の言葉を聞いている。

「どんなに走っても疲れない。体がどうかしたのではないだろうか。このままポックリいってしまいそうな気がする」

陸上の選手団は、団体競技の選手を主力とする本隊とは別に、先発してフィンランドで合宿をすることになっていた。シベリア鉄道の長い汽車の旅によって、コンディションが崩れたままオリンピックに突入してしまうことを恐れ、フィンランドのヘルシンキで調整することにしたのだ。

日本の選手たちは市内のホテルに泊まり、市営グラウンドで練習をさせてもらっていたが、そこにはよくパーヴォ・ヌルミが姿を現した。

ヌルミは、アントワープとパリとアムステルダムの三回のオリンピックに出場したばかりでなく、五千メートルと一万メートルを中心に九個の金メダルと三個の銀メダルを獲得し、「空飛ぶ超人」と呼ばれた。オリンピックが生み出した最初の世界的なヒーローといえる彼は、当時フィンランド長距離陣のコーチをしていた。

日本の選手たちは、そのヌルミが村社の走る姿を熱心に見ながら、たとえば三千メートルを走り終わると、時計も見ずに「いまのは八分二十秒だ」などと呟くのをよく聞いた。

ある日、村社が走り終わると、いつもは寡黙《かもく》なヌルミが大声で呼んだ。村社が緊張しながら近づいていくと、ヌルミは「足を触らせてくれないか」と言った。承諾すると、ヌルミは村社のふくらはぎを撫《な》で、言った。

「とても柔らかい。君の調子は素晴らしい。きっとベルリンで活躍することになるだろう」

結果はヌルミの言うとおりだった。

しかし、村社の一万メートルでの健闘を、単に調子のよさだけで片付けるわけにはいかない。村社は完璧《かんぺき》に近い自己管理ができる選手だった。それは、ベルリンの選手村に入ってからの食事の摂《と》り方によくあらわれていた。

ベルリンの選手村の食事はノルト・ドイッチェ・ロイト社が担当していた。その食堂には、北大西洋に航路を持つこの一流の汽船会社が供する本格的な洋食以外に、日本人のためには特別に日本食も用意されていた。二人の日本人コックが雇い入れられ、御飯、味噌汁《みそしる》、おひたしなどが食卓に並んだ。長い旅を終えてベルリン入りした選手たちは、久しぶりの日本食が好きなだけ食べられることに驚喜した。もちろん、村社も喜んだひとりだったが、その日本食を前にしてこう思ったのだという。

──久しぶりの日本食なのだから本当は腹一杯食べたいところだ。しかし、これまで二カ月ものあいだ洋食で慣らしてきた胃腸に、急に日本食を大量に与えると変調をきたしてしまうのではないか。自分たち長距離の選手にとって、胃腸をこわすことは致命傷となりかねない。また、食べ過ぎることで現在理想的に維持されている五十キロの体重がオーヴァーしてしまう心配もある。確かに自分は御飯も味噌汁も大好きだ。しかし、とりあえずは、洋食を主体に食べ、御飯は半杯に、味噌汁も半杯くらいにとどめておこう。

村社は、結局、最後の五千メートルの決勝が終わるまで、自分が決めたこのルールを守り通した。その結果、胃腸の調子が悪くなることもなく、他の選手たちが太り気味になっていくのに対して、体重もまったく不変のままレースに臨むことができたのだった。

五千メートルの決勝は、一万メートルと同じく村社とフィンランド勢三人の争いになった。しかも、その競《せ》り合いは、一万メートル以上に激しかった。スタンドにいる観客には、サルミネン、ラウリ・レイチネン、グンナール・ヘッケルトの大男三人が、小さな村社を小突いたり蹴飛ばしたりしているように見えたという。東京朝日新聞の記者浜田常二良《はまだつねじろう》にも、それはフィンランド勢のアンフェアーな共同作戦と映った。憤慨した浜田は「あまりにも汚いので、それ以後、フィンランド人というものを信用しなくなった」ほどだった。つまり、日本のジャーナリズムはそのような観点から報道することになったのだ。

だが、それはただそのように「見えた」だけのことだった。村社によれば、トラックのレースにおいては「コーナーでぶつかり合うのは当然のこと」であるという。むしろヘッケルトなどは、村社を抜いていく時、腕を大きく上に回したほどだった。

「ヘッケルトとはフィンランドで親しくなっていました。絹の靴下をプレゼントするととても喜んでくれたものです。もっとも、あとで銀行の頭取の息子だと聞いて驚きましたけど。彼は左肩を私にぶつけないように手を上に回して抜いていったんです」

しかし、この繊細な配慮も、ヘッケルトにとってマイナスに働いた。追い抜く時に、馬鹿にしたヘッケルトが村社の頭を撫《な》でていった、と受け取られたのだ。スタンドのドイツ人観客からは抗議の口笛が吹き鳴らされた。

フィンランド選手がフェアーなことは、誰よりも村社自身がよく知っていた。

ヘルシンキでの合宿中に、村社はフィンランドの国内最終予選を見学することができた。それは、彼の最大のライヴァルとなるだろう選手たちの走りぶりをつぶさに観察できる絶好の機会だった。だが、そこで、村社は信じられないような光景を眼にすることになった。

それは一万メートルの決勝のレースだった。先頭はアスコラ、それを追って二位はイソホロ。ところが、途中で不意にアスコラが立ち止まった。シューズの紐《ひも》がほどけてしまったのだ。どうするかと見ていると、アスコラはしゃがみこんで紐を結びはじめた。と、二位のイソホロもそこに立ち止まるではないか。いや、イソホロだけではない、三位以下の選手も走るのを止めた。そして、結び終わったアスコラが走りだすと、イソホロも三位以下のランナーも弾《はじ》けるように走りだしたのだ。その結果、フィンランドの一万メートル決勝の優勝タイムは、村社が神宮で出した国内最終予選の記録より悪くなった。それだけを比較して、「フィンランド恐るに足らず」と書いた日本の記者もいたが、村社は「及ばない」と腹の底から思わざるをえなかったのだ。

ラジオで五千メートルの実況中継をしていたのは河西三省だった。

「村社依然トップでございます。そのあと三人はフィンランドの選手、ヘッケルト、サルミネン、レイチネン。ヘッケルトが村社を抜きました。村社第二位、村社第二位！　村社、第一位のヘッケルトと並んでおります。またレイチネンが出てまいりまして、トップに出ました」

あと二周というところで突然サルミネンが転倒した。村社は、フィンランドの三強の一角を崩してメダルに手が届きかかったが、スウェーデンのヘンリー・ヨンソンに一瞬の隙《すき》をつかれた。ヨンソンに抜かれ、抜き返し、また抜かれ、さらに抜き返そうとしたが、もがけばもがくほどラスト・スパートはかからなかった。

「差はわずかに一メートル、村社選手、懸命に追っておりますが抜けません。抜けません！　ゴールはあとわずか。ついに村社選手、第四位ゴール。ただいま村社ゴール！　四位！　村社選手は第四位でありました」

村社が最後に爆発的なスパートができるタイプのランナーであったなら、勝負はわからなかった。単にヨンソンとの三位争いだけでなく、前の二人と優勝をゴール寸前まで争うことができたかもしれない。しかし、彼は独力で「機械のように正確なフォーム」を作り上げていた。村社の一歩の歩幅は、一万メートルの際は百七十センチ、五千メートルの場合は百七十五センチと決まっていた。歩を刻むその正確さが彼を世界の最高レヴェルまで到達させたのだ。しかし、最後の最後になってそれが枷《かせ》となった。村社には、百七十五センチの歩幅を崩すガムシャラな走りがついにできなかった。

「この、ものすごい接戦を演じました五千メートル！　この競技はついに終わりましたが村社選手、最初から最後まで奮闘よくつとめましてついに第四位でありましたが、敗れても悔いなく、この小柄な、他の選手に比べて体格の劣る小さい村社選手が堂々、最初から最後まで奮闘、よく第四位に入りましたことは、満場十数万の観衆、等しく認めるところであります」

この放送を聞いた日本国内の興奮は凄《すさ》まじかった。とりわけ故郷の宮崎では、提灯《ちょうちん》行列が繰り出されたり、村社の妹のきみが勤める紡績工場で「皆さん、明日の朝はお赤飯にしましょう」という呼びかけがあったりしたほどだった。

一万メートルに続くこの五千メートルでの健闘で、村社は国民的な英雄となった。それは、村社が日本人の好むドラマの要素をすべて持っていたからともいえる。

地方出身の苦学生である小男が、ひたむきな努力だけで世界に伍《ご》すだけの力を身につけた。人柄は控えめで謙虚だが、レースとなると果敢な攻撃精神も発揮する……。

だが、村社にとって何より嬉しかったのは、国民的な「英雄」になったことでもなく、四位という「着順」を得たことでもなく、十四分三十秒という「記録」を出せたことだった。その記録が、前回のロサンゼルス・オリンピックで、フィンランドのレイチネンが打ち立てたオリンピック記録と同タイムだったからだ。記録を目指して走りつづけてきた彼にとって、その「オリンピック・タイ記録」は、自分自身への最上のプレゼントであるように思えたのだ。

2

長距離の村社に次いで、スタジアムの観客を沸かせた日本人選手は、棒高跳びの西田修平と大江季雄だった。

彼らは、雨の中、アメリカの三選手と、五時間に及ぶ長く激しい闘いを繰り広げたのだ。

それについては、ドイツの『公式報告書』でも、次のような昂揚《こうよう》した筆致で書き起こされている。

《八月五日午前、三十人の選手が予選突破を目指して集まった時、この競技の決勝が今大会で最も輝かしいものになろうとは、誰も予想していなかった》

棒高跳びに出場した日本選手は三人だった。早稲田大学から日立製作所に入っていた西田と、慶応義塾大学に在学中の大江、それに早稲田大学に在学中の安達清《あだちきよし》。予選の通過記録は三メートル八十だったが、日本の三選手は一回でクリアーし、あっさりと決勝進出を決めた。

スタジアムから選手村までは送迎バスでも四十分はかかるほど離れていた。そのため、日本の陸上陣は、スタジアムの近くに民家を一軒借り、中継基地として使っていた。棒高跳びの三選手は、午前中の予選が終わるとその中継基地に引き上げ、食事をし、休息を取って夕方からの決勝に備えた。

決勝にはまだ二十五人の選手が残っていた。しかし、日本の選手にとっては、何人残っていようが同じことだった。闘うべき相手はアメリカの三人だけだったからだ。

当時、棒高跳びはアメリカが最も高いレヴェルに達していた。オリンピックについてだけ見ても、アメリカは第一回のアテネ大会から連続九回優勝者を出しつづけている。そのアメリカのずば抜けた強さを支えているのは選手層の厚さだった。アメリカは一位ばかりでなく、二位もまた半独占の状態を続け、九回のオリンピックのうち逸した銀メダルは二個に過ぎなかった。さらに、アメリカの棒高跳び陣は、一九二七年以来、十年にわたって世界記録を保持しつづけていた。ベルリン大会が開催されたこの時点でも、公認世界記録の四メートル三十七はもとより、未公認の世界記録四メートル四十三もアメリカのものだった。

そのアメリカを追う立場にあったのは、陸上先進国のヨーロッパ勢ではなく日本だった。前々回のアムステルダム大会に初めて選手を送ったに過ぎない日本の棒高跳び陣は、この八年間で急速に力をつけ、アメリカに次ぐ第二の棒高跳び王国を形成するまでになっていたのだ。

日本で棒高跳びが盛んになるについては、ひとつの好条件があった。用具に恵まれていたのだ。ごく初期の頃、棒高跳びには木のポールが使われていたが、やがてその弾性と耐久力から竹が用いられるようになる。そして、そのポール用の竹には日本産が最もよいとされたのだ。外国の棒高跳びの選手にとっては、自分に合った太さと重さのポールを見つけるのはかなり難しいことだったが、日本の選手にとっては造作もないことだった。竹はいくらでもあり、しかも安く手に入る。海外遠征に行くと、試合終了後、自分たちが使ったポールを外国選手にプレゼントすることがよくあった。それは彼らにとても喜ばれたという。

午後四時、棒高跳びの決勝は、予選通過記録より二十センチ低い、三メートル六十から始められた。

決勝開始時に二十五人いた選手は、四メートルの試技が終わった段階で十六人にまで減っていた。さらに、バーが四メートル十五に引き上げられると、予想通りアメリカと日本の選手以外のすべてが脱落した。ただ、アメリカの三選手は全員跳べたが、日本の安達は三回とも試技に失敗してしまった。

真の決勝の始まりは、そこからだった。

アメリカはアール・メドウス、ウィリアム・セフトン、ウィリアム・グレーバーの三人。それに対して、日本は西田と大江の二人。数からいえば三対二でアメリカが有利に立っていた。数だけでなく、個々の選手が持っている記録からいっても、アメリカの方がはるかに優勢だった。西田の最高記録は四メートル三十、大江は四メートル三十四。対するアメリカの三人は、国内の代表選手選考会で四メートル三十四を揃《そろ》って跳んでいる。それも最後まで競っての記録ではなく、他の選手がすべて脱落し、上位三人が確定した時点で試技を打ち切られた上での記録だった。もし、順位をつけるために試技を続けていたら、さらによい記録が出ていた可能性が高い。とりわけグレーバーは、四メートル三十七の公認世界記録を持つ選手だった。

しかし、だからといって、アメリカが絶対的な優位にあったかというと、状況はそう単純ではなかった。少なくとも、気分的に西田と大江は押されていなかった。それは、日米五人の中で、西田が最も国際試合の経験が豊富な選手であり、しかも、前回のロサンゼルス大会では、アメリカ選手の中で唯一のオリンピック経験者であるグレーバーを抑え、銀メダルに輝いていたからだ。西田は、オリンピックの棒高跳びでメダルを独占するアメリカに対して、銀メダルを奪い取った二人の外国人のうちのひとりだった。

午後七時、緯度の高いベルリンの八月の太陽がようやく沈みかかった頃、バーが四メートル二十五に上げられた。審判員は、正確な高さを計るため、長い脚立《きゃたつ》を持ち出した。

第一回目の試技で、まずメドウスが失敗した。続くセフトンが成功。グレーバーと大江が失敗。しかし、西田は鮮やかに跳び越えた。

二回目の試技に入って、メドウスは難なく成功。グレーバーは失敗したが、大江は成功した。結局、世界記録保持者のグレーバーは三回目も失敗し、五人の中で最初に姿を消すことになった。

その様子を眺めながら、西田は胸のうちで呟いていた。

——これでひとり、アメリカを食うことができた。

四メートル二十五を跳んだ時点で、残った選手はアメリカ二人に日本が二人となった。それは最悪でも日章旗が一本揚がることを意味していた。

西田はこの大会における目的がなかば達せられたことに安堵《あんど》していた。彼のオリンピックにおける目標は、ロサンゼルスでも、このベルリンでもまったく同じだった。アメリカの選手をひとり「食う」こと。そうすれば、悪くても三位以内に入ることができるはずだった。ヨーロッパ勢が敵でないことは数度にわたる遠征でわかっていた。

マークすべきなのはアメリカの選手だけだった。実際、ロサンゼルス・オリンピックでは、グレーバーを「食う」ことで二位に入ることができた。しかし、西田が孤軍奮闘したロサンゼルス大会と違っていたのは、このベルリン大会では大江が一緒だということだった。うまくすれば二本揚げることができるかもしれない。それどころか、もっと大きなことが望めるかもしれない。

——ひょっとしたら、真ん中に日の丸を揚げることができるのではないだろうか？

それもありえないことではなかった。ここまで西田はただの一度も試技に失敗していない。四メートル二十五で一回失敗したメドウスと大江はもとより、四メートル十五で二回失敗しているセフトンと比べても、西田の好調さは際立《きわだ》っていた。

それに加え、日本の跳躍陣には、オリンピックの成績に関するひとつのジンクスがあった。いちどオリンピックでかなりの成績を上げた選手は、次のオリンピックではさらに成績がよくなる、というものだ。パリ大会の三段跳びで六位に入賞した織田幹雄は、次のアムステルダム大会で優勝した。そのアムステルダム大会で四位だった南《なん》部忠平《ぶちゅうへい》は、次のロサンゼルス大会で優勝した。さらに、そのロサンゼルス大会の走り幅跳びで六位に入った田島直人は、このベルリンのスタジアムで、前日行われた走り幅跳びで三位になっていた。西田はロサンゼルス大会では二位だった。もし、そのジンクスが棒高跳びにも生きているとすれば、あとは「優勝」しかなかった……。

日本の棒高跳びは、西田の出現によって世界的なレヴェルに近づくことになった。それまでも、アムステルダム大会に出場し、六位入賞を果たした中沢米太郎《なかざわよねたろう》がいたが、一位との差は三十センチもあった。しかし、西田がロサンゼルス大会で二位になった時、その差は五センチにまで縮まっていたのだ。その意味では、西田の棒高跳びの歴史が日本の棒高跳びの歴史であるといっても言い過ぎではなかった。

それにしても、西田が棒高跳びの歴史を担《にな》うに至るには、常に不思議な巡り合わせと強運がついてまわった。

西田修平は和歌山の代議士の息子だった。和歌山中学を卒業すると、「一高、東大以外は学校と思っていない」父の命令で第一高等学校を受験したが落ちてしまう。翌年は第一高等学校を諦めて第八高等学校を受けるがまた失敗してしまう。浪人生活を続けるのがいやだった西田は、来年再受験するための予備校がわりという軽い気持で早稲田の高等学院に入った。一九二八年、昭和三年のことである。

実はこの時、西田の運命と日本の棒高跳びの運命が大きく変わることになったのだ。中学時代の西田は、陸上競技の選手として必ずしも超一流の選手ではなかった。しかし、陸上競技が好きだった西田は、一高の受験に失敗した浪人時代にも、試合に出るという目的もなくただ練習を続けていた。棒高跳びだけでなく、走ったり、跳んだり、さまざまな練習を楽しんだ。この時期に、自分でも気づかないうちに急速に力がついていたのだ。だから、腰掛けのつもりで入学した早稲田でも、ごく自然に「競走部」に入ることになった。とにかく陸上の練習がしたかったのだ。

西田が入学した昭和初期の早稲田の競走部は圧倒的な強さを誇っていた。当時のスポーツ競技はどれも学生が主力であり、他大学の陸上競技部を凌駕《りょうが》していた早稲田の競走部は、日本一のクラブといってよかった。どの大学と対抗戦をやっても大差で破ってしまう。そこで、早稲田の競走部は、相手を求めてイギリスに遠征することになった。要請を受けたイギリス側は、オックスフォードとケンブリッジの二つの大学で作っている「アキレス・クラブ」が対戦を引き受けてくれることになった。

この頃、早稲田には棒高跳びの選手が三人いた。ところが、英国遠征を祝う「神戸外人クラブ」との対抗戦を前に、ひとりが怪我《けが》で欠場せざるをえなくなる。おかげで入部したばかりの西田に出番が回ってきた。新入生の西田は、三番手の選手として出場すると、先輩の二人を抑えて三メートル六十八で優勝してしまう。

これだけなら、単なるフロックということで終わっていたかもしれない。西田の運の強さは、その直後に予定されていた第一回の日本学生選手権でも、また別の先輩が足を故障したことで発揮される。この時も、補欠に過ぎない西田に出場のチャンスが回ってくると、あっさり優勝してしまった。

ここに至っては、いくら一年生といえども英国遠征に連れていかないわけにはいかなくなった。西田は二十二名の遠征メンバーのひとりとして、初の国際試合に赴くことになったのだ。

ヨーロッパ遠征へ出発する直前の六月、第六回の早慶戦が行われた。西田は単にそれに勝っただけでなく、一気に三メートル八十五の日本歴代二位の記録を出してしまう。もはや十八歳の西田の天分は、誰の眼にも明らかだった。

イギリスに渡って行われた「アキレス・クラブ」との対抗戦では、相手側に棒高跳びの優秀な選手がいないこともあり、西田は三メートル六十六の平凡な記録ながら先輩の笠原寛《かさはらひろし》と一位を分けあった。

西田にとって大きな意味を持ったのは、「アキレス・クラブ」との対抗戦より、その直後に行われたアムステルダム・オリンピックだった。もちろん、西田はオリンピックの代表選手ではなかった。しかし、早稲田の先輩の多くがオリンピックに出場することになっていたため、対抗戦が終わると彼も一緒にアムステルダムに赴き、観戦することになったのだ。そこで西田は、織田幹雄が三段跳びに優勝し、日本人で初めて中央のポールに日章旗を掲げる姿を見る。その感激が、西田をして、これから自分も陸上競技をやっていこう、という強い決意を抱かせることになったのだ。

日本に帰ってきた西田は、高校受験を断念し、早稲田に腰を落ち着け、陸上競技に専念していく。

西田が日本における棒高跳びの第一人者になるのは早かった。昭和四年秋の関東学生選手権で日本人として初めて四メートルを跳ぶと、日独対抗ではその日本記録を四メートル十まで引き上げることに成功する。

さらにその翌年の昭和五年には、極東大会に出場するため来日したフィリピン選手たちとの試合で日本記録を五センチ更新する。また、この年、ヨーロッパに遠征した西田は、国際学生競技会を含め、十一回試合をして、一度二位になった以外はすべて優勝した。唯一負けた相手はアメリカの選手だった。この時、西田に、ヨーロッパ勢には絶対負けないという自信がついた。

そして、昭和七年、一九三二年、ロサンゼルス・オリンピックの年を迎える。

横浜からロサンゼルスまでは三週間の船旅だった。その期間中はほとんど練習ができない。そこで、西田は船上でもできる練習法を工夫した。まず、ハッチにマットを敷き、ポールを突っ込むボックスを置く。さらに、マストに滑車をつけたロープを取り付けてもらい、その片方の端をポールの先に結ぶ。西田がポールをボックスに突っ込むと同時に、勢いよくロープを引っ張ってもらう。垂直になっていくポールと共に体を振り上げ、マットの上にドスンと落ちる。西田はその練習を飽きず繰り返した。

それは、棒高跳びで最も大事な体の振り上げの貴重な練習になると共に、上半身の強化という思わぬ副産物も生んだ。

ロサンゼルス大会での相手は、西田の予想通りアメリカの三人だった。相棒の望月《もちづき》倭夫《しずお》が四メートル十で落ち、四メートル十五からはウィリアム・ミラーらアメリカの三人と西田の争いになった。

四メートル十からは五センチ刻みでバーが上がっていった。西田にとってはギリギリの高さだったため、すべての跳躍に対して真剣に臨まなくてはならなかった。だが、余裕のあるアメリカ選手は、適当にパスを混じえながら跳んでいた。それには、西田を休む間もなく跳ばせて疲れさせてしまおうという戦略的な気配がなくもなかった。

ところが、そんなことをしているうちに、アメリカ勢の調子が崩れていき、逆に西田の調子が上がってきてしまった。

試合が終わったあとで、「あれは明らかにアメリカの作戦ミスだった」と陸上主将の織田幹雄が西田に言ったという。

西田は四メートル十五を一回で跳び、四メートル二十の日本新記録も軽々と跳んだ。そして、四メートル二十五に成功した時、自分でも「おやおや」と思うほどの調子になっていた。ここでアメリカの三人が脱落し、残ったミラーと西田との一騎打ちになった。四メートル三十は二人とも成功してオリンピック新記録を樹立。だが、次の四メートル三十五で勝負がついた。ミラーがぎりぎりの三回目に成功したのに対し、西田は三回とも失敗してしまったのだ。

それにしても、西田の四メートル三十は自己記録を十五センチも破っての見事な銀メダルだった。これ以来、西田修平の名は、常に世界ランキングの上位を占めることになる。

海外ばかりでなく、国内においても西田の強さは圧倒的だった。昭和三年から始まった学生選手権では五年間勝ちつづけたし、日本選手権でも六連覇を果たしている。

西田の棒高跳びの強さの秘密は何だったのか。重要なのは彼が万能選手だったということだ。ある年の学生選手権では、棒高跳びだけでなく、短距離走、ハードル、走り幅跳び、三段跳び、リレーという具合に、長距離と投擲《とうてき》を除くほとんどすべての種目に出場し、一種目に一位、三種目に二位、一種目に三位となるなど、大学対抗の得点争いに縦横の活躍をした。

もっとも、その万能選手ぶりは西田の専売特許ではない。早稲田の先輩に当たる織田幹雄も、南部忠平も、また西田より年少の京都帝国大学の田島直人や原田《はらだ》正夫《まさお》も、日本の優れた跳躍選手の多くが、さまざまな種目をこなす万能選手だった。あるいは、日本の跳躍選手は、万能選手だったからこそ急速に世界的なレヴェルにまで到達できたといえるのかもしれない。

西田には、短距離選手のスピードと、さまざまな跳躍種目をこなすバネがあった。それが棒高跳びの選手として大成させることになった。

しかし、やがて西田の後継者と目されるようになる大江季雄は違っていた。大江は棒高跳び専門の選手だった。西田がスピードとバネで最高水準に到達したとしたら、大江は棒高跳びのバーを越えるセンスだけで世界に肩を並べるまでになった。その意味では、大江こそ棒高跳びの申し子といえたかもしれない。

棒高跳びの選手に必要な能力とはどのようなものか。西田によれば、それはコンバイン〈統合〉する能力だという。

「棒高跳びの選手は、スプリンターほどスピードがなくてもいいし、ジャンパーほどバネがなくてもいいし、投擲の選手ほど腕力が強くなくてもいい。だが、それらのすべてをバランスよくコンバインする能力がなくてはいけない」

大江には、西田が言う、そのコンバインする能力が天性そなわっていたのだ。

舞鶴《まいづる》の医師の息子として生まれた大江は、西田より四つ年下だった。

二人が初めて遭遇したのは、西田が早稲田の二年、大江が舞鶴中学三年の時だった。朝日新聞社が大阪で催した、中学生のための陸上競技冬季講習会に講師として参加していた西田が、中学生離れした巧みなフォームで跳んでいる大江に注目した。うまい、と西田は思ったという。朝日新聞の記者で早稲田OBの織田幹雄も同じ感想を抱き、二人は卒業したら早稲田に入れようということでも一致する。

ところが、大江の才能を見抜いたのは早稲田の関係者だけではなかった。棒高跳びに人材がいない慶応義塾大学は、他の大学にさらわれない前に入れてしまおうと考え、大江が中学四年の時に飛び級の入学試験を受けさせる。卒業までまだ間があると安心していた早稲田の西田らが気がついた時にはすでに遅く、大江は慶応の予科に入ったあとだった。

これ以後、西田と大江は早稲田と慶応に分かれて闘うことになる。しかし、この二人は最後までライヴァルという関係にはならなかった。初期の頃は、大江が西田の相手にならなかったということもあるが、力が伯仲してきてからも、二人のあいだには同じ競技をする者としての親しさ以上のものがあったからだ。ライヴァルというより、先輩と後輩であり、兄貴分と弟分という関係に近いものさえあった。

その大江が初めて西田に勝ったのは、昭和八年の学生選手権だった。だが、この時も西田はさまざまな種目に出場し、棒高跳びをいちど跳ぶと、その合間に他の種目に出てくるという具合だった。棒高跳びだけに集中する大江とは疲労の度合いが違っていたため、二人の力関係が逆転したとまではいえなかった。

ところが、昭和十一年、ベルリン・オリンピックの年、長く続いた西田時代から大江時代の到来を予感させる出来事が起きた。シーズンの始めに行われた大学対抗の競技会で、大江が西田の持つ四メートル三十の日本記録を四センチ上回る新記録を出したのだ。

一方、この年の西田は競技に集中する環境になかった。大学を卒業して入社した会社は競技に理解がなかった。土曜の競技会に参加して成績が大きく新聞に載ると、月曜日には「欠勤届をきちんと出せ」と言われるような会社だった。しかも、徴兵検査で甲種合格となった西田は、高槻《たかつき》の工兵隊に入営することになってしまう。これで、西田のベルリン行きはなくなったはずだった。ところが、ここでも西田の強運は発揮される。身体検査で急性気管支炎という診断が下され、「即日帰郷」になったのだ。

だが、これは頑健な肉体を持つ西田には考えにくい事態である。とすれば、西田をベルリンへ行かせたいと思っていた誰かが、つまり代議士の父親か競技関係者の中の有力者の誰かが、その影響力を行使したのだとしか考えられない。この件に関して訊《たず》ねられると、西田は「医者がそう診断してくれたのだから」と笑うのが常だったが、いずれにしても、彼はそれによってベルリンへ行く可能性が与えられたのだ。

代表選手を決める国内最終予選は大江の完勝だった。あとは、西田、安達、文理大出身の高野《たかの》惣太郎《そうたろう》の三人による順位争いだった。

調子の悪い西田は、しかし自分が代表に選ばれるかどうかということについてはあまり心配していなかった。ベルリン大会にピークを持っていくため、調子の波の底が国内予選の時期に当たってしまうことは仕方のないことだった。それでも代表になるくらいの成績は残せると思っていた。

この順位決定戦では、二位ではなく、三位になろうと思っていた。自分が二位になってしまうと三位まではベルリンに連れていかないだろうが、自分が三位になれば三位まで行かせるということになるだろう。つまり、ひとり余計にオリンピックの経験を積ませることができる。西田はすでに日本の棒高跳びの将来ということを考える立場になっていた。

順位決定戦は四メートル二十から始められ、二回目の試技で成功した安達が二位になると、西田も次の三回目でクリアーして三位になった。結局、三人揃ってベルリンに行けることになったのだ。

西田はヘルシンキに入ってから予定通り調子を上げていき、ベルリンでの棒高跳びの決勝には最後の四人に残ることができた……。

午後八時、四メートル二十五の試技が終わると完全に日が暮れ、場内に十三万ワットのライトが点灯された。雨は上がっていたが、外気の温度は急激に下がってきて、西田も大江も用意した毛布にくるまって体を暖めはじめた。

そこで審判員が日本側に次の高さをどれくらいにするか訊《たず》ねてきた。それは審判員がアメリカ勢の力を上と見なしたことを意味していた。棒高跳びでは、力の劣る者が次の高さを決めた方が合理的なのだ。なぜなら、力のある者がそれを低すぎると思えばパスをすればいいだけのことだからだ。

西田が大江の顔を見ると、大江は軽くうなずいた。大江には、西田が一気に四メートル三十五に上げようとしているのがわかっていた。

これについては、のちに織田幹雄から四メートル三十を跳んだ方がよかったのではないかという疑義が呈せられた。しかし、この時点での二人の意志は統一されていた。このまま小刻みに跳んでいくと、どうしても体力的に劣る自分たちが不利だ。一気に決着をつけてしまおう。それに、二人とも、今日の自分たちに四メートル三十五が跳べないとは思えなかった。

「三十五」

西田が言うと、アメリカのメドウスもセフトンもその高さを受けて立った。

四メートル三十五の一回目の跳躍は、メドウス、セフトン、大江、西田の四人とも失敗した。

二回目。メドウスが辛うじて跳び越えると、バーは大きく揺れたが最後まで落ちなかった。しかし、セフトン、西田、大江の三人は失敗する。

そして三回目。まず、セフトンが失敗して脱落することが決まった。次の大江も惜しい跳躍だったが失敗。残るは、西田の試技だけになった。

夜遅くまでスタジアムに残っていた観客の、西田への声援には凄まじいものがあったという。それは、ドイツ人の日本贔屓《びいき》と判官《ほうがん》贔屓が相乗されたものだったに違いない。

その声援の中、いつもは無造作に跳ぶ西田が慎重にポールを構え、勢いよく助走して跳んだ。体はきれいに越えたかと思えたが、わずかに胸がかすったバーは無情にも落ちてしまった。

これで、ひょっとしたら真ん中のポールに日章旗を翻《ひるがえ》すことができるかもしれない、という西田の望みは断たれた。

西田にとって悔やまれるのは三回目の試技だった。

——もし日本にアメリカのような練習場があれば……。

当時の日本の棒高跳びの練習場には、ただ砂があるだけだった。そこに四メートル以上の高さから落ちてくるのだから、かなりの衝撃がある。危険を少なくするためには、常に顔を地面に向けて足から落ちるようにしなくてはならない。ところが、アメリカでは、練習場には柔らかいオガクズが敷き詰められている。だから、どんな降り方をしても危険は少ない。そのため、バーの越え方もギリギリのところまで試すことができる。最後はその練習の差が出たのではないかと西田には思えたのだ。

メドウスの一位は決まった。あとは残った西田、大江、セフトンの三人で、二位以下の順位を決定しなくてはならない。何度か高さを変えての試技が行われた結果、最初にセフトンが脱落し、四位が決まった。次は西田と大江で二位と三位を決めなくてはならなかった。

だが、二人は長い闘いに疲労していた。日章旗が二本揚がることは決まったのだ。別に同国人の二人で争うまでもない。西田が試技をやめると伝えると、審判員も了解してくれ、そこで競技は終了ということになった。すべてが終わった時、午後九時を過ぎていた。

選手村に戻ると、三段跳びの大島鎌吉の部屋に灯《あか》りがついている。跳躍陣には専任のコーチがおらず、陸上主将の大島が代役を務めていた。そこで西田と大江の二人はいちおう大島の部屋に顔を出すことにした。すると、大島が沈痛な口調で言った。

「負けたな……」

そこで、二人は思わず頭を下げてしまった。

「すみません」

だから、のちにこの棒高跳びの決勝が、ベルリン大会を象徴する闘いとして称讃《しょうさん》されることになるとは思いもよらなかったのだ。

勝負のついたのが遅かったため、表彰式は翌日に行われた。

表彰台の最も高いところにメドウスが立つのは当然のことだった。しかし、西田と大江のどちらが二番目の台に立つのかは微妙な問題だった。西田が大江との順位決定戦を放棄したのは、もちろん自分が二位になるためではなかった。四メートル十五が跳べなかった九人を、順位決定戦をせずに全員六位としたように、西田と大江を二人とも二位にしてくれるだろうと思っていた。ところが、公式発表では試技数の少なかった西田が二位になり、大江が三位になっている。それはおかしなことだった。もし、どうしても序列をつけなければいけないのなら、審判員は西田の申し出を却下して試合を続行すべきだったのだ。

日本に帰国後、二人は与えられた銀と銅のメダルを半分ずつ張り合わせたメダルを二枚作る。それは「友情のメダル」として修身の教科書に載るような美談として伝えられることになるが、少なくとも西田にとっては心外なことだった。二人のあいだで二、三位の決着がついていない以上、どちらがどちらのメダルをもらうか決めることはできない。だから半分ずつにしたに過ぎない。ごく単純な物理的作業だったのだ。

しかし、表彰式ではどちらかが二位の台に上らなければならない。西田は大江に上がるよう促した。

その時の西田の行為は、多くの日本人に、公式発表で自分が二位になってしまったかわりに、表彰式では大江に二位を譲ろうとした麗《うるわ》しい友情の発露、と解されることになる。

実は、西田はこう考えたのだ。

――自分はロサンゼルスの二位から、今回はその上の一位に行かれなかった。だが、まだ日本の跳躍陣のジンクスが生きているとすれば、棒高跳びの未来のためには大江こそ二位にしておくべきだろう。なぜなら、そうしておけば、年齢的にも最高の時期にぶつかる東京大会で、その上に行かれることになるだろうから。

この棒高跳びの決勝を、「近代オリンピック史上まれにみる偉大な試合」と呼んだドイツの『公式報告書』は、次のような言葉で締め括《くく》っている。

《このようにして一九三六年の大会の優勝はメドウスに決まった。しかし、若いオオエはきっと心の中でこう思っていたに違いない。「故国の東京で四年後にまた会おう。その時、アメリカの連勝記録はストップすることになるだろう。一九四〇年大会の優勝者になるのはこのスエオ・オオエなのだから」と》

だが、一九四〇年の東京大会が幻となり、その翌年に大江がフィリピンで戦死する未来は、このとき誰にも見えていなかった。

ところで、西田と大江にとっては翌日の表彰式がベルリン大会の棒高跳びにまつわる最後の儀式とはならなかった。彼らにはまだやらなくてはならないことが残っていた。記録映画を作っていたレニ・リーフェンシュタールから、最後のシーンを撮り直したいので、もういちど跳んでくれないかという要望があったのだ。

二人は承諾し、カメラの前に立った。

しかし、それはレニの「その翌日、同じ場所で、同じ高さで跳び直してもらった」という記憶とは掛け離れたものだった。

西田は言う。

「だって、考えてもみなよ、次の日はまだ競技が行われていたんだから、いくら夜だといったって、撮り直しなんかできるはずがないよ」

これは恐らく西田の方が正しい。単に当事者の記憶だからというだけでなく、客観的に判断して、その翌日に撮り直すことは不可能だと思われるからだ。

撮り直しの際、レニが出す「そこでバーを引っかけて」とか「今度はきれいに跳んで」といった指示を、西田と大江に通訳したのは三段跳びの田島直人だった。しかし、棒高跳びの翌日には三段跳びの決勝があり、いくら試合後とはいえ、田島には通訳などをしている余裕も時間もなかった。実際に撮り直しが行われたのは、西田が陸上競技の最終日、田島がその次の日と記憶しているが、試合の翌日でなかったという点では一致している。

さらに西田によれば、撮り直しの場所は「選手村に付属しているグラウンドだった」という。また、レニは三メートル五十くらいで撮ろうとしたが、選手たちが「同じ失敗するのでも、ある程度の高さがないとうまく跳べない」と文句を言い、最終的には四メートルくらいで撮り直したのだという。一度もクリアーしたシーンを撮ってもらえないグレーバーが、俺もきちんと跳びたいと申し入れたが受け入れられなかったともいう。

このようにして、夜の決勝シーンの撮り直しが済んで、ようやく彼らの棒高跳びは終わったのだ。

3

棒高跳びの西田と大江がメイン・スタンド前で表彰されている時、フィールドでは新たな闘いが始まっていた。三段跳びの決勝が行われていたのだ。

日本からの出場選手は、関西大学出身で大阪毎日新聞の記者をしている大島鎌吉、京都帝国大学から日立製作所に入った原田正夫、同じく京都帝国大学から三井鉱山に入った田島直人の三人だった。彼らには、ベルリンにいる日本選手団ばかりでなく、日本国内からも大きな期待を寄せられていた。

まず、この三段跳びでは、アムステルダム大会の織田幹雄とロサンゼルス大会の南部忠平が、連続して金メダルを獲得しているということがあった。三段跳びは日本の「お家芸」とも呼ばれ、この種目での三連覇は、彼ら三人に課せられた絶対の使命でもあった。

日本人が三段跳びを「お家芸」と呼ぶにはそれなりの理由があった。オリンピックで連続優勝していることはもちろんだが、アメリカにおける棒高跳びのように、他国と比べても選手の層が格段に厚かった。公認の世界記録十五メートル七十八こそオーストラリアのジョン・メトカルフに奪われていたものの、大島は十五メートル八十二の未公認の世界記録を作っていたし、原田も十五メートル七十五を跳んでいた。それ以外にも、世界のトップ・クラスの選手が何人もいた。

この時期、日本にはまた、「跳躍日本」という言葉が存在していた。三段跳びを筆頭に、棒高跳び、走り幅跳び、走り高跳びなどの跳躍種目に世界的な水準の選手を多数擁していたのだ。

なぜ日本の跳躍陣は強かったのか。それについてはさまざまな説明がなされた。中でも頻繁に持ち出されたのが、日本に独特の生活様式が跳躍選手のバネを作るのに役に立っている、というものだった。西欧のように椅子《いす》でなく畳の生活のため、立ったり坐《すわ》ったりするという日常的な動作の中にすでにバネを作るトレーニングの要素が入っている、というのだ。あるいは、和式の便所が足腰を鍛えるのに役立っているという意見もあった。

しかし、田島によれば、日本の生活様式が跳躍に向いていたというより、優れた素質を持った選手が跳躍に集まったと理解するべきだという。それは、ジャマイカにおける短距離の場合と極めて似ているともいう。第二次大戦直後、ハーバート・マッキンリーという傑出したスプリンターが現れて以来、島国のジャマイカに優秀な短距離選手が輩出するようになった。素質のある若者たちがマッキンリーのようになりたい一心で走りはじめた結果だった。日本において、そのマッキンリーと同じ役割を果たしたのが、アムステルダム大会で優勝した織田幹雄だった。田島もまた、「織田のようになりたい」と跳躍を始めたひとりだった。

原田によれば、日本の跳躍が強かった理由はもうひとつあるという。それは、世界的には跳躍がマイナーな競技だったということである。他の国の選手は跳躍にさほど力を注がず、競技人口も少なかった。とりわけ三段跳びや棒高跳びなどは選手も少なく、外国との対抗戦では、専門の選手がいないので競技種目からはずしてくれないか、という要請が出されることもあるくらいだった。

そうした種目に、日本の優秀な選手が、独自の工夫を加えて臨んだのだ。勝つチャンスが広がらないわけがなかった。

たとえば、どうしても織田に勝てなかった時期の南部忠平は、日曜日になると上野の動物園に通った。猿山でサルの跳び上がる動作を眺め、跳躍のフォームの研究をしていたのだ。その情熱が、他の追随を許さない華麗な「反り跳び」の完成に導くことになった。

跳躍に限っては、日本で勝てれば世界に通用する。それがまたさらに優秀な選手を跳躍種目に呼び込むことになった、と原田は言うのだ。

実際、ベルリン大会の三段跳びに出場した三人は、誰が優勝してもおかしくない実力を備えていた。敵はオーストラリアのメトカルフだけであり、三連覇も難しいとは思えなかった。三人のうちの誰かが優勝するだろう。それが三人に共通した思いだった。しかし、彼らにはそれ以上の期待がかけられていた。単に優勝するだけでなく、金、銀、銅のメダルを独占することが望まれていたのだ。

当時の日本には、オリンピックを国家間の「得点争い」と捉《とら》える見方が根強くあった。それはやがて「メダル争い」へと変化していくのだが、この時期には、大学の対抗戦などと同じく、六位までの入賞者を六点から一点まで加点していく採点法で、「陸」や「水」の「覇権」を争っているという意識があった。

もちろん、アメリカと頂上の争いをすることになるだろう「水」と異なり、日本の「陸」は覇権を争うという域には達していなかった。アメリカの力はずば抜けていたし、他にもドイツやイギリスやフィンランドといった強豪がいた。しかし、フィールドの、それも跳躍だけに限ってみれば、アメリカと対等に近い勝負ができた。すでに、走り高跳び、走り幅跳び、棒高跳びの三種目が終わり、アメリカの優位は確定していたが、この三段跳びで一、二、三位を独占すれば、ほぼ互角にまで追い上げることができる。それに、もし日章旗を一度に三本揚げるようなことになれば、仮に得点争いで敗れても「跳躍日本」の面目は立つ、というところがあった。そのような思いが、「独占も不可能ではない」という事前の予想を、「独占は可能なはずだ」に変えていた。

周囲から過大な期待を背負わされていた三段跳びの三選手には、かなり悲愴《ひそう》なものがあったはずだった。しかし、抱いている思いは三人三様だった。

三人の中で最も悲愴だったのは大島鎌吉だったかもしれない。

大島は陸上の主将であると同時に、コーチが来ていない跳躍陣の責任者役も引き受けていた。だが、その跳躍陣は、棒高跳びで西田と大江が健闘してくれたものの、走り高跳びも走り幅跳びも思ったほどの成績を上げられないでいた。これで三段跳びに負けるようなことがあれば、どのように責任を取ればいいのかわからないほどだった。

それに、ひとりの競技者としても、大島には負けられない意地があった。

三段跳びの優勝候補の筆頭と目されていた前回のロサンゼルス大会では、選手村で大火傷《やけど》を負い、包帯を巻いたまま跳ばなくてはならないという不運に見舞われた。その結果、走り幅跳びと掛け持ちの南部に名を成さしめ、三位に甘んじなくてはならなかったのだ。

昭和九年にはその時の南部の記録を大きく破る世界新記録を出したが、追い風を理由に未公認のままだった。常に織田や南部の陰に隠れていた大島にとっては、このオリンピックが頂点に登りつめることのできる最後のチャンスだった。なんとしても日本の三連覇は自分の力で果たしたかった。

悲愴といえば、原田正夫も同じだった。

ベルリンに入るまでの原田は絶好調だった。エストニアでの招待競技会では、走り幅跳びに七メートル三十五で優勝しただけでなく、三段跳びには十五メートル六十七の好記録を出して優勝するほどだった。ところが、走り幅跳びの試合の前日、選手村付属のグラウンドで練習中に腰を痛めてしまったのだ。そのため、普通の調子でありさえすれば軽々と入賞できたはずの走り幅跳びで、予選失格という屈辱を味わうことになる。一時は三段跳びの出場も危ぶまれたが、当日になって痛みが和らぎ、なんとか出場できることになった。原田は腰に注射を打ってもらい、たとえこの試合で骨が砕けようとも跳ぶのだ、という悲愴な決意でフィールドに立っていた。

三人の中で最も気楽だったのは田島直人だった。彼には他の二人のような悲愴感はなかった。先に行われた走り幅跳びで銅メダルを獲得し、ベルリン大会で最初に日章旗を掲げた選手となっていた。それに、この三段跳びでは、世界記録を破ったことのある二人に比べれば、三番手の選手に過ぎなかった。

——きっと日本選手の誰かが勝つだろう。

しかし、それがどうしても自分である必要はなかった。

田島直人は山口県岩国の出身である。

彼には東京農業大学で陸上競技をしている若い叔父がいた。子供の頃の田島には、その叔父が年に一、二度家を訪ねてくれるのがなによりの楽しみだった。叔父は競技用のストップ・ウォッチを持っていて、来るたびに貸してくれたからだ。竜頭《りゅうず》を押すたびに動いたり止まったりするその時計は、子供の眼に神秘的なものに映った。田島はストップ・ウォッチを手にすると、近所の友達を集めて即席の競走記録会を開いた。田島の陸上競技への最初の一歩は、ストップ・ウォッチに対する物珍しさから始められたことになる。

岩国中学では陸上競技部に入ったが、全国的に見ればさしたる記録も作れないまま山口高校へ進んだ。しかし、この山口高校で、田島は陸上競技の万能選手として才能を全面的に開花させる。高校の対抗戦や全国大会では、百メートル、二百メートル、走り幅跳び、三段跳び、棒高跳び、リレーの各種目に出場し、常に大量の得点を稼いだ。高校二年の時には、走り幅跳びにおける一流選手の証《あか》しである七メートルのラインを突破し、七メートル・ジャンパーの仲間入りを果たした。

山口高校を出た田島は東京帝国大学の入学試験に失敗する。しかし、彼にとっては、それよりロサンゼルス・オリンピックの跳躍の代表選手に選ばれたことの方が重要だった。

ロサンゼルス大会では走り幅跳びに出場した。これには世界記録保持者で大先輩の南部忠平が一緒だったので気楽だった。ところが、優勝間違いなしと期待された南部には腰に故障があり、結局三位に終わってしまう。

一方、田島は六位に入賞した。

この時、やがて田島と結婚することになる京都府立第一高等女学校の土倉《どぐら》麻《あさ》は、女子百メートルの選手としてロサンゼルスに来ていたが、観客席で田島の跳躍を見て、「この人は少し馬鹿《ばか》なのではないだろうか」と思った。なぜなら、素晴らしい跳躍をしているのに、どれも踏切りに失敗してファールになってしまう。少し力をセーヴしてファールにならない工夫ができないものか、と思ったのだ。

結局、田島は六回の試技のうちファールを四回犯してしまう。正式に計測されたのは二回にすぎなかったが、そのうちの一回に七メートル十五の記録があり、六位に入賞したのだ。周囲からは、最初のオリンピックで入賞したのだから上出来だと言われたが、十九歳の田島はこんな風に思っていた。

――今は自分より上に五人の選手がいる。しかし、これから四年間みっちり練習を積めば、次のオリンピックでは必ずしも勝てない相手ではなさそうだ。

ロサンゼルス・オリンピックの翌年、田島は方向転換をし、東京帝国大学ではなく京都帝国大学の経済学部を受験し合格する。

その陸上競技部には、第七高等学校から法学部に進んできた原田がいた。原田もまた田島と同じく跳躍を主体にあらゆる種目をこなす万能型の選手だった。綽名《あだな》はチャラ。中学の英語の時間に「キャラクター」という単語を「チャラクター」と読んで以来の綽名だった。田島はこのチャラと大学時代の三年間をほとんど一緒に過ごすことになる。練習ばかりでなく、それが終わってからも喫茶や食事を共にした。原田は勝負事が好きで、その代金をどちらが出すかを賭《か》けては、練習の最後に走り幅跳びや三段跳びの記録を争った。

「今日は砲丸や」

いつも率先して種目を決める原田の言葉に従って、二人のあまり得意でない砲丸投げで決着をつけることもあった。そんな楽しみ方をしながら練習を続けていくうちに、二人は急速に力をつけていった。

田島と原田の二人は、日本選手権でも、学生選手権でも、走り幅跳びと三段跳びで常に一、二位を争うようになる。たとえば、昭和十年の日本選手権では、走り幅跳びで原田が一位で田島が二位になると、三段跳びでは田島が一位で原田が二位になるという具合だった。

この日本で、その両種目において常に一、二位を争うということは、世界のトップ・レヴェルに近づいたということとほとんど同じだった。ひとつの大学に、同じ種目で、世界有数の選手が同時に二人も現れたことはかなり珍しいことであり、彼らにとっても幸運なことだったかもしれない。

原田との遭遇とは別に、田島にとって京都での生活が大きな意味を持ったのは、そこにロサンゼルス大会に出場した土倉麻が住んでいたことである。

土倉麻にとって田島は、「もう少し工夫して跳べばもっとよい記録が出るのに」と思っただけの相手であり、一緒になった帰りの船でも特に親しく言葉を交わした覚えはなかった。ところが、田島は京都帝国大学に入ると、陸上競技部が資金集めのために主催する映画会などのチケットを手に、ちょくちょく土倉邸を訪れるようになった。最初のうちは妹たちが騒ぐのに任せていたが、やがて麻も田島を強く意識するようになり、それが恋愛感情に発展していった。そして、田島が大学を卒業する頃には、婚約したも同然の間柄と見なされるようになっていた。

田島と原田が、日本選手権と大学選手権の走り幅跳びと三段跳びで、一、二位を独占した昭和十年は、一年後にベルリン・オリンピックを控えて、世界中からさまざまな記録が届いてきた年でもあった。

中でも、田島に強い衝撃を与えたのはアメリカのジェシー・オーウェンスの記録だった。たった一日で、百ヤードと二百二十ヤードと二百二十ヤード・ハードルに世界新記録を打ち立てただけでなく、走り幅跳びにおいても南部忠平の持つ七メートル九十八の世界記録を大きく破る八メートル十三の大記録を打ち立てていた。オーウェンスが百ヤードを九秒四で走ったということは、百メートルでも十秒三の世界記録を破る力があるということだ。それに対して、自分は十秒台で走るのがようやくという程度のスピードしかない。田島は冷静に比較し、スピードをより必要とする走り幅跳びでは、このオーウェンスに勝つことはできないだろうと判断した。そこで田島は、これまで走り幅跳びの主に対して従の立場にあった三段跳びに精力を傾けることにした。

当時の田島の三段跳びの記録は十五メートル十から二十程度だった。しかし田島は、残された一年間で自分の記録を世界記録ちかくまで伸ばすのもさほど難しいこととは思えなかった。

彼はこう考えたのだ。三段跳びは両足を使って跳ぶ。しかし、人間は両足の強さが違う。それが利《き》き足ということになって、走り幅跳びでも踏み切る足が決まってくるのだ。自分も、利き足で踏み切れば七メートル七十くらいは跳べるのに、反対の足では六メートル五十程度までしかいかない。もし、三段跳びを強くしようと思うなら、利き足とは反対の足を強くすればいいのではないか。

そこで、田島は反対足を強化する訓練を日常の中から始めた。たとえば、風呂《ふろ》の湯船に入るような時、人間は無意識のうちに利き足で踏ん張り、反対足から入っていく。それを意識して反対足で踏ん張り、利き足から入るようにした。また、たとえば、足は手にも連動しているところから、戸の開け閉《た》てなどもすべて利き手とは反対の手でするようにした。それと同時に、走り幅跳びでも反対足で踏み切る練習を重ねた。すると、翌年には、それまで六メートル五十しか跳べなかった反対足の走り幅跳びが、七メートル三十まで跳べるようになった。八十センチ分だけ強くなったことになる。ということは、単純に考えれば、十五メートル二十の三段跳びの記録が十六メートルにまで伸びる可能性が出てきたということだ。三段跳びにおける十六メートルという記録は夢のような記録だった。しかし、田島には決して不可能ではないように思えた。

世界の三段跳びは、一九一〇年にアメリカのダニエル・アハーンが十五メートル十二を跳んで十五メートル時代に突入したが、それからの歩みは遅々としたものだった。翌年、同じくアハーンが十五メートル五十二と大きく記録を更新したものの、それ以後は、一九三五年のメトカルフの十五メートル七十八の記録まで、二十四年間で僅《わず》かに二十六センチしか伸びなかった。

その意味では、十六メートルはまさに夢の記録といってよかった。だが、当時世界の最先端を行っていた日本の三段跳び選手のあいだには、早くから、ベルリン・オリンピックではその程度の記録を出さなければ優勝できないだろうという見方があったのだ。

ベルリン・オリンピックの二年前、京都帝大陸上競技部は部誌「蒼穹《そうきゅう》」において、織田、南部、大島といった跳躍の先輩を招き、これに学生の田島と原田が加わって座談会を行った。

まず、田島が「ベルリンの優勝記録はどのくらいでしょう」と口を切ると、大島が「十六メートル出なけりゃ勝てん」と言った。さらに、織田が「十六メートル跳ばなければ嘘《うそ》だ」と言うと、原田が「全部ささえられたらいけると思う」と受けた。

この時の大島と原田の自信満々の言葉には根拠があった。その直前の日米対抗戦で、南部の持つ世界記録を二人揃って破っていたのだ。

その日、日米対抗戦が行われた甲子園南運動場は、海からの微風が吹く絶好のコンディションだった。三段跳びに出場した原田は、走り幅跳びで優勝した余勢を駆って、二回目に十五メートル七十五を跳んで世界新記録を樹立した。すると、その三十分後に、今度は大島が十五メートル八十二を出してさらに世界記録を更新した。甲子園の観客は、一日で二つの世界新記録が生まれたことに興奮し、表彰式では「君が代」が斉唱されるという騒ぎになった。

しかし、二人の記録は追い風を理由に公認されなかった。風についての規定が導入されるのはその二年後であるにもかかわらず、である。

この頃、練習が終わると、原田は芝生にごろりと横になり、嵐山《あらしやま》に沈む夕陽を眺めながら、田島によくこんなことを言っていたという。

「毛唐はこわいことあらへん。お前か俺か、先に十六メートル跳んだほうが勝ちや」

それから二年、いまだに十六メートル・ラインに到達したジャンパーはいなかったが、当時の日本の跳躍陣には、ベルリンでの優勝ラインが十六メートルになるだろうという共通認識があった。つまり、田島以外のジャンパーもまた、自分たちに十六メートルを超える可能性があると考えていたことになるのだ。

昭和十一年五月、ベルリン・オリンピックを前にして行われた国内最終予選では、田島の成績がふるわなかった。それは、その時期がオリンピックを睨《にら》んでのコンディション作りの谷間に当たっていたからだ。

ベルリン・オリンピックの陸上競技は八月初旬に行われる。そこにピークをもっていくためには、五月の下旬頃に最も激しいトレーニングをしておかなければならない。

問題はその時期に代表選考会が行われることだった。

もしかしたら、不調のためろくな跳躍はできないかもしれない。しかし、と田島は思ったのだ。仮に最低のコンディションであっても、それで国内の予選を通過しないようなら、世界の頂点になど到達することはできないだろう、と。

国内最終予選はやはり疲労がピークに差しかかっている時にぶつかった。だが、記録は満足できるものではなかったものの、どうにか跳躍の代表選手のひとりに選ばれることになった。代表になったのは、大島、原田、田島の三人に、関西大学学生の戸《と》上研之《がみかねゆき》と八幡製鉄所勤務の古田康治《ふるたやすはる》の二人を加えた五人だった。

国内最終予選を境に、田島の調子は徐々に上向きはじめた。日本を発《た》ってフィンランドに入る頃には絶好調に近くなっていた。

ヘルシンキでの合宿は楽しかった。ホテルが立派で気候が快適だったということもあるが、ヘルシンキの市民が親切だったことも大きかった。しかも、フィンランドは陸上競技を国技とするだけあって、老若男女を問わず陸上競技の知識が豊富だった。自国の選手はもちろん、田島ら日本選手の記録まで知っているほどなのだ。子供たちも、日本選手が乗っている市街電車のあとを走って追ってきては、市営競技場で練習する姿を見学していく。そのうちに、日本の選手たちはすっかりフィンランドの子供たちと仲よくなった。

ところが、そのヘルシンキで、田島は練習中に肉離れを起こしてしまった。悪化するのを恐れ、十日ほどまったく練習ができなかった。その間、暗い気持になることもあったが、先輩の南部忠平の言葉を思い出してどうにか平静を保つことができた。

南部は、陸上の選手団が大阪を通過する際、駅まで激励に来てくれ、特に田島をつかまえるとこう言ったのだ。

「お前、向こうに行ったら遊んでいろよ。他の連中は、眼を吊《つ》り上げて、カンカンになって練習するだろうが、それにつられては駄目だぞ」

その言葉通り、結果として田島は「遊ぶ」ことになってしまった。そこでゆっくり休養を取れたことが、逆にベルリンでの爆発を生み出すエネルギー源になったのかもしれなかった。


ベルリン大会の三段跳びの予選は、午前中の冷たい風の中で行われた。予選通過ラインは十四メートルだったが、二十三人が越えて午後の決勝に進出することになった。

午後になると、晴れ間が見えはじめ、秋のような日差しが競技場を照らした。

当日、田島はフィールドに大きなバッグを持って入った。それは翌日のドイツの新聞に「タジマは引っ越しができそうなバッグを持って入場した」と書かれたほどのものだった。

その中には、三種類のスパイクが入っていた。新設のこの競技場の土質がどのようなものかわからない。また、天候によっても助走路の軟弱さが変わってくる。そこで田島は、スパイクの針の長さを微妙に変えた三種類のシューズを、小さいが優れた技術を持つ東京青山の「根本」という靴屋で、特別に七足つくってもらってあったのだ。バッグの中にはもうひとつ、『老子』の本も入っていた。それは数年来の愛読書となっていたが、バッグにあるというだけで安心できたのだ。

午後四時半、バックスタンド側のピットで決勝が行われた。敵は十五メートル七十八の世界記録を持つメトカルフひとりだった。そのメトカルフは、走り高跳びで二メートルの記録を持つバネの持ち主だったが、短距離ランナーとしてのスピードはなかった。それは、彼がホップ、ステップ、ジャンプをリズムで跳ぶタイプの選手であることを意味していた。三段跳びは、精神的なものの影響を受けやすい競技といわれている。もし、早い時期にリードを奪い、精神的に動揺させれば、メトカルフのリズムは崩れるかもしれない。別に三人でそのような作戦を立てたわけではないが、田島は一回目の跳躍に全精力を注ごうと思った。

田島がそう思ったについては、もうひとつ理由があった。三日前、日本から織田幹雄の手紙が届いたのだ。そこに試合に臨む際の心構えと注意が細々《こまごま》と記されていた。その中で織田はこう書いていた。ウォーミング・アップを充分にしておくこと、そして決勝に入ってからの一回目の跳躍と、ベスト・シックスになってから最初の跳躍となる四回目の跳躍に全力を挙げることを忘れるな、と。

跳躍の順番は、原田、メトカルフ、田島、大島となっていた。

その一回目。まず、腰の痛みを注射で抑えて出場していた原田が、いきなり十五メートル三十九の好記録を出した。しかし、この程度の記録では驚かなかったのか、続くメトカルフはその上の十五メートル五十を出して世界記録保持者としての貫禄《かんろく》を示した。

田島の一回目は、踏切り板にきれいに足が合う見事な跳躍となった。記録は十五メートル七十六。それは、ロサンゼルス大会で南部の出した十五メートル七十二のオリンピック記録を破る大記録だった。

記録が発表されると、原田が田島に言った。

「もう大丈夫や」

確かに、それでメトカルフは動揺したらしく、続く二回目も三回目もファールしてしまった。全員の三回目の跳躍が終わった時点で、ベスト・シックスは十五メートル七の大島を含む日本の三選手とメトカルフ、それにアメリカとドイツの選手がひとりずつという結果になった。

六選手による最後の三回の跳躍はヒトラーの見守るメイン・スタンド前のピットで行われることになっていた。しかし、その間に、百十メートル・ハードルと女子八十メートル・ハードルの表彰式が行われ、しばらく待機しなくてはならなかった。田島ら三人は、フィールドに持ち込んだ毛布の上に横になり、オレンジを食べたりしながら再開されるのを待った。

そこには暖かな夕暮れどきの陽光があった。田島はその心地よさに、ほんの一瞬だったがウトウトとしてしまった。

決勝開始のコールがあって慌《あわ》ててウォーミング・アップを始めた。そのおかげで、メトカルフのことも、優勝のこともすっかり頭から消えていた。

織田が大事だと書いていた四回目、まず原田が十五メートル五十を跳んで二位のメトカルフに並んだ。メトカルフはファールこそしなかったものの、その跳躍からはまったくリズムが失われ、十四メートル八十三に終わった。

続く田島は不思議と雑念を持たずにスタート地点に立つことができた。のちに、田島は次のように書いている。
《メトカルフのことはすっかり頭の中から消えていた。記録をさらに伸ばそうということも考えていなかったように思う。ホップはむちゅうでとんだ。ステップで着地しようとする瞬間、その着地点のあたりに白い砂がばらまかれているのが見えた。跳躍のとちゅうでこんなことに気がつくのははじめてのことであった。ジャンプもぐっと伸びた。ワァーッとスタンドから喚声があがった。自分でも世界記録を越したことがはっきりわかった》（『根性の記録』）
計測すると、十六メートルちょうどだった。ついに十六メートルの壁を破ったのだ。ぼんやりしていると、そこにメトカルフが祝福に来てくれた。田島は握られた手を握り返しながら、自分が逆の立場でも彼と同じことができたろうかと少し恥ずかしく思った。
この時、岩国の田島の実家には婚約者の土倉麻が滞在していた。三段跳びはラジオの実況中継がなかったため、麻は田島の母と一緒に祈るような思いで結果が届くのを待っていた。いや、幼い頃からのクリスチャンである麻は、実際に神に祈っていた。すると、突然、麻の脳裡《のうり》にスタート直前の田島の姿が浮かんできた。しかも、大きく息を吸い込む音までが聞こえてきたのだ。

麻は、田島が世界新記録を出したことを知らされ、それはきっとあの瞬間だったに違いないと思う。しかし、ベルリンから帰った田島にそのことを話すと、真面目《まじめ》な顔でこう言われてしまった。

「あの跳躍だけは、誰の力でもない、自分の力で跳んだのだと思う」

メトカルフと激しい二位争いをしていた原田は、最後の跳躍で十五メートル六十六を跳び、単独二位になった。もし、大島が十五メートル五十以上を跳べば、日本による金、銀、銅の独占ということになったのだが、大島は最初に十五メートル七を跳んでからは残りのすべてにファールを犯し、ついに六位に留まらざるをえなかった。これによって、陸上競技の同一種目で金、銀、銅を独占するという、日本にとって最初で、恐らくは最後になるだろう機会が失われたのだ。

この闘いを観客席で見ていた棒高跳びの西田は、惜しいことをしたなと思っていた。いくら調子が悪いといっても、大島には十五メートル五十を跳ぶくらいの力はあるはずだった。もし大島が二位か三位を狙《ねら》うつもりで跳んでいたら、あれほどファールを繰り返さずに済んだろう。しかし、大島は優勝狙いのぎりぎりの跳躍をすることしか頭にないようだった。そして、それも大島の身になれば無理はないことかもしれないと西田には思えた。

表彰式では、京都帝大の「デュエット」と呼ばれた二人が、揃《そろ》って表彰台に上がった。日章旗が二本揚がった時、二人は思わず抱き合った。

この三段跳びの撮影を指揮していたレニ・リーフェンシュタールは、選手村での練習中から田島に注目していた。その跳躍力によってではなく、その端整な容姿によってだった。田島が世界新記録で優勝すると、レニはオリーブの冠を自分の手でかぶせるシーンを追加して撮らせた。その時、レニは田島に言った。

「あなたの三段跳びは、跳躍ではなく、飛翔《ひしょう》です」

田島には、その時レニが口にした、飛翔のドイツ語である「フリーゲン」という言葉の美しい響きが、いつまでも耳に残った。

第三章　敗者たち

1

勝者たちが熱狂的な声援を浴びる一方、それに数倍、数十倍する選手たちがスタジアムの地下道をうなだれながら引き上げていった。それは善戦を続けていた日本の選手団も例外ではなかった。

とりわけ大きな期待を背負わされていたため、結果としてそれを裏切ることになってしまった種目に、男子百メートルがある。

ベルリンの男子百メートルには、東京高等師範学校出身の吉岡隆徳《よしおかたかよし》と佐々木吉蔵《ささききちぞう》、それに慶応大学学生の鈴木聞多《すずきぶんた》の三人が出場した。中でも、ロサンゼルス大会で六位に入賞していた吉岡は、このベルリンでメダルを取ることが期待されていた。

あるいは、当時の日本の国内に、吉岡より有名なアマチュア・スポーツの選手はいなかったかもしれない。吉岡は、日本初の、世界に通用するスプリンターだった。だが、それだけなら、これほど有名にはならなかっただろう。吉岡は「暁の超特急」というニックネームを得ることによって、ほとんど国民的な英雄にまでなっていた。

吉岡に「暁の超特急」という名がつけられたのは、一九三二年、昭和七年のことだった。

その年、読売新聞の川本信正は、ロサンゼルス・オリンピックで大活躍した吉岡に愛称をつけようとしていた。それまでの「韋駄天《いだてん》」などというのとは趣の違う、もう少し洒落《しゃれ》たものが欲しかったのだ。それには、アメリカを代表するスプリンターで、ロサンゼルス大会の百メートルの優勝者でもあるエディー・トーランに、「ミッドナイト・エクスプレス」という卓抜なニックネームがあるということも無関係ではなかった。アメリカのスポーツ・ライターが「ミッドナイト」としたのは、トーランが黒人だったからである。川本は、トーランのその「ミッドナイト・エクスプレス」、つまり「深夜急行」の向こうを張って、「サンライズ・エクスプレス」というような名前はどうかと考えた。日本は日出《いず》る国でもあり、また吉岡が日の丸のハチマキをして走ることも「サンライズ」というのにふさわしいと思えた。しかし、「日の出急行」や「夜明けの急行」では、いかにも語呂《ごろ》が悪い。

当時の日本で、最も速い乗り物といえば鉄道の特急だった。特急には、東京―下関間を走る「富士」や「桜」があったが、昭和五年に運行を開始した「燕《つばめ》」は、東京―神戸間を九時間という驚異的なスピードで走ったところから、特急よりさらに速い超特急と呼ばれていた。川本はまずその「超特急」を借りることにし、さらに「夜明け」を「暁」とすることにした。こうして吉岡の「暁の超特急」というニックネームが誕生することになったのだ。

川本のつけた「暁の超特急」というニックネームは、当の吉岡にも大いに気に入るものだった。吉岡は、色紙を求められると「努力」と書くのが通例だったが、そこに自ら「暁の超特急」という判を作って押印するほどだった。

吉岡隆徳は島根県の出雲大社に近い海岸沿いの農村に生まれ育った。家は代々の宮司であった。十人兄弟の末っ子だった吉岡は、やがて遠縁の宮司の家に養子に行くことになる。この時点で、彼の人生は宮司の跡を継ぐものと定められたも同然だったのだ。しかし、子供の頃から足が速かったというたったひとつのことによって、その人生は大きく変化していくことになる。

少年時代の吉岡は、小柄だったがすばしっこかった。だから、子供たちで兵隊ごっこをすると、必ず斥候《せっこう》役を命じられた。走って行って敵陣の配置を調べ、走って帰って隊長役の餓鬼大将に告げるのだ。

また吉岡は、教室では静かでおとなしいが、外に出ると性格が変わったようになるともいわれていた。

その少年の吉岡が、競技としての競走に眼を向けさせられたのは、小学校の運動会の徒競走だった。一年生の五十メートル競走で、裸足《はだし》に尻《しり》っぱしょりの着物姿という格好で走り、一着になった。すると、校長が「たかよし君はとても速いんだね」と言って褒美《ほうび》の鉛筆を一本くれたのだ。吉岡の人生は、この校長のひとことで決まったともいえる。

吉岡は、単に足が速いだけではなく、「用意ドン」という合図に対する反応がずば抜けて速かった。それについては、幼児の時、自分で叩《たた》いたお宮の太鼓の音に驚いて気絶してしまった、という話が残っている。その様子を見た父親が、吉岡の音に対する過敏さに不安を漏らしたともいう。だが、この音に対する敏感さが、のちに吉岡の鋭いスタート・ダッシュを生み出すことになるのだ。

杵築《きづき》中学で陸上競技部に入ると、すぐに山陰陸上選手権のメドレー・リレーに出場させられた。吉岡は、すでにこの頃からスタート・ダッシュの切れ味は鋭かったらしく、第一走者として百メートルをトップで走りつづけ、チームを優勝に導く原動力になった。

中学三年の時、教師の資格を取っておくという養父との約束を果たすため島根師範に転じたが、ここでも陸上競技部に入り、激しい練習の末、百メートルと二百メートルにおいて山陰地方で一、二位を争うようになる。

県内で開催された陸上競技講習会で、オリンピックのパリ大会に出場した谷三三五《たにさご》に指導を受けたのもこの頃だ。谷は鉄道の車掌時代、汽車が動き出してからプラットホームを全力で走り、ひらりと飛び乗るという方法でトレーニングを重ね、のちに「谷式走法」なるものを編み出した伝説の人だった。吉岡はこの谷に、「君は短距離選手として理想的な素質を持っている」と激励され、地方レヴェルから全国レヴェルの選手になる夢を抱かされることになった。

吉岡が全国的に注目される選手となったのは、昭和二年の極東選手権の国内予選だった。十八歳の吉岡は、百メートルを十一秒一で走って二位に食い込み、日本代表に選ばれたのだ。

上海《シャンハイ》で行われたその大会で、吉岡は百メートルに三位、二百メートルで二位に入る。だが、優勝はどちらもフィリピン勢に奪われた。

大正から昭和の初めにかけて、アジアの短距離界はフィリピンの天下だった。「極東の短距離王」の異名を持つカタロンが築いた王国は、ネポムセノ、ゴンザガらによって継承され、日本や中国の追随を許さなかった。

極東選手権ではついに一度もフィリピン選手に勝てなかった谷三三五は、上海でのレースが終わった直後、吉岡の手を握りながらこう言ったという。

「これからは君の時代になる。自分たちはできなかったが、次の大会ではぜひフィリピン勢を破ってほしい」

尊敬する先輩に頼まれた吉岡は、「打倒フィリピン」を自分に課せられた使命とする。

島根師範を卒業した吉岡は、本来ならそのまま教師になるべきところだった。教師をしながら宮司としての役割をこなす。しかし、才能を惜しんだ周囲の人々の後援を得て、吉岡は東京の高等師範に進み、さらに競技生活を続けることになった。

そして昭和五年、東京で開かれた第九回の極東選手権において、百メートルと二百メートルの二種目でフィリピン勢を破り、谷との約束を果たすことになるのだ。

この年、百メートルを十秒七で走り、日本タイ記録をマークする。以後、〇・一秒ずつ日本記録を縮め、吉岡は日本の短距離界の第一人者として順調な競技生活を送っていく。ところが、翌年にロサンゼルス大会を控えた昭和六年の末、腎臓炎《じんぞうえん》に罹《かか》ってしまう。手術を受け、長期の入院を余儀なくされた吉岡は、ついに再起不能か、と囁《ささや》かれるようになった。しかし、翌年の三月末に退院すると、すぐに練習を開始し、どうにか五月のオリンピック代表選手選考会に間に合わせることができた。それが可能だったのも、吉岡に抜群の回復力があったからだった。

「冬になると、私は誰よりも先に風邪を引く。しかし、すぐに治ってしまう。過敏だけど治癒が早い。それが短距離選手の特色なのではないかという気がするが、少なくとも私はいつもそうだった」

この選考会で百メートルに出場した吉岡は、東京高師の同輩である佐々木吉蔵や慶応大学の阿武《あんの》巌夫《いずお》らを抑え、十秒七で優勝して代表の座を射止めた。

ロサンゼルス大会の直前、吉岡はスランプに陥った。自分のスタートにキレがなくなってしまったような気がしてきたのだ。東京高師の恩師である野口源三郎《のぐちげんざぶろう》に相談すると、心配ないと励ましたあとで、実際的ないくつかのアドヴァイスをしてくれた。

そのひとつに、練習に別の方法を取り入れてみるといい、というのがあった。そこで、スタートの姿勢を、右足を前にした姿勢から左足を前にした姿勢に変えてみた。すると、なんとなくキレ味が戻ってきたような気がした。

ところが、ロサンゼルスに渡ってしばらくして、何となく右足を前にしたスタートに戻して練習してみると、それがとても新鮮に感じられ、実際にいままで以上に鋭いスタートが切れるようになっていた。

ロサンゼルス大会での吉岡の望みはささやかなものだった。とにかく一度でいいからトップで「テープ」を切ってみたい。それは、オリンピックのトラック種目に出場した日本選手の誰もが成し遂げられないことだったのだ。

その望みは百メートルの第一次予選であっさり達成されることになる。予選ではあったが一着でゴールインし、テープを切ることができたのだ。「これで日本への土産はできた」と吉岡は喜んだ。

第二次予選はアメリカのラルフ・メトカルフと同じC組だった。このメトカルフは、オーストラリアの三段跳びの選手とは異なるアメリカの短距離選手で、世界最速のランナーのひとりだった。吉岡はこの組でメトカルフに次いで二位になり、準決勝に進出した。

準決勝は、アメリカの「ミッドナイト・エクスプレス」トーラン、前回のオリンピックの優勝者で世界記録保持者でもあるカナダのパーシー・ウィリアムズ、それに南アフリカのダニエル・ジュベールらと一緒のA組だった。

《吉岡、例によってスタートよく、初めの三十メートルはトップを切ったが、トーラン、ジューベルト追いすがり、ついに三等となったが、競走は非常な白熱戦で、吉岡が一着かと思われるほどでもあった。彼のダッシュぶりには満場の大観衆が全く舌を巻いて驚いた》

この大阪毎日新聞の記事は必ずしも身贔屓《みびいき》なものではなかった。三人は横一線になって飛び込み、誰が一着かわからないほどだったのだ。

準決勝で三位に入った吉岡は、日本人としては初めて、百メートルの決勝に進出できることになった。

決勝に残った選手は、アメリカのメトカルフ、トーラン、ジョージ・シンプソンの三人に、南アフリカのジュベールとドイツのアルトゥール・ヨナート、それに日本の吉岡を加えた六名だった。

この最後のレースでも、吉岡はやはり三、四十メートルまでは先行できたが、中盤追い込まれ、六位に終わった。

しかし、小柄な日本人が、鋭い飛び出しから大柄な西欧人を圧倒し、最後には敗れるものの充分な闘いをする。その姿がスタンドの感動を呼び、「ヨシオカ」は一挙にロサンゼルスの人気者になった。

日本の新聞も「わが短距離界　画期的の大収穫」（大阪毎日新聞）とトップで報じた。

吉岡の人気は、日本に帰ってからもすごかった。圧勝した水上の競泳選手と同等か、それ以上の歓迎を受けた。

そこに「暁の超特急」というニックネームが加わり、人気が増した。当時の吉岡の人気を物語るものとしては、スタートを前にした彼が、トレード・マークのハチマキを取り出し、頭にキリリと結びはじめると、スタンドのざわめきがぴたりと止《や》んだ、という挿話が伝えられている。

吉岡の「暁の超特急」ほど人口に膾炙《かいしや》したスポーツ選手の愛称は少ないだろう。これに匹敵しうるのはわずかに古橋広之進《ふるはしひろのしん》の「フジヤマのトビウオ」くらいである。

だが、その吉岡の愛称の中には、名付け親である川本信正の小さな皮肉が込められてもいた。吉岡は、確かに、夜明け直後は超特急だが、夜が明け切ると普通の急行になってしまう。つまり、スタート・ダッシュは素晴らしいが、それが最後まで続かないということを意味してもいたのだ。吉岡が真に世界最速のランナーの仲間入りをするためには、後半の走りを改善しなければならないはずだった。

それについてはほとんど手を加えられないまま、ロサンゼルス大会の翌年の昭和八年に十秒四の日本新記録を出し、さらに昭和十年には十秒三の世界タイ記録を三度にわたって出す。しかし、走りを改善しないまま記録だけが先行してしまったことは、のちに吉岡を苦しめる原因のひとつになる。日本中が吉岡を世界で最も速いランナーだと見なすようになっただけでなく、彼自身にも世界の最高レヴェルに達したという思いが強くなってしまったからだ。

この時期がスプリンターとしての吉岡の頂点だったことは間違いない。翌十一年のベルリン大会の年にも、まだ十秒四から五はコンスタントに出せる力はあったが、ピークは確実に過ぎていた。

ベルリン大会の国内最終予選は問題なく通過したが、東京からヘルシンキへ、そしてベルリンへと移動するたびに調子は落ちていった。

他の選手にとっては快適なヘルシンキでの合宿生活も、吉岡にとっては苦痛でしかなかった。フィンランドは白夜《びゃくや》の季節だった。ほとんど夜がないことに悩まされた。夜の九時、十時になってもまだ明るく、朝も二時、三時には明けてしまう。ホテルが街のメイン・ストリートにあったため、夜になっても人通りが絶えない。カーテンを閉め、部屋を暗くして眠ろうとするが、窓の下から人々のそぞろ歩きと話し声が聞こえてくる。どうしても眠れなかった。睡眠薬を飲むようになり、さらに吉岡は調子を崩した。

吉岡の不調の最大の原因は、一年前に世界記録を出して以来、「来年こそは」と思いつづけてきた緊張が最高度にたかまり、心身のバランスを崩していたことにあった。

「一年間ほとんど思い詰めていました。ベルリンでは頑張らなくてはいかん。入賞したって当たり前なのだから、なんとしても表彰台に上がらなくてはならん。そんなことを寝ても覚めても考えつづけていたんですね」

それには吉岡の性格も影響していたかもしれない。吉岡は、自らが「山陰型の人間」と規定していた通り、生真面目《きまじめ》で、ひとつのことを強く思い込むタイプの人間だった。

吉岡には日本での大きな期待も重荷だった。

陸上の選手団が出発した東京駅では、高等師範卒業後に体育教師をしていた付属中学の生徒たちが彼を胴上げし、前途を祝った。それがまた新聞に大きく報じられた。

「超特急　決意も新たに　勝利を誓う」

日本でのオリンピック前の予想は、次のようなものが多かった。

《短距離は百メートルの吉岡にまず日章旗の期待が懸けられている。前半五十メートルでは世界一の折紙を付けられている彼だ、後半巧みに逃げこんだら占《し》めたものだ。（中略）吉岡も大会二回目の出場であるから度胸もついていようから、仮令《たとい》一等をオウエンスに譲るとも、二等は期待出来ると思う》（東京朝日新聞）

ベルリンの選手村に入っても、神経は昂《たかぶ》っているのに体がいうことをきかない。自分で自分の体ではないような気がした。何か強い刺激が欲しかった。それによって身も心もピリッとさせたかった。しかし、その強い刺激というのが何かということになると見当がつかなかった。

選手村の付属トラックで練習をしていても、オーウェンスなどの強敵が現れると中断し、いつの間にか姿を消した。

ロサンゼルス大会での吉岡はこうではなかった。自分から率先してアメリカの選手たちと練習をしたがった。それがベルリンでは逆になっていた。

東京日日新聞の特派員として選手村を訪問した横光利一は、ベンチにひとりで坐《すわ》り、初秋のような空の雲をぼんやり眺めている吉岡の姿を見ている。

しかし、自分ではどんなに不調だとわかっていても、日本の新聞記者たちには、「身体《からだ》のコンディションは近来になく最上です。私の闘志にもいささかの狂いを見せていないから御安心ください」

と述べざるをえない状況ではあった。

百メートルの予選は、第一日目の午前から行われるため、吉岡、佐々木、鈴木の三人は開会式に参加しなかった。そして、前日から競技場の近くに借りてある民家に泊まり、そこから競技場に向かうことにしていた。だが、それはあまりにも神経質に過ぎたかもしれない。

百メートルには六十四人の選手がエントリーしていた。それが十二組に分かれて第一次予選が行われ、二位までが第二次予選に進めることになっていた。

吉岡はA組、鈴木はD組、佐々木はL組だった。吉岡がA組だったということは、この新しい競技場のトラックで、初めての国際レースを行うランナーとしての栄誉を担《にな》っていたことになる。しかし、吉岡にはそれを楽しみと受け取る余裕はなかった。

午前十時に始まった第一次予選で、吉岡は十秒八のタイムながら二位に入り、第二次予選に進出を決めた。佐々木と鈴木も共に二位で第一次予選を突破した。

午後三時からの第二次予選では、吉岡はB組で走ることになった。吉岡にとって不運だったのは、その組には、第一次予選ですでに世界タイ記録を出していたオーウェンスがいただけでなく、他にも、スイスのパウル・ヘンニ、ハンガリーのシール・ヨージェフといったヨーロッパの強豪がひしめいていたことだ。それは、第二次予選の四組中、最も激戦が予想される組み合わせでもあった。

吉岡にもこれが勝負どころだということはわかっていた。この第二次予選で三位に入れば準決勝に出られる。準決勝に出さえすれば、あとはどのような成績でも申し訳は立つだろう。

この時、吉岡の脳裡《のうり》には決勝進出のことなどなかった。

吉岡は第五コース、オーウェンスは第二コースだった。ドイツ人スターターの「アウフ・ディー・プレッツェ〈位置について〉」の声が掛かって位置につき、「フェルティヒ〈用意〉」の声で腰を高く上げる。号砲と共に、吉岡はスタートでダッシュした。いつもに比べ鋭さの足りないダッシュだったが、それでも三十メートル付近まではオーウェンスを抑えてトップを走った。しかし四十メートルを過ぎるあたりから激しく追い上げられ、五十メートルで抜き去られた。

——体が動かない！

吉岡は悲鳴を上げたくなるような思いで走りつづけた。こんなことは生まれて初めてだった。それが人生でいちばん大事な時に起こってしまう。どうしてなのだ。その焦《あせ》りが、吉岡のフォームをバラバラなものにさせてしまった。彼は、オーウェンスばかりでなく、ヘンニ、ヨージェフといった選手にまで追い抜かれてしまった。

「オリンピックはロサンゼルスで経験済みだったのだから上がっていたはずはありません。それなのに、最初から終わりまで頭がぼんやりしていた。自分でも何がどうしたのかわかりませんでした」

この第二次予選での吉岡は激しく混乱していた。中盤でフォームを崩したばかりか、フィニッシュでは、ゴール手前十メートルのところに引いてあるリレー・ゾーン用の線をゴール・ラインと取り違えてしまった。胸を前に出して倒れ込もうとすると、なんとそこはゴールのはるか手前だった。慌《あわ》てて体勢を立て直そうとしたが、すべては遅かった。六人中の四位で、記録も十秒八から九という惨憺《さんたん》たるものだった。

のちに吉岡は、この時の自分がいかに混乱していたかを説明するのに、次のようなエピソードを書いている。

《実は同じ組にオーエンス（米）がいたのだが、私にはその記憶が全くないのだ。ところがベルリン大会の記録映画「民族の祭典」では私とオーエンスがいっしょに走っている。このことが分ったのは五十二年のことである。この年「民族の祭典」「美の祭典」の監督リーフェンシュタール女史が来日、女史とベルリン大会に出場した私を含む十人ほどがテレビに出演した。その際、「民族の祭典」のいくつかの場面を見た。

／「おい、あれは吉岡じゃないのか」。よく見ると確かに私だ。爆走するオーエンスがたちまち私を抜き、私は画面から消えた。「あれ、もういなくなった」。何人かが笑った。私は不思議な気持だった。ハチマキをなびかせて走っていたのはまぎれもなく私だ。私を抜いていったのはオーエンスだ。映画に映っているのだから疑いようがない。しかし私はいまだに信じられないのだ》（『わが人生一直線』）

しかし、ここに語られていることは事実ではない。というのは、テレビ出演より一年ほど前に行われたインタヴューで、第二次予選ではオーウェンスと走ったと明言しているからだ。その一問一答を正確に記せばこのようになる。

――第一予選は二位でしたね。

吉岡　はい。第二予選がオーウェンスと走って、オーウェンスがその時十秒二ですわね。

――そうです。

吉岡　私は四着ですよ。

なぜ吉岡は、オーウェンスと走ったことをテレビに出演して初めて知ったかのような反応をしたのだろうか。一種のテレビ用のサーヴィスだったのか。いや、吉岡の性格からすれば、そのようなことをしたとは考えにくい。

それは、恐らく、こういうことだったのではないか。

彼はベルリンでの敗北の衝撃があまりにも強すぎた。そのため、数年後に日本で封切られた『民族の祭典』を見る気にもならなかった。つまり、吉岡はベルリンの第二次予選の映像を、四十二年目のそのとき初めて見ることになったのだ。その驚きが、彼に「自分がオーウェンスと走っていたことを初めて知った」という錯覚を起こさせることになったのだろう。

敗北した直後に日本から国際電話が掛かってきた。「ヨシオカ、ヨシオカ」と何度となく場内アナウンスで呼び出されたが、吉岡は最後まで出なかった。受話器の向こうに、妻子と新聞記者がいることがわかっていたからだ。負けたというのに、なんと思いやりのない仕打ちだろう、と吉岡は思った。もう日本には帰れない。このままヨーロッパに住み着くことはできないだろうか、などと混乱した頭で考えたりもしていた。

日本選手は、佐々木も鈴木も第二次予選で敗退した。鈴木は、辛うじて三位に入ったかと思われたが、このベルリン大会から導入された写真判定機で四位とされてしまったのだ。

試合後、オーウェンスは、日本の記者に次のように語った。

「ヨシオカのダッシュ力は凄《すさ》まじかった。もし足の長いヨシオカがいたら、僕は負けていたかもしれない。ヨシオカが日本人であったことは僕にとってラッキーだった」

だが、これも吉岡の慰めにはならなかった。

その日、一万メートルの決勝が始まるのを待っていた村社講平は、選手控室で涙を流している吉岡を見かけた。あまりにも悄然《しょうぜん》としたその姿は、慰めの言葉を掛けるのをためらわせるほどのものだった。

——前回のロサンゼルス大会は決勝まで進出できたのに、今回は第二次予選で敗退してしまった。これが逆だったらどんなによかっただろう……。

吉岡は茫然《ぼうぜん》とそんなことを考えていたという。

第二次予選で敗退した日本の短距離陣にはもうひとつだけレースが残されていた。吉岡、鈴木に、関西大学の谷口睦生《たにぐちむつお》と専修大学の矢沢正雄《やざわまさお》を加えた四人で、四百メートル・リレーの予選に出場することになっていたのだ。

《日本は四コースをとり、吉岡はスタートよくコーナーをリードしたが、一コースのオウエンスに追われて殆《ほと》んど同時に鈴木にタッチ、米国が二番のメトカルフで断然リードするに反し、日本は鈴木が三番の谷口に渡す頃イタリーに抜かれ、更に矢沢とのタッチ悪き間に南アにも追いつかれ、ゴール間際《まぎわ》で危うく胸一つ切抜けて三着となったが遂に落選し、その上二番の鈴木がゾーンを飛び出して失格を宣せられ、日本短距離陣は全く壊滅した》(読売新聞)

吉岡は、敗北の衝撃から、なかばノイローゼ状態に陥った。その様子は、親友の佐々木吉蔵が、帰りの船の中でも、投身自殺を恐れて寝ずの番をするほど深刻なものだった。

2

大きな期待を背負いながら敗れ去ったのは、吉岡隆徳ひとりではなかった。たとえば、健闘を続ける日本跳躍陣の中にあって、唯一《ゆいいつ》メダルが取れなかったのが走り高跳びだった。

この種目は棒高跳びと同じく伝統的にアメリカが強かった。過去のオリンピックでも九回のうち八回までアメリカから優勝者を出していたし、世界記録が公認されるようになってからのレコード・ホルダーもすべてアメリカの選手だった。

日本の走り高跳びは、織田幹雄から木村一夫《きむらかずお》の時代になって世界の水準に追いつきはじめた。早稲田大学の学生だった木村は、ロサンゼルス大会で六位に入賞するが、この時の一メートル九十四は、優勝記録の一メートル九十七にあと三センチと迫るものだった。

こうして木村によって切り開かれた日本の走り高跳びは、ベルリン大会を前にした一九三五年、昭和十年に大きく花開く。明治大学の朝隈善郎《あさくまよしろう》と早稲田大学の田中弘《たなかひろし》が共に二メートル一を跳んだのだ。二メートルは世界における一流ジャンパーの証《あか》しであり、この年、彼らの記録を超えることのできた選手はただひとり、二メートル三を跳んだアメリカのコーニリアス・ジョンソンだけだった。

ベルリン大会の代表選手は、朝隈と田中に矢田喜美雄《やだきみお》を加えた三人に決まった。一方、アメリカの代表はジョンソンにデヴィッド・アルブリットンとデロス・サーバーを加えた三人である。一九三六年に入ると、ジョンソンとアルブリットンが二メートル七を跳んでいたが、ベルリン大会では、棒高跳びと同じく、日本の三人のうちの誰かが、アメリカの選手をひとりでも蹴落《けお》とすことができれば、メダル獲得も不可能ではないと考えられていた。

だが、この走り高跳びの三選手は棒高跳びの三選手とは違っていた。棒高跳びの三選手が西田を中心にチームとしてのまとまりを持っていたのに対し、走り高跳びの三選手は互いに反目しあっていたからだ。

朝隈、田中に次ぐ第三の男としてベルリンに赴くことになった矢田は、早稲田大学の学生だった。山梨師範時代から陸上競技で活躍していた矢田は、学校の校長である父親はもちろんのこと、周囲から東京高等師範へ進むものとばかり思われていた。東京高等師範なら、陸上競技も強く、授業料もいらない。しかし、矢田は早稲田の空気に憧《あこが》れ、強引にコースを変えてしまったのだ。しかし、そうまでして入った早稲田だったが、矢田にはその過剰なバンカラさが苦手だった。

入学式が終わり、グラウンドでひとり走っていると、競走部の主将である住吉耕作《すみよしこうさく》が近づいてきて、いきなり言った。ベルトをこれに取り替えろ。住吉の手には荒縄があった。矢田は、腰に荒縄を巻きながら、とんでもないところに来てしまったらしいと驚いた。

どうして、もっとさりげなくスポーツができないのか不思議だった。だから、それが他の大学の学生であっても、豪放磊落《ごうほうらいらく》を装《よそお》ったり、バンカラを看板にしているような選手とは反りが合わなかった。矢田が朝隈と田中、とりわけ朝隈を好まなかったのは、そうしたことが理由だった。

——まったく、走り高跳びの三人は仲が悪かったですね。特に僕と朝隈とはまったく合わなかった。

どれくらい仲が悪かったかというと、この三人はベルリンへ向かうシベリア鉄道の国際列車の中で、同じコンパートメントに入れられたにもかかわらず、満州里《マンチョウリー》を出発してモスクワに到着するまでの一週間、ひとことも口をきかなかったというくらいのものでした。もちろん、それは性格的に合わないということもあったろうけど、互いが互いのチームメイトである前に、メダルを争うライヴァルだったということも大きかったと思います。メダルを取るためには、アメリカの選手を蹴落とさなければならないのは無論のこと、まず第一に、日本の他の二人より上に行かなければ話にならなかったんですからね。

しかし、人間というのは不思議なもので、あんなに狭いところで何日も黙りこくっていると、体の中に恐ろしいほどのエネルギーが溜《た》まるものらしいんです。列車がシベリアを横断してようやくモスクワに到着すると、とにかく、まず、体をならすために市内の競技場で練習をさせてもらうことになりました。ダイナモという名の競技場でしたが、そこで僕は自分でも驚くような跳躍をすることになったんです。軽く体をほぐしてから跳んでみると、いきなり一回目に一メートル九十五が跳べてしまったんです。そこで、二回目にはバーを二メートルに上げると、これも簡単に越えてしまいました。これには周囲で見ていたソ連の選手やコーチが驚いて、サインをせがまれたあげく、ベルリンでの優勝は間違いないと太鼓判を押されたりしたものでした。

日本の走り高跳びの歴史は、織田幹雄さんが昭和二年に一メートル九十二を出し、一メートル九十時代に入ってから始まったといえるんです。その織田さんの記録を、二年後の昭和四年に一センチだけ木村一夫さんが破りました。以後、木村さんが一メートル九十四、一メートル九十六と日本記録を更新していきます。この時点で、日本の走り高跳びはようやく世界に追いついたといえるんです。

木村さんの次は朝隈の時代になりました。当時、走り高跳びといえば、朝隈ということになっていましたけど、その彼がどうしても木村さんの一メートル九十六の日本記録を破れませんでした。ところが、僕は昭和八年に早稲田に入ると、その年の秋に行われた関東学生対抗戦で、いきなり一メートル九十八で優勝してしまった。それが三年ぶりの日本記録更新でした。きっと朝隈は悔しかったと思います。

その後、僕の記録は足踏み状態が続き、一方、朝隈は昭和九年に第一回の日米対抗の大阪大会で二メートル・ジャストの日本新記録を出し、昭和十年には田中が日本対フィリピンの対抗戦で二メートル一を出して朝隈の記録を塗り替えました。朝隈も、その直後に行われた日本学生対フィリピン戦で二メートル一を出し、面目を施しました。

僕は、ベルリンの代表の中では、いわば第三の男という役割でしたが、内心では絶対あの二人より上に行ってやろうと思っていました。そして、行けないはずはないと思っていました。

合宿先のヘルシンキでは、牛乳が合わなかったらしくあちこちに湿疹《しっしん》が出て、まったく思うように練習ができなかった。ところが、それがいい休養になったらしく、ベルリンに入ってからはずっと好調が続きました。練習では常に二メートルが跳べるようになっていたんです。

だから、練習の時も、よその国の選手をびっくりさせるいたずらをする余裕があったほどです。

朝早く、あらかじめ物置で選んでおいたバーを持って練習場の砂場に出ていきます。そのバーは、樫《かし》でできた重いバーの中でも最もたわみの大きいもので、スタンドにセットすると中央が大きくたわむ。それで五、六回ポーンと跳びますと、よその国の選手たちがじっと見守っている中をさっと引き上げてしまいます。もちろん、そのバーを持ち帰ってです。すると、二メートルを超える僕の跳躍に度肝を抜かれた選手たちが、どのくらい跳んだのかを確かめようとスタンドの周りに集まってきます。メジャーを持ってきたひとりが地上から支柱のバー止めまでを測りますと、二メートル十だとか十五などという信じられない高さにセットされています。それで彼らはいっぺんに怖《お》じけづいてしまうというわけです。でも、本当は、そのバーは中央が十センチ以上たわんでいますから、実際に跳んでいるのは二メートルそこそこに過ぎないんです。もっとも、それでも結構な高さではあったんですが。

走り高跳びは陸上競技の最初の決勝種目で、二日目の午前中に予選が始まり、午後二時から決勝が始まりました。午前中は小雨が降っていましたが、午後には上がりました。

予選通過ラインは一メートル八十五。これは日米の六選手を含めて二十二選手がクリアーしました。午後の決勝は一メートル八十から始められ、一メートル九十四までに十三人がふるい落とされました。残ったのは九選手。もちろんその中にアメリカの三選手と日本の三選手がいたのはいうまでもないことです。

ところが、続く一メートル九十七で、朝隈と田中が三回とも失敗してしまいました。

朝隈は足を痛めたとかいうことでしたし、田中は雰囲気にのまれてしまったようでした。一メートル九十七をクリアーして残ったのは、僕以外に、アメリカの三選手とフィンランドのカレビ・コトカスの合わせて五人だけでした。

僕はそれまで、すべての高さを、一回目で余裕を持って跳べるほど好調でした。一メートル九十七を一回目に軽く跳んだ時は、アメリカのサーバーに「おい、ひょっとしたらお前が優勝するんじゃないのか」と冷やかされるくらいでした。実際、自分でもそんな気になりかけるくらい調子がよかったのです。

しかし、正直にいえば、いくら自分が調子がよくても、アメリカのジョンソンに勝てるとは思えませんでした。

当時の僕の跳び方は正面跳びでした。シザース・ジャンプというやつです。日本選手は織田さん以来、全員がこのスタイルです。日本だけでなく、世界の走り高跳びはまずそこから始まりました。というのも、跳び方に制約があったからです。

足がバーを越える前に頭が越えてはいけない。バーを越えるとき頭が腰より低くなってもいけない。要するに、危険なので、頭からダイヴィングをしてバーを越えてはいけないということだったんです。ベルリン大会を前にしてこの制約はなくなりましたが、だからといってすぐに他の跳び方をマスターするわけにはいきませんでした。

アメリカに、バーの上で横になるような格好で跳び越えるロール・オーヴァーという跳び方があるのは知っていました。いくらか練習はしてみたのですが、正面跳びより記録が上がるまでにはなりませんでした。アメリカのジョンソンはそのロール・オーヴァーでした。しかも、一メートル九十以上あろうかという黒人の大男で、練習でも軽々と二メートルを跳び越えます。

この決勝でも、上下のトレーニング・ウェアーを脱ぎもしないで軽々と跳んでいきます。とにかくバネが違う。僕も、さすがにこのジョンソンには勝てる気がしませんでした。

しかし、サーバーとアルブリットンのどちらかの上に行くことはできないことではないと思いました。当時は、メダルという意識はあまりなくて、表彰台に上って国旗を揚げられるかどうかというのが問題でした。だから、僕も表彰台に上がれるかもしれないと思ったわけです。走り高跳びは最初の決勝種目でしたから、もし表彰台に上がれれば、日本の選手の中で一番に日章旗を揚げることになります。その可能性もなくはないと思っていました。

ところが、バーが二メートルに上がった時、とんでもないことが起きてしまったことに気がつきました。荷物がなくなっているんです。一メートル九十七に失敗してフイールドを引き上げる際、朝隈と田中が日本勢の荷物をすべて持っていってしまったのです。もちろん、それは悪意からではなかったと思います。気を利《き》かせて片付けてくれたのだと思います。しかし、そこには、僕のトレーニング・ウェアーや長さの違うスパイクが入っていました。小雨が上がって、フィールドの状況が少し変わってきたので、針の短いスパイクにはきかえて跳びたかったのですが、それも持ち帰られていました。仕方なく、二メートルの高さは軟弱なグラウンド用の長い針のスパイクで跳ばざるをえませんでした。

一回、二回と失敗しました。夕方になり、気温が下がってくるにもかかわらず、トレーニング・ウェアーばかりか、筋肉を暖めておくための毛布もなくなっていました。その結果、他の四人が三回目までにどうにかクリアーしたにもかかわらず、僕は三回目も失敗してしまいました。

五人で争われた最後の戦いは、まず二メートルで僕が最初に脱落することになりました。

しかし、失敗した二メートルの三回目のジャンプは、ぎりぎりでバーを越えていました。体がかすかに触れ、バーはしばらく上下動を繰り返していましたが、落ちませんでした。そこで思わず万歳をしたら、バーは支柱のバー止めからぽとりと落ちてしまいました。

それを見ていた槍投《やりな》げの植野登《うえののぼる》には、「万歳などしなければ空気も動かなかったのに」と言われましたが、すべてはあとの祭りでした……。


優勝はやはりジョンソン。二位アルブリットン、三位サーバー。一位から三位までアメリカが独占した。しかし、記録は、一位が二メートル三、二位と三位が二メートルちょうど。まさに、矢田はあと一歩だったのだ。

矢田は、走り高跳びに出場した日本選手としては歴代最高の五位に入ったが、表彰台に上ることができなかったため、ベルリン大会における「勝者」の仲間入りをすることはできなかった。

3

陸上競技は主競技場であるオリンピック・スタジアムで行われていたが、それ以外の場所でもさまざまな種目で熱戦が繰り広げられていた。

ベルリン市の体育館であるドイッチェラントハレ〈ドイツ館〉で行われていたボク

シングには、フライ級からウェルター級までの五階級に五人の日本選手が参加していた。

その中では、国内で無敵を誇っていたライト級の永松英吉《ながまつひできち》に期待がかけられていた。それでも、試合前の新聞の予想では「健闘もありうる」という程度のものだったが、永松はひそかに「あるいは優勝も可能なのではないか」と思っていた。日本と東洋のライヴァルを次々とノックアウトで倒してきた自分の左右のストレートが、世界にも通用するのではないかと思っていたのだ。

熊本出身の永松は、中学時代からさまざまなスポーツに親しんでいた。柔道や相撲などの格闘技を主に、陸上競技でも円盤投げをしたり、長距離を走ったりしていた。どれも県の代表として九州大会に出られる実力はあったが、それで日本一になれるほどのものでないことは彼自身がわかっていた。たとえば、陸上競技の九州大会では、中学生ながら熊本の代表として一万メートルに出場したが、宮崎代表の村社講平に三周も引き離されることになってしまった。

永松はどんなスポーツでもいいから日本一になりたいと思い、それにはボクシングが最も可能性があると判断した。中学生がボクシングなどするといえば、すぐに不良と決めつけられ、退学させられるような時代だった。永松は家の二階にサンドバッグやパンチングボールを備えつけ、サンドバッグには嫌いな教師の顔を描いて貼《は》り、それを思い切り殴りつけて練習した。熊本と福岡の県の対抗戦には、学校にわからないように名前を変えて出場し、ノックアウトで勝ったりもした。

中学を卒業し、一時は就職を考えたが、やはりボクシングに未練のあった永松は、明治大学の専門部に進む。当時、明治大学は大学選手権でも圧倒的な強さを誇っていた。永松は、この明治大学で一番になれば日本で一番になれるのだと信じ、猛練習に明け暮れた。

十九歳で大学選手権に優勝すると、三年連続でチャンピオンの座を守り続けた。それもほとんどがノックアウトによる勝ちだった。ベルリン・オリンピックの前年に、マニラでボクシングの東洋選手権大会が行われた。これに出場した永松は、一回戦から三回戦までノックアウトで勝ち、最後の決勝戦だけは判定だったものの、二度のダウンを奪う大差で優勝する。

昭和十一年二月のオリンピック代表選手選考会では、決勝の前日に二・二六事件が起こり、一カ月ほど延期になってしまった。決勝の相手は朝鮮の崔竜徳《チェヨントク》だった。その一カ月のあいだに研究されつくしていたのか、準決勝までのようにノックアウトによる楽勝というわけにはいかなかったが、何度もダウンを奪い判定勝ちを収めた。ストレートをバシッと決めると相手がバタリと倒れる。そのまま後ろを見ずにスタスタとコーナーに戻っていってしまう。たいていはそれで決着がついたが、稀《まれ》に立ち上がってきたりする相手がいると慌《あわ》ててしまったものだともいう。こうした勝ちっぷりが、永松の自信を深めることになっていたのだ。

オリンピックの代表となった永松にとって、ベルリンでは夢を見ているような日々が続いた。

日本選手団の一員としてベルリン駅に到着すると、軍楽隊が待ち構えていて「君が代」を吹奏してくれる。それに感激していると、そのままベルリン市長の公邸に連れていかれた。赤い絨毯《じゅうたん》の敷いてある大理石の階段を上っていくと、大広間で歓迎会が催される。まるで映画の主人公にでもなったような気分だった。

選手村での生活も至れり尽くせりだった。宿舎も立派だったし、食事も豊かだった。好みに応じて日本食が食べられるようになっていたし、風呂《ふろ》には日本式の檜《ひのき》造りの浴槽が用意されていた。

ある日、選手村のヒンデンブルクハレ〈ヒンデンブルク館〉という体育館で練習をしていると、マックス・シュメリングが激励にやって来た。シュメリングは、その一カ月前、敵地アメリカで、不敗を誇る若きジョー・ルイスを十二ラウンドKOで破り、ヒトラー差し回しの飛行船ヒンデンブルク号で凱旋《がいせん》帰国したばかりだった。永松にとっては神のような存在だったが、そのシュメリングと握手をすることもできた。

ベルリン大会のライト級には二十六カ国から三十三人がエントリーしていた。籤運《くじ》に恵まれれば三勝で準決勝に進むことができる。

いよいよ試合の日がやって来た。だが、永松はその日のことはほとんど覚えていない。試合もまた夢の中の出来事のように終わってしまったからだ。

試合場のドイツ館にはリングが二つ設けられてあった。控室を通って自分が闘うリング下に出てきたとたん、大観衆の声援と明るい照明に何がなんだかわからなくなってしまった。相手はチェコスロヴァキアのチトリという選手だった。下腹に何度かパンチを受けたのは覚えているが、気がつくと勝っていた。相手がロー・ブロウの注意を三回受けたための反則勝ちだったのだ。

それは大学に入って初めてリングに上がった試合とよく似ていた。その時もバシッとボディーを叩《たた》かれたことだけしか覚えていない。終わって、「どうなった？」と訊《たず》ねると、「ノックアウトでお前の勝ちだ」と言うではないか。ベルリン大会でのその一回戦もまったく同じだった。
永松が一回戦に勝つと、出場選手の力量についての情報が乏しい日本の新聞記者は、実に大胆な記事を書き送った。そのひとつである東京日日新聞は、「永松優勝の好機」という見出しに続けて、次のような調子の記事を掲載した。
《オリムピック拳闘《けんとう》第二日は十二日午後三時から一回戦の残りを行ったが、バンタム級の橋岡《はしおか》一勝、フェザー級宮間《みやま》敗退の後を受けて午後五時ライト級の永松が優勝候補と自他共に許すチェコのディトリと組み、両者自重して互いにポイントを重ねる牽制《けんせい》戦に出たが、二回二分にしてディトリの反則で永松の勝となり、ライト級優勝のチャンスが頗《すこぶ》る濃厚となった》
二回戦の相手はエストニアのニコライ・ステプロフという選手だった。永松はストレートが武器のオーソドックスなタイプのボクサーである。パンチ力はあったが、技巧派を相手にすると不器用さを露呈してしまうところがあった。ステプロフはフットワークがよく、メリハリのきいた攻撃で永松を翻弄《ほんろう》した。なかなか効果的なポイントが取れないことに苛立《いらだ》った永松は、ノックアウトで倒してやろうと力みはじめた。国際的な試合の経験が乏しいため、判定なら大差でなければ勝てないと思い込んでしまったのだ。しかし、倒そうとするとどうしても動作がワンテンポずつ遅くなる。そこをステプロフに的確に衝《つ》かれ、終わってみると大差の判定で敗れていた。

《第一回、共に左のストレートの軽い応酬にはじまり激しい打合いなく互角、第二回も左ストレートを打合ううち、ステプロフの左が永松のベルト下に入り軽い反則を犯したが、これより永松の疲労漸《ようや》く目立ちステプロフ優勢となり、最後の回、永松は殆ど左ストレート一点張りなるに反し、ステプロフの細かい左右のパンチと右スウィングがよく入り、永松ついに挽回《ばんかい》し得ずポイントをリードさる》(同盟通信)

茫然としたままリングを降り、選手村に帰って初めて自分が負けたのだということを理解した。以後、永松もオリンピックにおける「敗者」の悲哀をたっぷりと味わうことになる。たとえば、それまで日本から何十通となく送られてきていた手紙や電報も、敗北を境にぱたりと途絶え、わずか一通が届いたに過ぎなかった。自分を恃《たの》むところが大きかっただけに、二回戦での敗退は永松を苦しめることになった。

――二度とボクシングなどするものか!

永松もまた、日本に帰りたくないと思った「敗者」のひとりだった。

第四章　九千キロの彼方《かなた》

1

ベルリンは日本から九千キロの彼方《かなた》にある都市だった。しかし、そこで繰り広げられている日本選手の勝利と敗北の闘いの詳細は、新聞によって連日大々的に報道された。

日本の新聞社は例のない大規模な取材陣をベルリンに送り込み、激烈な取材合戦を行っていた。東京朝日と大阪朝日は、日本から派遣した四人にヨーロッパ各地の特派員を加えた九人の体制で臨んだ。東京日日と大阪毎日の陣営は、専従の取材陣は六人ながら、選手団の役員や選手の中に四人もの社員社友がいたため、合計すると十人の大所帯になった。また、読売新聞は五人、同盟通信も同じく五人で取材に当たっていた。

さらに、朝日は武者小路実篤をベルリンに差し向け、東日は社友の横光利一を派遣し、読売は西条八十《さいじょうやそ》を特派員としたが、ここでも各社間の激烈な競争が繰り広げられた。

武者小路と横光に問題はなかったが、西条八十が台風の眼になった。西条は読売だけでなく朝日とも執筆の約束をしていたのだ。しかし、朝日側は、マルセーユに上陸してからの西条の動静が摑《つか》めなくなっていた。当時、朝日のベルリン支局長だった浜田常二良は、日本の本社から何としてでも西条を見つけて書かせるようにとの電報を受け取る。浜田はベルリン市内で日本人が泊まっていそうなホテルを訪ね歩き、ようやく読売側に抑えられていた西条を捜し出すと、開会式の感想を書くことを約束させる。朝日にだけ書くようにと迫ったが、これは読売にも義理があるからということで果たせなかった。結局、西条は、朝日には「散文」を書き、読売には「詩」を書くということで事態を収拾する。

西条八十が読売に載せた開会式についての「詩」は次のようなものだった。

《見よ、来れり、来れり、翩翻《へんぽん》としてひらめく日の丸！
男、女、わがなつかしき同胞選手は微笑しつつ来れり
彼等ことごとく旅の陽に黒くやけつれど元気颯爽《さっそう》。
明るき足どりにて歩み来る》

この「詩」に象徴されるように、総じて文士による観戦記は、紙面上の派手な扱いのわりには実質の乏しい内容のものが多かった。

雑誌の匿名《とくめい》新聞批評では、武者小路の観戦記は「あれあ何んだといいたい」ほどのものであり、西条の詩は「少年倶楽部《くらぶ》的感激詩」にすぎないと酷評された。その匿名批評で、唯一《ゆいいつ》褒められたのは横光の文章だけだが、その横光も、長かったヨーロッパ旅行に疲労し、陸上競技を数日観戦すると、水泳の主要競技を見ないまま日本に帰ってしまった。

ベルリン大会における日本の新聞報道で画期的だったのは、無線電送写真が実用化されたことだった。

前回のロサンゼルス大会では、試合の結果を伝える記事こそ無線電信で即日届くようになっていたが、それに付す写真は事前に撮られたものを利用するほかなかった。三段跳びで優勝した南部忠平は国内の競技会での跳躍写真が使われたし、西竹一が馬術の大賞典障害飛越で優勝した時は想像画を載せるという苦肉の策が採られた。実際の競技写真は、フィルムを乗せた船がロサンゼルスから到着するまで待たなくてはならなかったのだ。そうした状況の中では、新聞社が競争しようとしても、洋上に浮かぶ船に小型飛行機で近づき、決死の「フィルム吊《つ》り上げ作戦」を敢行し、他社よりほんの少し早く現像するという程度のことしかできなかった。

ところが、朝日はベルリン大会を前に写真電送の研究に着手した。ベルリンと上海とのあいだを結ぶ無線電話回線を利用して電送された写真を受け、それを自社の飛行機で日本に運ぼうと考えたのだ。朝日の社史によれば、この研究は、上海沖合に浮かべたチャーター船に据え付ける電送写真受像機の改造に成功するというところまで進んだが、逓信省《ていしんしょう》の「このような国家的事業を一民間でやられては困る」との反対にあって潰《つぶ》されてしまったという。

その代わりに、逓信省の主導によって、ベルリン―東京間の無線による写真電送が計画されることになった。

ドイツ郵政省との話し合いの結果、ベルリン郊外のナウエン無線局からの電波を小室受信所で受け、それを東京中央電信局に送って受像することが決まった。当初は、送受信ともに丹羽保次郎《にわやすじろう》が考案し、日本電気が製作したNE式電送機で行う予定だったが、ドイツの意向を受け、送信だけはシーメンス製のものを使うことになった。当時、写真の無線電送はロンドン―ニューヨークとベルリン―ニューヨーク間でしか行われていなかったから、このベルリン―東京間の無線電送が世界最長の試みだった。

開設費用は逓信省と日本電気と同盟通信が共同で出資をした。送られてくる写真は一日二カットで同盟通信が一括して配信する。それに対して各新聞社は利用料を支払い、掲載に際しては「同盟ベルリン特派員発、ベルリン―東京間無線電送実験写真」なるクレジットを入れることが義務づけられた。

これによって、到着までに十日以上かかるはずの写真がわずか一時間足らずで日本に届くことになったが、「ベルリンから電送を」という朝日のアイデアは、一種の国策会社たる同盟通信の拡大強化の手助けをする結果に終わってしまったのだ。

写真電送のテストは、オリンピック三週間前の七月十日から始まり、最初のうちは黒白のまだら模様が出るといった程度だったが、七月二十四日までにはかなり鮮明な像が現れるようになってきた。

しかし、オリンピックが始まり、実際に電送されてくるようになった写真は、回線を利用できる時間の短さと、空中の状態がよくないという季節的な要因とが重なって、極めて劣悪な画像になってしまった。そのままではとうてい使いものにならない。誰が誰やらわからないというくらいはまだしも、どの手がどの体から出ているのかわからないというような写真もあった。そこで、各新聞社では写真の修整係が腕を振るうことになった。中には、あまりにも手を加え過ぎ、写真だか絵だかわからなくなってしまうものもあった。当然、それによる悲喜劇も続出した。

まず第一日目に電送されてきたのは、開会式で旗手の大島鎌吉を先頭にスタジアムを行進する日本選手団と、貴賓席で挨拶《あいさつ》をするヒトラーらナチスと国際オリンピック委員会の要人を収めた二枚の写真だった。

川本信正の記憶によると、読売の修整係は貴賓席の写真に筆を入れているうちに、いつしか軍服姿のヒトラーにモーニングを着せてしまっていたという。そのため、写真を見ながら西条八十の「談話」をまとめていた名文記者の高木《たかぎ》健夫《たけお》は、ついこう筆を走らせることになってしまった。

《四列縦隊の日本男児、日本女性はフィールドの線をふみしめふみしめ南側の貴賓席にあるモーニングにシルクハットのヒトラーに、やっぱりハイル・ヒトラーと手をあげて、しかし一番誇りにみちた行進をしていました》

だが、この極めて面白い挿話も、川本の記憶違いのように思われる。確かに、この記事の書き手は、ヒトラーにモーニングを着せ、シルクハットを持たせてしまっている。そればかりか、六列縦隊の日本選手団を四列縦隊にし、「頭、右っ！」のかわりにハイル・ヒトラーの挨拶までさせてしまっている。しかし、この記事の書き手が、ヒトラーにモーニングを着させてしまったのは、写真の修整係のせいではなく、ヒトラーを彼の隣に立っている国際オリンピック委員会の会長ラトゥールと誤認してしまったためだろうと思われる。読売の写真は、最も早く巷《ちまた》に出ていったはずの号外でも、ヒトラーにはきちんと軍服を着させているからだ。ただし、そのラトゥールが着ていたのは、モーニングではなくフロックコートであったのだが。

電送写真を巡る混乱ぶりを、雑誌の匿名批評家は次のように揶揄《やゆ》している。

《晴れの開会式の日、ラツール伯はフロックに勲章をつけて出席したらしいが、朝日はネクタイも折襟も抹殺しガウン様に黒く塗り潰したし、読売は勲章をもぎとったし、福日に至ってはモーニングを着せるの離れ技を演じた》

電送写真の出現は、九千キロの距離を一気に縮め、国民にベルリンで行われていることを身近に感じさせる絶大な効果を持ったが、同時にそれは、どの新聞を広げても同じ写真しか見ることができないという不都合を生じさせることにもなった。

そのため、各新聞社は何らかの方法で紙面に独自色を出そうとした。たとえば、八月二日の各紙は、朝刊に間に合わなかった開会式の模様を号外で報じたが、東京日日は、電送されてきたヴィヴィッドな写真に、自社の特派員が撮って陸送されてきた大会前の写真を混ぜることで独自色を出そうとした。つまり、日本選手団の行進姿と貴賓席でのヒトラーらの姿をとらえた電送写真を片側に集め、反対側に、聖火台のテスト風景やオリンピック・プールの全景を撮った写真を配したのだ。

しかし、新聞が独自色を出すための工夫は、やはり記事そのものによってなされた。そこで多く用いられることになったのは国際電話だった。日本からヨーロッパへの国際電話が可能になったのはわずか十カ月前のことだったが、各新聞社は競技場に引かれた回線を使って頻繁に取材陣とやりとりをし、それをそのまま記事として載せた。

国際電話を使った記事は、単に特派員のベルリンからの報告だけでなく、逆に、日本に残っている競技関係者にベルリンへ電話を掛けてもらい、大会直前の選手のコンディションを訊《き》き出させるというようなものもあった。

六日目に田島直人が三段跳びで優勝すると、朝日は社員の織田幹雄に電話を掛けさせ、そのやりとりを「三段跳の両雄　感激の電話交歓」として夕刊の一面トップで掲載した。

《織田　田島君ですか。今日は素晴らしい成績でお芽出度う。十六米《メートル》というのでビックリして居ます。調子はよかったのですか。

田島　エエ、フィンランドで肉ばなれをやってしまったのでズッと休んで居たんです。

織田　それじゃ休んでウンとバネが出来たという訳だね。
田島　エエそうです。それに跳躍場がとてもよかったので頑張れたのです。それから手紙を有難う……》
これに対して読売は、ベルリンの日本大使館に電話を入れ、大使の武者小路公共《むしゃのこうじきんとも》と日本にいる田島の実兄に話をさせ、「轟《とどろ》く君が代！　その直後」なる記事を、やはり夕刊の一面トップで載せた。
《本社　いまここに田島君の令兄がみえていて、大使にお礼をのべ、大使から田島君に一言「よくやってくれた」と兄の感謝の言葉を伝えていただきたいといっているんですが……。
大使　田島君の兄さん？　よろしい、よろしい、すぐ出し給《たま》え。
田島　僕、田島の兄です。弟がいろいろ御厄介になりまして。
大使　いや、いや、僕はあなたの弟さんになんといっていいかわからないほど感謝しています。二度も国旗を掲げてくれて……あの十万人の歓呼をほんとにあなたにお聴かせしたかった》
国際電話は、記事のスピードを競う各新聞社の闘いの、格好の武器となった。

新聞社がスピードを競ったのは記事だけではなかった。

当時の新聞社の仕事のひとつにニュース映画の作製があったが、ベルリン・オリンピックは、このフィルムの日本への運搬に激しい競争をもたらした。

他社より早く日本に運び入れ、一日でも一時間でも先に公開しようと激しく争ったのは、朝日と東日だった。

読売は、新たに購入した小型飛行機をベルリンに用意し、オリンピック競技場の上空を「オリンピック祝賀飛行」させたりしていた。これにフィルムを持ち帰らせれば、三日で日本に到着できるはずだったが、飛行コースに当たっていたソ連が上空を飛ぶ許可を与えなかったために、自社飛行機での運搬は夢物語に終わっていた。

朝日と東日の闘いの第一ラウンドは、やはり開会式の模様を収めたフィルムだった。

朝日のモスクワ支局長丸山政男《まるやままさお》は、八月一日の開会式が終わると、その様子を収めたニュース・フィルムを持って翌朝の飛行機に飛び乗り、東へ向かった。七月三十一日にベルリンを発車したシベリア鉄道接続便を空から追いかけたのだ。ベルリンからのシベリア鉄道接続便は火曜と金曜の二便しかない。ところが、開会式の八月一日は土曜日である。そこで、次の火曜まで待つかわりに、三十一日の金曜に出た便を飛行機で追いかけることにしたのだ。当時すでに開設されていた定期旅客航空路を、ベルリン、モスクワ、スベルドロフスクと乗り継ぎ、ついにノボシビルスクで列車を追い越した。駅で待ち受け、乗り込んだ列車は、九日にソ連と満州の国境を越えて満州里に到着した。丸山は待機していた朝日の航空部員に持ってきたフィルムを託した。しかし、競争はここからだった。実は、東日側も、日本に帰国する留学生に依頼し、まったく同じようなルートで満州里にフィルムを届けさせていたのだ。

満州里を出発した朝日の小型飛行機は、途中ハルビンで三菱《みつびし》製の新鋭機にバトンタッチし、日本に向かった。一方、東日は航続距離の長いロッキード製の飛行機で一気に日本に向かったが、あいにく朝鮮半島付近が悪天候で、どちらの飛行機も京城での一泊を余儀なくされた。翌日の早朝、両社の飛行機は京城を飛び立ち、午前九時前後に相次いで大阪に到着した。さらにそれを急いで東京に運び、十日夜に予定された「開会式トーキー映画」の公開に、なんとか間に合わせることができたのだ。しかし、これだけの苦労をしても、両社のフィルムの東京着の時間は、数十分と差がつかなかった。

もっとも、「時間」に差はつかなかったが、上映されたフィルムの「質」には大きな差があった。朝日がドイツの映画会社ウーファに委嘱したフィルムは、トーキーとはいえすべて日本で説明を吹き込まなければならないものだったのに対し、東日が依頼したバヴァリはニュース映画が専門であったこともあり、ヒトラーの開会宣言も入っていれば、オリンピックの鐘も響き渡るという具合だった。

朝日新聞と東京日日新聞との、このニュース・フィルムの運搬をめぐる闘いは、さらに第二、第三ラウンドと続けられた。

好奇心が摩耗しつくし、オリンピックの会期途中で日本に帰ることにした横光利一は、ベルリンからアメリカを廻って帰るか、それともシベリア経由で帰るか決めかねていた。しかし、東日から第二回目のニュース・フィルムの運搬を依頼され、それを横光が引き受けたことで、自動的にシベリア経由のルートが決まった。

フィルムを託された横光は、ベルリンから乗った列車でひとりの日本の貿易商と一緒になる。話をしてみると、彼もやはり朝日のフィルムを預かっていることがわかる。まさに「呉越同舟」というところだった。

列車に乗って十日目に満州里に着くと、駅には東日の記者が待っていて、「横光利一さんはいませんか」と叫びながら列車に入ってくる。横光が「僕だ」と言うと、フィルムはあるかと訊《たず》ねる。「ある」と答えると、記者のひとりが「じゃ、貰《もら》おうじゃないか」と荒々しく言う。それを聞いて、横光はこう思う。

《御苦労さまと云《い》う代りに、このように云う男が最初の日本人であったのか。（中略）

私は競争を国境で見たのである／「何もかも日本はこれだ。」と思う》この長かった欧州旅行をもとに、大作『旅愁』が執筆されるのは、その翌年のことである。

2

ベルリン大会における日本人選手の勝利と敗北、とりわけ勝利の模様は、新聞だけでなくラジオによっても全国に放送された。

日本放送協会から派遣されてベルリンに向かったのは、アナウンサーの河西三省と山本照、それに報道部の頼母木《たのもぎ》真六《しんろく》の三名だった。ロサンゼルス大会の時ですら四名だったから、それよりも少ない陣容だったといえる。理由は、日本放送協会に大人数を送る予算がなかったためだった。ベルリンはロサンゼルスよりさらに遠く、滞在日数も多くかかるため費用がかさむ。総予算が六千円というのでは、三人がやっとだったのだ。

ベルリンに到着した三人は、最初の数日こそホテルに泊まったが、あまりにも早く所持金がなくなってしまいそうな不安を覚え、すぐに安下宿を見つけて引っ越すことにした。

二人しかいないアナウンサーは一日交替で放送をしなくてはならなかった。彼らがベルリンから放送したのは、日本時間の深夜に一時間と早朝に三十分の一時間半である。しかし、その時間の短さにもかかわらず、日本での反響は大きかった。銀座の電器店の前には、夜中にもかかわらず大勢の人が集まり、ベルリンからの放送に耳を傾けたという。日本中が寝不足になってしまったともいわれた。

盲目の箏曲家《そうきょくか》として有名な宮城道雄《みやぎみちお》もそのひとりだった。

宮城道雄はスポーツのラジオ放送などというものに興味はなかったが、このオリンピック放送は夜も朝も欠かさず聴いた。最初のうちは聴くともなしに聴いていたが、そのうちに面白くなってしまったのだという。会期中に葉山に避暑に行くことになった宮城は、そこにまでラジオを持っていき、枕元《まくらもと》に据えて朝晩の放送に耳を傾けた。

「入場式」というエッセイの中で、彼はこう書いている。

《この入場式の放送は確か録音放送であったと思うが、なかなかよく感じが出ていて私は録音だということを忘れて聞いていた。／それから後の放送も段段面白くなって、夜十一時の実況放送も朝六時の録音放送もかかさず聞いて、非常に愉快になったのはよかったが、そのために仕事が手につかない時があったりした。それから又、競争の肝心な所になると、最初は皆で寝ながら聞いていたのが、寝ていられなくなって、寝床から起き直って、力を入れて聞いたのであった。そのうちにも、アナウンサーの感激した放送や、選手が挨拶した言葉などは、遠い所から聞こえて来るのかと思ったら、一層懐《なつか》しく思われた》

一九三五年、昭和十年までのラジオの聴取契約数は二百四十万台だったが、このベルリン大会を契機として、昭和十一年には一気に三百万台近くにまで達することになった。

当時、東京と大阪を合わせた朝日新聞一紙だけで二百三十万部を発行していたから、これに東京日日新聞や大阪毎日新聞などを加えると、数の上ではとうてい新聞に及ばなかった。しかし、即時性、速報性という電波による報道の利点を生かせるようになったラジオは、新聞と互角に闘えるメディアになりつつあったのだ。

ラジオによるオリンピック放送がそれほどの成功を収めたのは、このベルリン大会で初めて実況生中継が可能になったことが大きかったと思われる。前回のロサンゼルス大会では、日本放送協会からアナウンサー三人と報道部の一人の計四人が派遣されていたが、国際オリンピック委員会とアメリカの放送局NBCとの契約上のこじれの余波を受け、この時は実況中継ができなかった。

実況ができなくなった日本放送協会のアナウンサーたちは、苦肉の策として「実感放送」なるものを編み出した。すなわち、競技場で競技の内容を記録、記憶しておき、急いで現地の放送局のスタジオに入り、その模様をいかにも眼前で展開されているように再現しながらしゃべったものを日本に送るのだ。そのため、本来は十秒程度しかかからないはずの百メートルも、気がつくとスタートからゴールまで三十秒以上かかっているというようなことが起こった。

ロサンゼルス大会の三段跳びで優勝した南部忠平は、試合の数時間後にスタジオに呼ばれて行くと、ちょうど実感放送が始まったところだった。

アナウンサーの松内則三《まつうちのりぞう》が、いままさに南部が勝ったところのように放送したあとで、「ただいま優勝した南部選手がマイクのそばに来ました」と言うので、南部も仕方なく調子を合わせ、「ハア、ハア」と荒い息遣いをしてみせたが、つい「本当に聞こえるのか、聞こえないのかわかりませんが」と付け加えてしまった。松内は「余計なことを言うな、聞こえるから金をかけてやっているのだ」と叱《しか》ったと伝えられている。

松内は、その三段跳びの表彰式の情景を、スタジオから次のように「実感放送」した。

「再びスタンドから万歳の声が起こりました。国旗が掲揚されるのです。山々はくっきりと、日は燃え立っています。ロサンゼルスいまや粛《しゅく》として声なき観衆十万の大スタジアム、沸き起こる荘厳《そうごん》なる君が代裡《り》に、我が日章旗は空高くメインマストに空高く掲揚されました。また一本左方に揚がりました。大島の三等入賞によるものです。南部を中央、大島、スベンソンの三人が立っています。南部は泣いているようです」

これで充分に臨場感は伝わったといわれている。

しかし、ベルリン大会では、参加国が自由に実況中継できるよう、ドイツのオリンピック組織委員会が万全の態勢を整えていた。

すなわち、この大会のために新設されたベルリン・オリンピック世界放送局は、ヨーロッパ向け有線中継二十、海外向け無線中継十、合計三十の中継回線を設け、三十二カ国から集まった放送スタッフが自国に実況生中継をするために備えた。また、実況生中継が困難な場合のために、移動放送用自動車二十台を含む六十二カ所にテレフンケン回転盤式録音装置が用意された。設置されたマイクロフォンは三百四十三個、アナウンサー席には自国の放送局と連絡をするための電話ばかりか、他の競技場からの報告を受けるためのテレタイプ〈印刷電信装置〉まで準備されていた。

オリンピック・スタジアムでの放送には、貴賓席の上段に設けられた放送席が使われた。ここはガラス張りの個室風のものになっており、当日の放送予定に従って各国に割り振りされた。一方、オリンピック・プールの放送席には仕切りがなく、各国から派遣されたアナウンサーは横一列に並んで放送した。オリンピック・スタジアムの放送席のマイクは据え置き型のものだったが、プールサイドの放送席では、体に巻いたベルトにつけ、手を離したままでも放送できるマイクが用意されていた。

オリンピック・スタジアムの放送席がいくら個室風になっているといっても、隣の声がまったく遮断されているわけではなかったし、プールサイドの放送席ともなれば、声が聞こえてくるどころか、放送中に他国のアナウンサーが話しかけてくるなどということも起きた。

日本放送協会の山本照が、男子の八百メートル・リレーを放送していると、隣のフランスのアナウンサーが急に話しかけてきた。

「このレースでは、我が国の選手はまったく活躍の余地がない。自分としても話すことがないので困っている。君が少し話してくれないか」

そして、勝手に、これから日本のアナウンサーがしゃべるとアナウンスすると、本当にマイクを差し出してくるではないか。山本がうろたえながら、「フランスのみなさま今日は。こちらは日本の放送局でございます」と日本語で言うと、フランスのアナウンサーはとても喜んでくれたという。

男子百メートル自由形の決勝を担当した河西三省は、その放送をオリンピック・プールでの放送合戦の模様を伝えるところから始めている。

「昨日山本君が申し上げました通り、プールの放送は陸上スタジアムとは違い、ドイツ、アメリカ、アルゼンチン、ハンガリー等世界各国の放送局のアナウンサーが、階段に並んで肩と肩を押しつけるようにして放送しています。我々日本の声が大きすぎて他の連中の邪魔になるらしいのですが、我々は三本の日章旗を揚げるのを祖国に伝えるためには遠慮なぞしてはおられません」

こんな状態ではあったものの、ベルリンからの実況放送は大成功だった。

日本放送協会では、一カ月前にパリの革命記念日のパレードの実況中継を放送したことがあったが、これは雑音がひどく、せっかくの軍楽隊の演奏も台なしになってしまった。それに比べると、このベルリンからの実況放送は、九千キロの彼方からの声とは思えないほどはっきり聞こえた。

夜の十一時から十二時までが実況生中継。朝の六時半から七時までが実況録音ということになっていた。

アナウンスは河西と山本がほぼ一日交替で担当したが、放送されたのは陸上競技と水上競技に限られていた。アナウンサーが二人しかいないという状況では、オリンピック・スタジアムとオリンピック・プール以外の場所からの中継は物理的に不可能だったが、仮に可能だったとしても他の競技の放送は必要とされなかっただろう。陸上と水上以外の競技は、聴取者の多くにとってはどうでもいいものだったのだ。

夜の部のプログラムの進行は、十時四十五分から「オリンピック応援歌」を流し、陸上競技については鈴木良徳が、水上競技については飯田《いいだ》光太郎《こうたろう》が種目の解説と予想をし、それからベルリンの中継に移るという構成が取られた。

会期前半の陸上競技についていえば、多くが録音による放送だった。生で中継されたのは第一日目の百メートル予選と四日目の五千メートル決勝くらいだったが、それは日本の聴取者に関心の深い跳躍種目が、棒高跳びにしろ三段跳びにしろ、決着がつくまでに数時間かかるものだったからだ。しかし、これも、後半に入り、短時間で決着のつく競泳が始まると、実況生中継の数も増え、日本国内の熱狂をさらに高めていくことになるのだ。

3

日本とベルリンとは、直線にしておよそ九千キロ離れていたが、これを電波ではなく人間が移動しようとすれば、さらに距離は増した。

当時、日本からヨーロッパに行く方法は二つあった。インド洋からスエズ運河を抜けて地中海に入っていく船舶によるルートと、朝鮮半島から満州を通ってソ連領に入り、シベリア鉄道でモスクワを経由して陸路ヨーロッパに向かうルートの二つである。

ベルリン大会に出場する日本の選手団は、距離にして一万三千キロは優にある陸路を利用してヨーロッパに向かった。二つのルートを比較すると、陸路の方がはるかに時間的に早かったからだ。陸路でも最低十二、三日は必要だったが、海路ではその三倍近い三十五日前後かかるのが普通だった。実際、帰途は何隻《せき》かの船に分乗したが、たとえば日本郵船の鹿島丸はマルセーユから横浜まで三十七日を要した。

選手団は、馬と一緒に船でヨーロッパに向かった馬術の選手を除くと、五つの班に分かれて日本を出発した。第一陣は、イギリスの漕艇《そうてい》レースに参加するため五月十八日に出発した東京帝大のエイトのクルー。第二陣は、早めにマラソン・コースを試走しておこうとした六月一日出発のマラソン選手たち。第三陣は、ヘルシンキでの調整を目的とした六月七日出発の陸上の主力。第四陣は、水温の低さに早く慣れておこうとした六月十一日出発の男子競泳陣。そして、六月二十日には、それ以外の種目の選手と役員からなる本隊が出発した。

五つの班は、日本を出ていく日にちは違ったが、採ったコースは同じだった。まず東京から鉄道で下関まで行き、関釜連絡船で釜山《プサン》まで行く。そこからまた鉄道に乗り、朝鮮と満州の国境にある安東《アントン》（現在の丹東《タントン》）を経由し、新京《シンチン》（現在の長春《チャンチュン》）、ハルビンと列車を乗り換え、満州とソ連との国境に着く。その国境の町である満州里でシベリア鉄道に乗り込むと、列車はチタ、イルクーツク、ノボシビルスクを通過してモスクワに到着する。ここで唯一、ヘルシンキで調整することになっていた陸上班だけはレニングラード（現在のサンクトペテルブルク）を抜けてフィンランドへと向かったが、残りはすべて、ポーランドのワルシャワを経由してベルリンに至る、というコースを採った。

五つの班の選手役員たちは、単にコースが同じだっただけでなく、その二週間強に及ぶ長い旅のあいだに、極めてよく似た経験をしていた。東京から下関までの駅々での関係者による激励の見送り。朝鮮や満州の各都市での日本人による歓迎。ソ連国境での厳重な税関検査。長く果てしないシベリア横断の旅……。

だが、もちろん、そこから受ける印象は、彼らが置かれている状況によってかなり違っていた。


陸上の主力は六月七日に日本を出発した。途中、京城、新京、ハルビンに泊まったため、満州里からシベリアへの国際列車に乗り込んだ時には十五日になっていた。

百メートルの吉岡隆徳は、シベリア鉄道でヨーロッパに向かうのはこれが初めてではなかった。七年前のヨーロッパ遠征の際にも鉄道で往復していたのだ。しかし、その時は気楽なものだったが、このベルリンへの旅はどうしても勝たなくてはならないという重圧があった。

その吉岡にとって、シベリア鉄道の沿線の風景は、しばし心を和ませてくれるものだった。

六月のシベリアは春浅い季節で、曠野《こうや》には可憐《かれん》な草花が咲き乱れていた。放牧されている馬や牛がのんびり草を食《は》んでいる姿もよく見かけた。そんなところに大きな夕陽が落ちていくのだ。美しいな、と吉岡は何度も思ったものだという。

困ったのは食べ物だった。食堂車に搭載されている白パンはすぐに食べ尽くされ、黒パンしかなくなってしまった。だが、その酸《す》っぱいような味は日本選手にはどうしても慣れることのできないものだった。そのため、列車に持ち込んだコンロにデッキで火をおこし、飯盒《はんごう》飯を炊《た》き、味噌汁《みそしる》を作ったりしなくてはならなかった。

駅に止まると、周辺の村から子供たちが瓶に入れた牛乳を売りにくる。ソ連の通貨を持っていない日本選手は、チョコレートやタバコなどで物々交換した。これはおいしかったが、あとで下痢に悩まされることになった。

中には、野原の草花を摘んで売りにくる少女もいた。それはキャラメル数粒で買うことができ、吉岡はコンパートメントの中に飾ったりした。そんなことが、重圧に押し潰されかかっていた吉岡にとって、つかの間の平安でもあったのだ。

水上の選手のうち、女子選手と水球の選手以外の男子競泳の全選手は、六月十八日に満州里に着いた。

水上の主将は背泳ぎの清川正二《きよかわまさじ》だった。清川は、ロサンゼルス大会の百メートル背泳ぎで、日本が金、銀、銅を独占するという離れ業を演じる主役を務めた選手だった。東京商大を卒業して商社の兼松商店に入っており、一時の勢いはなくしていたが、主将としてまずは適任という評価が高かった。

清川は神戸の兼松商店に入社の際、「水泳のことで会社に迷惑をかけない」という一札を入れさせられていた。そのため甲子園プールでの練習も、会社の仕事が終わってからひとり黙々と行わなくてはならなかった。水泳と仕事を両立させることに比べれば、水泳と学業を両立させることはいかに易しかったかを痛感させられた。しかし、辛うじて代表選考会を三位で通過し、会社もどうにかオリンピックに行くことに同意してくれた。そして、開催地に向かう列車に乗ることができた清川は、ひとつのことしか考えなくていいということがどれほど気楽なものかを味わっていた。その気楽さはまた、主将としての責任や自分の調子の悪さなど大したことはない、と清川に思わせてくれることになった。

海外遠征は何度か経験している清川も、シベリア鉄道でヨーロッパに向かうのは初めての経験だった。清川は、羊毛を取り扱っている商社の社員らしく、沿線で見かけるロシア人の衣服に注目していたが、劣悪な食糧事情と同じく惨憺《さんたん》たる状況にあるようだった。選手のひとりが「労働者、よくぞ日本に生まれける」と嘆声を漏らすのを聞いたが、いかに建設途上とはいえ、ソ連の労働者や農民が強いられている犠牲を思うと暗然とせざるをえなかった。清川には、出会うロシア人の顔に笑みがまったく浮かんでいないことが気になってならなかった。

ソ連とポーランドの国境で列車を乗り換えたが、その時の様子を大学時代のゼミナールの教官には手紙で次のように伝えた。

《ここからベルリン行きの列車に乗り換えたのですが、調度の整った車内の気分と共に、窓外の景色までが急に一変した様に感じられたのはあながち私一人でも無かった様です。／熟れ始めた小麦が一面に丸味を帯びた丘陵の彼方迄《まで》続いており、日本の農家に似たかやぶきの家が散見せられ、小麦色をした娘が頭髪をハンカチーフで包んで牛乳をしぼっている。恐らく、ここを旅行しただれもが感じた事でしょうが、農夫迄がロシア領に見た農夫より明朗だという感じを受けました。之《こ》れがロシア領を出て僅《わず》か二十分後の私の偽らざる感想でした。／もっともこれにはシベリア鉄道を降りる直前、車掌が車内の点検に来た時、最初から壊れていた寒暖計二本に対して五ルーブル、それから部屋掃除のボーイになくなった枕カバー三枚に対して三ルーブルの弁償金を強制的に支払わせられたという降り際《ぎわ》の不愉快さも多分に手伝っていた事と思われます》

本隊が出発したのは、日本選手団の中では最も遅い六月二十日のことだったが、それでも開会式の四十二日も前だった。

午前七時半に明治神宮の社務所に集合した一行は、全員で参拝をし、バスに分乗して皇居に向かった。皇居前の広場に整列し、宮城を遥拝《ようはい》し、国歌を奉唱し、万歳を三唱した。

九時二十分、大日章旗を先頭に二重橋前から東京駅に向かって行進を開始し、十時二十分発の特別列車に乗り込んだ。東京からは横浜、名古屋、岐阜、京都、大阪……と停車していき、下関には翌朝の六時半に到着した。

下関から釜山までの海は荒れ、乗客はほとんどが気分を悪くしたが、ヨットの選手だけは平気な顔をしていた。

この本隊には、先発の男子競泳陣に同行しなかった水上の女性選手が入っていた。女性は十二人と少なかったため、優先的に一等車が割り当てられた。

退屈なシベリア鉄道の車中では、日本から持ってきた手巻きの蓄音機で流行歌のレコードをかけて楽しむこともできた。しかし、それでも、シベリア鉄道の旅は長く感じられた。

トレーニングはできず、満足に体を動かすこともできない。しかも、西に向かっているため一日が二十五時間になる。一日中、麦畑を走っているかと思うと、バイカル湖のほとりだけを走っている日もあった。列車は突然とまり、長く停車しているとまた不意に走りはじめた。燃料がなくなると近くの白樺を集めにいくのだという話もあった。

　写真を撮るのは規制されたし、夜になると窓のブラインドは必ず降ろさなくてはならなかった。そして、その車内を銃剣を持った兵隊が歩きまわった。

　食堂ではスモーク・サーモンやチーズのように食べ慣れないものが出てきて困ったが、女子選手が最も苦労したのは風呂《ふろ》だった。列車内にシャワー室はあったが、料金が極めて高額だった。そのため、金に余裕のあるひとりが入ると、ついでに他の何人かが顔と手を洗わせてもらうなどということをしなくてはならなかった。

　だが、このことは、のちに、ドイツにおける日本の女子選手団の名を高める原因のひとつにもなった。

　水上の女子選手たちは、ベルリンに到着し、選手村に案内されると、休息も取らずにプールに直行した。これがベルリンで評判を呼んだ。アメリカの女子選手は着くとすぐに美容院を探したが、日本の選手はプールを探したというのである。しかし、彼女たちがプールに直行したのは、どうしても練習がしたかったからではなく、旅の垢《あか》を落としたかったからだった。つまり、その時のプールは、何日も入れなかった風呂のかわりに過ぎなかったのだ。

サッカーの代表選手も本隊と一緒だった。そのひとりである堀江忠男は、他の選手と違ってシベリア横断を心待ちにしていた。

早熟だった堀江は、中学時代から左翼的な思想に親しむようになり、日本における社会変革の必要性を痛感していた。しかし、早稲田の高等学院に在学中の十九歳の時、下宿をコップ〈日本プロレタリア文化連盟〉のアジトに提供していたかどで、共産党員の兄と共に検挙されてしまう。この時は、母親が貰い受けにきてくれ、勾留《こうりゅう》されただけで放免される。それ以後、革命運動に具体的に関わることはなかったが、堀江にとって、ソ連は依然として「真理と自由の国」であり、「労働者と農民の天国」だった。

ところが、列車がソ連領内に入ってからは、失望することばかりが続いた。極めつきはモスクワだった。

モスクワに到着し、列車の出発まで半日ほどの時間があった日本選手団は、いくつかのグループに分かれて市内観光をした。サッカーはサッカーでバスを一台借り切り、劇場や宮殿や競技場を見てまわった。

バスには英語を話すガイドがついていて、堀江がその英語を通訳する役を引き受けることになった。うんざりさせられたのは、そのガイドが二言目には「偉大なる同志スターリンが我々に与えてくれた」とか、「偉大なる指導者スターリンが我々のために建ててくれた」とか言うことだった。あまりにもそれがわずらわしいので、何度目かには省略して訳すと、きちんと訳せと叱られてしまった。おまけに、前年に開通した地下鉄を自慢し、日本には地下鉄はないだろう、などと言い出す始末だ。日本にはすでに十年近く前に地下鉄が走りはじめていた。そんなことはどうでもよいことだったが、その事大主義と権威主義にはがっかりさせられた。見るもの、聞くもの、これがあの労働者と農民の「祖国」なのだろうかと思えるようなことばかりだった。

モスクワからワルシャワを経由してベルリンに到着した時、堀江はまた驚いた。ソ連領内には、どこにもスターリンの銅像が立ち、鎌《かま》とハンマーをあしらった赤旗がなびいていた。それとまったく同じように、ベルリンの市内には、至るところにヒトラーの写真とハーケン・クロイツの旗が舞っていた。堀江には「善なる国・ソ連」と「悪しき国・ナチスドイツ」という先入主があったが、その二つの国が外見的にはそっくりなことが驚きだった。いや、外見だけでなく、本質的にも同じだったのだと理解できるようになったのは、もう少し時間がたってからのことだった。

一万三千キロの長旅を終え、ようやくベルリンに到着した日本選手団を待っていたのは、盛大な歓迎と快適な選手村だった。

選手村というものが最初に現れたのは第八回のパリ大会だったが、この時は選手のほんの一部が宿泊できるに過ぎなかった。男子選手全員を収容する本格的な選手村ができたのは前回のロサンゼルス大会からであり、男女すべてのための選手村ができたのはこのベルリン大会が初めてだった。

ベルリン大会の選手村はオリンピック・スタジアムの西方十五キロの地点に設けられた。百三十七エーカーの広大な敷地には、白樺の林と白鳥の遊ぶ湖があり、そこに百四十棟にも及ぶ選手宿舎が点在していた。のちにそれらは兵舎に転用されるということだったが、日本人選手の眼には、まるで高原の別荘のように見えた。

瀟洒《しょうしゃ》な建物には、選手の居室やテラスに面した談話室、それに浴室、トイレ、電話室などがついていた。居室は二人部屋でゆったりとしており、ベッドと洋服ダンスが据え付けられ、手紙を書いたり本を読んだりすることのできる机も用意されていた。

選手村の中央には食堂と娯楽室があった。

汽船会社のノルト・ドイッチェ・ロイト社が担当した食事は素晴らしく、選手はセルフ・サービスでスープ、魚料理、肉料理、野菜、デザートの中から好きなものを好きなだけ食べられた。

また、食堂の隣には娯楽室があり、そこでは自由にレコードが聴けただけでなく、映画が上映されたり、音楽の演奏会が開かれたりした。フィンランド人のためにはサウナ風呂、日本人のためには日本式の風呂が用意されてもいた。

それぞれの選手宿舎には専属のヒトラー・ユーゲントの少年がつき、選手たちのさまざまな用事を気持よく引き受けてくれた。

もし、その選手村に難点があったとすれば、オリンピック・スタジアムまでバスでも四十分ほどかかることかもしれなかった。しかし、日本の選手たちの多くは、故国にいる時よりはるかに恵まれた食と住の環境に大いに満足し、陸軍が用意したバスに乗って競技場に向かうことを厭《いと》わなかった。

第五章　素朴な参加者

1

　ベルリン大会で実施された競技数は全部で十九にのぼるが、日本は近代五種、フェンシング、重量挙げ、ポロ、射撃、ハンドボール、自転車、カヌーの八種目については参加を見合わせ、残りの十一競技に百七十九人の選手を送り込んでいた。その内訳は、陸上競技四十七人、水上競技四十五人、漕艇《そうてい》十八人、サッカー十六人、ホッケー十四人、バスケットボール十一人、体操八人、ボクシング五人、レスリング五人、ヨット五人、馬術五人である。また、サッカー、バスケットボール、ヨットはこの大会が初参加の競技だった。

　しかし、初参加であるかどうかにかかわらず、会期前半の陸上と後半の水上を除けば、日本の国内で期待をもって結果を待たれている競技はほとんどないといってよかった。負けるのは当然と思われていたし、参加も「見学」の域を出ないと考えられていた。つまり、本隊と共にベルリンにやって来た競技は、わずかな例外はあるものの、ほとんどが活躍を期待されていなかったということなのだ。そして、当の選手自身も、オリンピックには行かれるだけでよいと考えているようなところのある、いわば素朴な参加者とでもいうべき選手たちだった。

水上競技に属する水球を除くと、日本が球技のために選手を派遣したのはホッケーとサッカーとバスケットボールの三つの競技である。ホッケーは前回のロサンゼルス大会にも参加していたが、サッカーは今回が初めての参加であり、またバスケットボールはこのベルリン大会から初めて正式種目に加えられた競技だった。

参加の状況はそれぞれ違っていても、彼らが基本的に国際試合の経験に乏しく、自分たちがどのくらいの力を持っているのかわからないという点においては共通していた。

日本のホッケー・チームが試合場に登場してきたのは大会五日目からだった。

オリンピックにホッケーが取り入れられたのは、第四回のロンドン大会からである。クリケットから変化を遂げたホッケーはイギリスが発祥の地であり、ロンドン大会でもやはりイギリスが優勝をさらっていった。しかし、以後の大会では競技種目からはずされることが多く、前々回のアムステルダム大会と前回のロサンゼルス大会に連続して採用されることで、ようやく定着しかかってきた競技だった。

日本のホッケーは、一九〇六年、明治三十九年にアイルランド生まれの牧師であるウィリアム・グレーが慶応義塾で教えたところから始まった。日本のホッケーの歴史は慶応のホッケー部の歴史であるという時代が長く続くが、大正十二年に大日本ホッケー協会が設立され、第一回の日本選手権が開催されるようになると、徐々にホッケー人口の裾野《すその》が広がっていった。中学や女学校にもホッケー部が生まれ、大学でも、慶応以外の明治、早稲田、東京商大などが強くなり、有望選手が分散するようになっていった。

そうした中、ホッケーは団体競技としては初めて、ロサンゼルス大会に日本代表として参加する。そして、見事に銀メダルを獲得するのだ。

とはいえ、この銀メダル獲得には、当然のことながら裏の理由があった。

当時の世界のホッケー界は、イギリスの植民地であるインドが突出した力を発揮する時代に入っていたが、もうひとつのホッケー勢力を形成するヨーロッパ諸国が、開催地のロサンゼルスがあまりにも遠すぎるという理由でまったく参加してこなかったのだ。結局、ロサンゼルス大会のホッケー参加国は、インドと日本と地元のアメリカのわずか三カ国にとどまった。日本はホッケーがまったく普及していないアメリカに九対二で勝ったものの、インドには一対十一の大差で敗れた。しかし、アメリカがインドにも一対二十四で敗れたため、成り行きとして日本が二位となり、銀メダルを獲得することになったのだ。また、アメリカは全敗にもかかわらず銅メダルを手にするという前代未聞《ぜんだいみもん》の珍事が起こった。

ベルリン大会を前にした昭和十年、日本選手権は東京商大の手に渡っていた。ホッケー協会は、オリンピックの代表選手を選考するに際して、前回のロサンゼルス大会と同じく、単独チームではなく、選抜チームを作ることにした。しかし、やはり中心は優勝チームの東京商大であり、十四人中六人が選ばれることになった。次が慶応の四人、明治の三人、早稲田の一人となっていた。

ホッケー・チームの最年少者だったフォワードの柳武彦《やなぎたけひこ》は、慶応大学の学生だった。柳は慶応の普通部の時代にすでにホッケーを始めていた。ホッケーを選んだ理由も確固としたものがあったわけではなく、団体競技がやりたいと思い、その中でもあまり華やかではない地味なものをということでホッケーを選んだのだ。

普通部から予科に進み、その二年の時にレギュラーになった。慶応はすでに一時の黄金時代は過ぎていたが、依然として強豪チームのひとつに数えられてはいた。

代表選手の選考に当たっては、まず前年の秋の全日本選手権で優勝した東京商大のメンバーを中心に合計六十四名の候補選手をピックアップし、これらの選手に数次にわたるセレクション・ゲームを行わせ、最終的に十四人の代表を選んだ。このメンバーは五月から六月にかけて合宿し、ひとつのチームとしてのまとまりが得られるようになった。

ベルリンに到着すると、ドイツのクラブ・チームなどと試合をこなした。さらに、プラハに遠征し、チェコスロヴァキアのナショナル・チームとも対戦した。この試合では三対〇で完勝する。

しかし、この勝利が日本チームに思わぬ結果をもたらすことになった。日本チームに完敗したチェコスロヴァキアが、この程度の実力ではベルリンに送るまでもないと、直前になって参加を取りやめてしまったのだ。

日本は本来、ドイツ、デンマーク、アフガニスタンと一緒のB組で予選リーグを戦うことになっていたが、内戦が勃発《ぼっぱつ》したスペインやチェコスロヴァキアなどの不参加を受けて組分けの変更が行われた結果、優勝候補の筆頭のインドと同じA組に入ることになってしまったのだ。

決勝トーナメントに進出できるのは、A組とB組の一位にC組の一、二位と決まっていた。つまり、この組分けの段階で、インドと同じ組になってしまった日本には、予選リーグを突破できる可能性が皆無となってしまったのだ。しかし、それでも、インドといえど完全無欠ということはない、どこかにつけいる隙《すき》はあるはずだ、とチーム内で鼓舞しあい、予選リーグを闘っていこうとした。

第一試合は、ロサンゼルス大会でも勝っているアメリカが相手だった。アメリカは依然として未熟なチームで、五対一のスコアで問題なく勝った。

第二試合はハンガリー戦だった。このハンガリーは、第一試合の対インド戦に負けたとはいえ、失点を四点に防いでいるところからするとかなりの強敵と思われた。実際、試合が始まると、ハンガリーは防御だけでなく攻撃力もあり、日本は再三危機に見舞われたが、ゴール・キーパーのファインプレーでことなきをえた。そうしているうちに日本にもチャンスが訪れ、前半三十分過ぎ、敵のゴール前の混戦からライト・インサイドの田中昇《たなかのぼる》がシュートを放つと見事にゴールが決まった。さらに、後半に入ってすぐ、センター・フォワードの伊藤赳夫《いとうたけお》からのパスを受けたライト・ウィングの柳武彦が持ち前のスピードで一気にゴール前に持ち込みシュートすると、鮮やかな駄目押し点となった。

脇坂貞夫《わきざかさだお》のシュートが入って二点目、さらにレフト・ウィングの柳武彦が持ち前のスその後、ハンガリーに一点は返されたが、三対一で二連勝を飾った。

三試合目がインド戦だった。

試合前には、前半でフォワードの総力を挙げて先取点を取り、後半は相手フォワードを二人が徹底的にマークして守り切る、という作戦を立てていた。しかし、試合が始まると、インドのフォワードに一方的に攻められ、防戦一方になってしまった。日本の唯一《ゆいいつ》のチャンスらしいチャンスといえば、前半十三分に柳がいつものスピードで敵陣に切り込みシュートした時くらいだった。しかし、これも相手ゴール・キーパーに止められ得点にはならなかった。

試合は、終わってみれば九対〇の大差がついていた。

その結果、日本の予選リーグの成績は二勝一敗となった。不運だったのは、決勝トーナメントには、A組からは一位しか行かれないことだった。B組の一位のドイツが二勝〇敗、C組の一位のオランダが二勝一引き分けで決勝に進出したのはいいとしても、C組二位のフランスは一勝一敗一引き分けで決勝に進んでいた。

この決勝トーナメントで、インドは圧倒的な強さを発揮し、準決勝でフランスを一〇対〇、決勝でドイツを八対一で破って、やすやすと金メダルを獲得した。インドは予選リーグと決勝トーナメントのすべての試合を通じて、得点の三十八点に対し失点はわずか一点に過ぎなかった。

これでオリンピックでの試合はすべて終わるはずだった。ところが、五位以下の順位の「見当」をつけるためという趣旨のもとに、A組二位の日本とB組三位のデンマークとの試合が用意された。

日本は、この試合もゴール・キーパーの活躍とフォワードのパスワークの見事さによって先制し、そのまま得点を加え、四対一で勝った。

この試合では、ハーフ・バックからボールを受けたレフト・ウィングの柳が、いつものようにドリブルで敵陣に持ち込み、シュートすると見せかけてライト・インサイドの田中にパスをし、田中がこれを見事にシュートして得点を挙げた。これが先制点となり、対デンマーク戦を有利に導くことになったのだが、そうした働きよりも、また、対ハンガリー戦における駄目押しのシュートよりも、柳にとって忘れがたいプレーとなったのは、対インド戦で前半十三分に放ったシュートである。

――あれは入れたかった……。

入れば、それがインドの許した最初のゴールとなるはずだった。しかし、それは後悔するといった強い思いではなかった。柳には、自分たちはベルリンで充分に健闘をしたという満足感があったからだ。

ホッケーに続いてサッカーの予選リーグが開始された。

オリンピックにおけるサッカーは、一九〇〇年、明治三十三年の第二回パリ大会から始まっているが、日本はこのベルリン大会まで出場したことがなかった。オリンピックどころか、世界的なレヴェルにあるチームとの試合はまったく経験したことがなく、せいぜいが横浜に寄港するイギリスの海軍チームと対戦するくらいのものだった。堀江忠男は、その日本の、初めてのオリンピック代表チームのメンバーとして、ベルリンに赴いたひとりだった。

堀江がサッカーを始めたのは浜松一中の一年の時だった。それまでは水泳をやっていたが、堀江にはサッカーが向いていたのか、二年でレギュラーになり、三年生の時には中心選手になっていた。五年生で主将になった堀江は、ボールに向かって突進するだけの自分たちのサッカーをなんとか近代的なものにしたいと思った。ちょうどその頃、浜松高等工業の教授をしていた父が、チャールズ・バカンという名選手の書いた『フットボール・エイズ』という英語の手引書を買ってくれた。堀江は辞書を片手に読み耽《ふけ》り、サッカーの基本的な戦略と練習法を学び、部員に伝えた。

浜松一中を卒業すると早稲田高等学院、早稲田大学へと進み、やはりサッカー部に入った。

ベルリン・オリンピックが開かれる二年ほど前から、早稲田のサッカー部は関東の大学リーグでまったく負けたことがなかった。前々年はわずか二つの引き分けがあっただけだったし、前年は引き分けもない完璧《かんぺき》な全勝。関西リーグの覇者も破っていたので、ベルリン・オリンピックには早稲田主体のチームで行くことになった。それには、二年前の極東選手権がピックアップ・チームのためうまくいかなかったことの反省があったと思われる。

代表の選考には、早稲田を中心に他の大学から何人か入れるという方法が取られた。当時、朝鮮にも優秀な選手がいたが、最終的に選ばれたのは金容植《キムヨンシク》だけだった。堀江は、サッカーの関係者が「ひとりくらい連れていかないとうるさいので」と言っているのを聞いたことがある。しかし、この金が入ったことが、日本チームがベルリンで小さな奇跡を起こすことになる大きな要因になった。早稲田の弱点であるレフト・ハーフに極めて能力の高い金が入ってくれたからだ。

その年、早稲田を卒業した堀江は東京朝日新聞に就職が決まっていた。しかし、四月に入社していてはオリンピックに行くことはできない。堀江は意を決し、入社を半年遅らせてもらえないかと頼むべく、主筆だった緒方竹虎《おがたたけとら》の家を直接訪ねた。すると、緒方はその直談判を面白がり、快く許してくれた。

ベルリンに入った堀江たちは、地元のクラブ・チームと練習試合をした。すると、三回闘って三試合とも負けてしまった。

この時、相手はセンター・ハーフを下げてバックスを三人にする、いわゆるスリー・バックス・システムを取っていた。それは日本チームにとって啓示のようなものだった。それまで日本ではツー・バックスが一般的だった。しかし、一九二五年にオフサイドのルール改正があり、バックス二人では守り切れないということは薄々わかっていた。そこにスリー・バックスのサンプルを見せられたのだ。これだったのか、と全員が一瞬のうちに悟った。そこで、日本チームは残りの二週間でスリー・バックスに切り替える練習をした。単独に近いチームだったこともあったのだろう、その切り替えが鮮やかにできた。

組み合わせの抽選の結果、第一戦の相手はスウェーデンということになった。堀江が現地のサッカー雑誌を読むと、スウェーデンは六強のうちのひとつに挙げられるほど強いらしいということがわかった。体格は大きいし、脚力はあるし、テクニックも上。その雑誌の記事は、日本にはまるで勝つチャンスがないというトーンで書かれていた。

実際に試合が始まると、本当に頭ひとつ分だけの身長差があった。前半は、下馬評どおり、スウェーデンの二点に対して、日本は一点も取れないまま終わった。しかし、監督の鈴木《すずき》重義《しげよし》は選手を乗せるのがうまかった。ハーフタイムになると、「君たち、今日は馬鹿《ばか》に調子がいいじゃないか」とか、「大丈夫、後半にはなんとかなる」とか言って、決して心配させるようなことを言わない。選手たちも、あるいはそうなのかもしれないと思うようになった。

後半は、日本が風下に立ち、雨も降り出すという悪条件だったが、堀江たちはなんとかなるような気がした。空中戦では勝ち目はないが、逆に小回りがきくという利点がある。実際、日本のイレヴンは全員がよく走り、ショート・パスでつなぎながら、果敢に敵陣に攻め入った。

幸運だったのは、二対〇と勝ち越したスウェーデンが、次のイタリア戦に備えて少し手を抜こうとしたことだった。明らかに活動量を減らしてきた。しかし、日本にとってはこの試合がすべてだった。選手たちに死んでも勝つのだという迫力があった。するると、後半の開始四分、加茂《かも》正五《しょうご》から出たボールを川本《かわもと》泰三《たいぞう》がシュートするとゴールに飛び込むということが起きた。

二対一。そうなると追いかける方に勢いが出てくるのは当然だった。後半十七分、加茂健《たけし》から加茂正五、さらに加茂正五から川本へ、川本から渡ったボールを右近徳太《うこんとくた》郎《ろう》がシュートすると、これもきれいにゴールに吸い込まれていった。

これで二対二の同点になった。

同点になると、慌《あわ》てたスウェーデンはひとりを残して全員が攻め上がってきた。ところが四十分、日本はこぼれたボールを右近が拾い、センター・フォワードの川本に渡した。それを川本が一気にライト・ウィングにドリブルで持っていくと、相手はバックスひとりにキーパーだけしかいなくなっていた。バックスは川本に寄っていかざるをえない。そこに百メートル十一秒の快足を持つ松永行《まつながあきら》が中央寄りに上がっていった。川本は斜め後ろにボールを蹴《け》り出し、それをキーパーと一対一になった松永がシュートした。

後ろから見ている堀江にはきれいなゴールと思えたが、あとで話を聞くと、松永はあまりのチャンスに力が入り、土を蹴ってしまったのだという。それが幸運にもゴロになり、キーパーの股間《こかん》を抜けたということのようだった。しかし、とにかく、これで二対三と逆転したことになる。残り五分。このタイミングが絶妙だった。これがもう少し前だと、まだスウェーデンにも反撃の闘志が湧《わ》いてきたかもしれないが、この残り時間の少なさが闘う意志をそぐことになったのだ。堀江にもスウェーデンがなかばギヴアップしてしまったことがわかった。

ついに弱小チームの日本が強豪のスウェーデンを破った。この大番狂わせはベルリンでもかなりの評判を呼んだ。それはまさに駆逐艦が戦艦を破ったようなものだったからだ。翌日からは、日本のサッカー・チームがベルリンの繁華街を歩くと、サインを求められて困るほどだった。

第二試合の相手はイタリアだった。イタリアにはプロが混じっているという噂《うわさ》があり、バックスにしてもツー・バックスで相手の攻撃をかわせるほど個々の選手の能力が高かった。その上、日本はスウェーデン戦に全力を使い果たし、疲労困憊《こんぱい》していた。動きが鈍いのは観客席で見ている堀江にもはっきりわかった。

堀江が観客席で見ていたのは、スウェーデン戦で相手のフォワードと激突して転倒する際、腕を骨折していたからだ。試合中は夢中だったが、終わってみると、とうてい次の試合に出られる状態ではなくなっていた。

イタリア戦の日本にはまったく精彩がなく、「頑張れ」と声援を送るのもためらわれるほどだった。結局、八対〇で負けたが、一点も取れなかった悔しさを除けば、負けたことについては全員が納得していた。そこには確実に力の差があったからだ。

勝ったイタリアは決勝に進出し、オーストリアを破って優勝することになる。

日本のサッカー・チームのベルリンにおける最大の出来事は、やはりスウェーデンに勝ったことである。それは堀江にとっても同じだった。堀江は、サッカーの試合中はいつも夢中になるが、終わればそれをあとまで引きずることのないタイプの人間だった。しかし、このスウェーデン戦に勝った時だけは違っていた。大粒の涙を流したのだ。それは堀江が試合後に流した生涯でただ一度の涙だった。

ホッケー、サッカーに続いて予選が開始されたバスケットボールは、ベルリン大会から新たに始められた種目だった。

本来、バスケットボールはアメリカが発祥の地であり、前回のロサンゼルス大会から始められてもよかったのだが、世界的に見ればまだ競技人口が少なく、なにより国際オリンピック委員会の中枢《ちゆうすう》を占めるヨーロッパ諸国に普及していなかったため、実施が見送られた。しかし、ロサンゼルス大会の期間中、バスケットボールの関係者が国際オリンピック委員会に競技の採用を強く働きかけ、それがベルリン大会での開催の道を切り開くことになった。

ベルリン大会に参加した日本の代表チームは、各大学からのピックアップ・メンバーによって構成されていた。そのひとりであるフォワードの横山堅七は、早稲田大学から選抜されたひとりだった。

横山がバスケットボールを始めたのは小学校の五年生の時だった。横山の出身地新潟はバスケットボールの盛んな県で、小学校の体育の授業にも取り入れられているほどだった。バスケットボールなら外が雪でも屋内でできるということが大きかったのだ。

のちに横山と一緒にベルリン大会の代表選手になる吉井精三郎《よしいせいざぶろう》は、新潟で横山と同じ小学校の同じクラスにいたバスケットボール仲間だった。同じ小学校の同じクラスから同じ競技のオリンピック選手が出るというのは、かなり珍しいことに違いない。そのようなことが起きたのも、彼らが新潟の出身だったからなのだ。

横山と吉井は新潟商業学校へ行き、そこで全国中等学校大会に優勝したこともあって、さらにバスケットボールに熱中するようになった。横山は商業学校を卒業した時、高等商業に進むか、バスケットボールの強い早稲田に進むか迷ったあげく、やはりバスケットボールを取ろうと、早稲田に進学することにした。一方、吉井は新潟師範を経由して東京の高等師範に進んだ。

当時、東京の大学では、東京帝大、東京商大、東京高師、立教、明治、それに早稲田の六校でリーグ戦を行っていた。ベルリン大会の前年は東京帝大がリーグ優勝したため、ベルリン大会の代表メンバーは、東京帝大を中心に、立教や早稲田や朝鮮の延禧《ヨンヒ》専門学校からメンバーをピックアップすることになった。その結果、東京帝大三人、早稲田二人、立教、京都帝大、東京高師各一人、それに朝鮮の延禧専門から三人の計十一人が派遣されることになった。

ベルリンに着いてからの日本チームは、ヨーロッパのルールに慣れるためいくつか練習試合をした。だが、ドイツのクラブチームやハンガリーのナショナルチームなどを相手にして一度も負けなかった。それもある意味で当然で、アメリカを別格とすれば、強豪はカナダやメキシコといったアメリカ大陸の国か、フィリピンのようにアメリカと縁の深い国に限られていたからだ。二年前に正式種目として採用されてから本格的に取り組むようになったドイツをはじめとして、ヨーロッパ勢にはさほど強いチームはなかった。日本チームは、アジアで一番の実力を持つフィリピンと互角の闘いができるようなら六位以内に入れるのではないかと考えていた。

ベルリン大会では、屋外にアンツーカーのコートを作り、そこで試合をした。

第一戦の相手は中国だった。中国はフィリピンより多少実力は劣るものの、極東選手権などでは日本がなかなか勝たせてもらえない強敵だった。

ベルリンに住む華僑《かきょう》の大応援団に囲まれながらのその試合は、前半こそ十五対十の接戦だったが、後半は二十対九と突き放し、結局三十五対十九で勝つことができた。横山は七本のフリースローのうち六本を決めるなど、全得点の三分の一を上げる活躍をした。

両軍の得点が極端に少ないのは、当時のルールによっている。つまり、一方が得点すると自動的に相手方にボールが渡って、エンドラインからすぐに試合が再開されるというスピーディーなルールと違って、常にセンターラインでのジャンプによるボールの奪い合いから試合が再開されたため、それだけ点が入るのに時間が掛かっていたのだ。

第二戦のポーランドには四十三対三十一で楽勝した。そして第三戦に強敵のメキシコと当たった。これに勝てばメダルに手が届くという大事な試合だった。

確かにメキシコは強いという評判が高かったが、横山たちには自分たちのこれまでの調子から互角以上に闘えるのではないかという自信があった。

序盤は日本のペースだった。シュートが立て続けに入って七対〇と一方的にリードした。しかし、落ち着いてきたメキシコがじっくりとゾーン・ディフェンスを敷いてくると、たちまちゴールに切り込めなくなってきた。日本チームはそのことに焦《あせ》りを覚え、浮足立ってきた。マン・ツー・マン・ディフェンスを主体に練習を積んできた日本には、ゾーン・ディフェンスに対する備えがほとんどなかったのだ。中に入れないため、仕方なく中距離からシュートする。だが、それがことごとく入らない。それを拾ったメキシコ選手のロング・シュートが面白いように決まりはじめ、ついに八対九と逆転されてしまった。

パスが通らず、どうしてもメキシコのゾーン・ディフェンスが破れない。そういう状況の中でピックアップ・メンバーによるチームの弱点が出てしまった。あるいは、それが単独チームであったなら、危機的な状況に陥った時にも、リーダー的選手の判断力とチームワークで即応し、なんとか乗り切れたかもしれない。しかし、寄せ集めの日本チームは最後までバラバラのままだった。

後半は、横山の七得点などで三ゴール差まで迫ったが、ついに二十二対二十八で負けてしまった。

日本のベルリンはそこで終わってしまったが、勝ったメキシコは三位に、日本に負けて敗者復活戦から勝ち上がったポーランドは四位になった。そこから判断すれば、日本チームが自分たちには三・五位の力があったのだと考えたがったのは無理もない。

オリンピックが終わり、日本に帰るまでのあいだにさまざまな国で親善試合をしたが、これにもまったく負けなかった。オリンピック前の練習試合にも一度も負けなかったから、十三試合闘って、負けたのはメキシコ戦だけだったということになる。横山にとって、恨みはまさに「あの三ゴール」だった。

2

漕艇は、ベルリン市内から少し離れたグリューナウのミューゲル湖に設けられた水路で行われた。日本からは、八人の漕《こ》ぎ手によって争われるエイトに東京帝大、四人の漕ぎ手によるフォアに早稲田大学の、それぞれ単独クルーが出場した。

根岸正は、その東京帝大クルーで、漕ぎ手としては先頭の整調を受け持ち、同時にキャプテンも務めていた。

――そう、私たち東大のクルーは、日本選手団の本隊よりだいぶ早い五月中旬に日本を出発しました。それは、オリンピックの前に、ボートの本場のイギリスで催されるエイトのレースに参加するためでした。

日本におけるボートの歴史は、他のスポーツに比べてそんなに新しいというわけでもありません。大正九年には他の競技団体に先駆けて日本漕艇協会が設立されているくらいです。

オリンピックに初めて出場したのは、昭和三年のアムステルダム大会からです。シングルスカルと舵手《だしゅ》つきフォアの二種目に出場したんですが、その時もやはりイギリスに寄って、一カ月ほどイギリスのコーチについて特訓をしてもらったらしい。そのコーチには「言うことはよくきくし、なかなか器用である」なんて褒められたらしいけど、オリンピックでは問題にならなかったそうです。

昭和七年のロサンゼルス大会にエイトが初めて出ました。その時は早稲田大学の八人が漕いだわけです。後に『オリンポスの果実』を書き、太宰治《だざいおさむ》の墓前で自殺した田《た》中英光《なかひでみつ》はこの時のメンバーのひとりです。『オリンポスの果実』は、そのロサンゼルス大会の一種の青春記録なんですね。しかし、この時も、当然ながら、かなりの差で負けました。

そして、いよいよベルリン大会ということになって、今度は私たち東大のクルーが行くことになったわけです。

その頃の東大はかなり強かった。ベルリン大会に向けて新しいクルーを編成してからはまったく負けることがなかったくらいです。

このクルーは、最初は一高と東大との混成チームでした。というのも、大学生だけでクルーを編成しておくと、卒業のたびに新しくメンバーを補充していかなくてはならなくなる。しかし、ベルリン大会まではメンバーを固定しておきたい。それなら、いっそ一高から優秀な選手をピックアップしておき、その連中を東大に入れてしまえばいいということになったんです。ずいぶん荒っぽい話ですが、そのためには、当時、法学部の若い教授だった我妻栄《わがつまさかえ》に、「こいつを絶対に合格させてほしい」と頼んで、受験勉強を見てもらうなんていうようなこともしました。私がキャプテンなどになったのも、前年まで一高にいたので、両方の橋渡しができるからというに過ぎませんでした。

それでも、何人かはベルリン大会の年が卒業年度に当たり、四月には就職しなければいけないことになっていましたが、その連中に対しても「四月に入社しても五月には日本を発《た》たねばならない。面倒臭いから初めから会社に行くな」などという荒っぽい説得をして強引に休ませてしまいました。その頃は、本当にオリンピックへ行くというのは半年仕事だったんです。

ベルリン大会のエイトの代表になった私たち東大のクルーは、オリンピックのためにいくつかの対策に取り組みました。この私たちのオリンピック対策が、ある意味で日本の漕艇界における近代化を果たしたと、これは手前味噌《てまえみそ》を許してもらえれば、言えると思うのです。

草創期の日本のスポーツマンは、どんな競技においても実に多くの苦労と工夫が必要でしたが、私たちボートの場合には、まず第一に競漕艇をどうするかという問題を解決する必要がありました。つまりボートの構造の問題です。大人には大人の下駄《げた》、子供には子供の下駄を、という言葉があるとすれば、それまでの私たちは子供が大人の下駄を履いているようなものだったんです。イギリスなどから輸入した艇をそのまま使うか、バランスを変えないまま寸を詰めるかというくらいの選択の幅しかなかった。短くするのも「感じ」に頼るだけでしたから、それまでは自分たちの力や体に合った競漕艇などなかったといってもいいくらいだったんです。

そこで私たちは、東大造船学科の井口常雄《いのくちつねお》教授を中心に、日本人に合った競漕艇を作ろうとしました。模型を作り、水槽で水の抵抗を調べ、力学的な効率を計算し、いわば東大の叡知《えいち》を集めるというかたちで新しいボートを作ろうとした。その結果生まれたのが「旭号《あさひ》」です。長さは五十二フィート半。それまでのイギリス製のものなどは六十フィートですから、かなり短い。材木は木曾《きそ》の御料林から払い下げを受けたヒノキで、出来上がりは白い美しいものになりました。当時、世界のボート界は赤いスペイン材を使っていましたから、余計違いが際立《きわだ》ちました。

解決すべき問題の第二は漕法でした。ボートの漕ぎ方については、当時の風潮を反映して「日本式漕法」などということが盛んに言われました。日本人は座敷で坐る生活をしているので腰が強い。そうした利点を生かす漕法を考えるべきだというんです。しかし、私たちは、世界の漕法もろくに知らないのに日本式漕法もないだろうと思っていました。当時、イギリスで生まれたオーソドックス漕法に対して、オーストラリア移民の息子で、のちにイギリスでケンブリッジのカレッジの学長をしたフェアバンという人が、革新的な漕法を提唱していた。私たちもそのフェアバンが書いた『ローイング・ノート』などを熱心に読んだものです。しかし、言葉の意味はわかっても、直観的な言いまわしや、誇張された表現があって微妙なところがよくわからない。それでも、あれこれ推測しながら、漕ぎ方を工夫していきました。

外国のクルーと競漕するに際して、あらかじめ考えておかなければならなかった第三のものは戦略でした。

私たちはそれまで外国のクルーとレースをしたことがない。そこでいろいろと訊《き》いたりしたのですが、結局、私たちに与えられたインフォメーションというのはただひとつ、こういうものでした。

「外国の奴《やつ》らはとにかくスタートが強い。あっという間にすぐどこかへ行ってしまう」

ボートというのは、水泳の背泳と同じで、後ろから行くと敵が見えないスポーツなんです。だからスタートで抜かれると、もうそれからは敵のいないところを見ながら空《むな》しく漕ぐということになって、ガックリ疲労感が増してしまうんですね。

そこで、私たちもスタートをなんとかしなくてはいけないと考え、まったく馬鹿《ばか》みたいにスタート・ダッシュの訓練をしました。

ベルリン大会の年の五月になり、旭号を先に送った私たちはベルリンへ行き、オリンピックのコースの下見をしてから、ロンドンへ向かいました。

当初は、テムズ川のヘンレーというところで行われる大きな大会に出るつもりだったんですが、その前に小手調べとしてマローのレースに出てみないかと勧められた。もちろんそれは、日本から来たベビー・クルーに何ができるか、という侮《あなど》りがあったことは確かでしょう。でも結果から見ると、それがよかった。

マローのレースは六月二十日でした。よく覚えています。それが、みんなにとって生まれて初めての外国人とのレースだったのですから。

その頃は、レースといえば二艘《そう》レースでした。つまりそう広くない川で行うわけですから、何艘ものボートが並んで闘うわけにいかない。だから、ボートは記録を競うのではなく、勝ち負けを争うのです。問題は着差だけです。最近はよく準優勝だとか三位だとかいって喜んでいる人たちがいますが、あれはちょっと違う。本当はたったひとつの勝ったチームと、あとは負けたチームがあるだけなのです。ボートとはそういう精神のスポーツなんです。

第一戦で当たったのは、ケンブリッジ大学を構成する有力カレッジ、トリニティー・カレッジのファースト・トリニティーというボートクラブのクルーでした。いくつもあるカレッジの中で最も強いクルーを「トップ・オブ・ザ・リバー」と呼んでいましたが、ファースト・トリニティーはまさにケンブリッジの「トップ・オブ・ザ・リバー」だったんです。彼らには、きっと「このこしゃくな日本人め」という意識があったことでしょう。

しかし、幸運なことに、このマローのレースは私たちに向いていました。まず距離が千四百メートルという短さである上に、しかもS字形コースのインコーナーだったからです。というのは、レースの直前にみんなで話し合った結果、「とにかく、最初の三十本くらいは頑張って、死に物狂いで漕ぎ抜こう」ということになっていた。S字形で初めのカーブがインだというのは、その作戦にぴったりだったんです。

いざレースが始まって、死に物狂いで三十本漕いで気がついてみると、本当に一艇身くらい勝っているではないですか。まったくスタートだけの練習をしつづけてきた甲斐《かい》がありました。もっとも、そこでかなり無駄なエネルギーを使い果たしていたので、徐々に追い詰められてしまいましたが、ラストスパートでまた離し、ついに勝つことができたのです。終わってから、「外国のボートといってもたいしたことないな」などと興奮してしゃべりあったものです。事実、準決勝、決勝と勝ち上がり、驚くなかれ優勝してしまったのです。決勝では、向こうが追いつくまでピッチを下げ、追いつかせ、そのとたんにスパートをかけて引き離すというような芸当までできました。イギリスの新聞が、まるでキャット・アンド・ラット、つまり猫が鼠《ねずみ》をもてあそんでいるようだと書いてくれました。

そして、いよいよヘンレーの大会です。しかし、正直に言うとマローで力を出し尽くし、疲れ切っていました。それにロンドンでは雨に降りこめられ、調子を崩していたということもあります。第一戦は勝ったけど、第二戦のスイスには完敗しました。しかし、この二つのレースの結果が、その後の日本の漕艇界にとって大きな刺激になったことは確かなようです。残念ながらベルリン大会の成績とは直結しなかったのですが。

ベルリンでは大使館にいらした牛場信彦さんにお世話になりました。牛場さんは東大のボート部の先輩でしたが、田中英光たちの早稲田に負けてロサンゼルスに行けなかったんです。それもあってのことでしょう、何くれとなく面倒を見てくださった。

さて、八月十二日の本番前になって、また今度はどういう作戦で行こうか考えたんですね。このオリンピックの予選は二艘レースではなく、相手は、アメリカ、イギリス、フランス、チェコと強いところが多い。それで、やっぱり前に出よう、最初に抜けるだけ抜いてやろう、ということになった。

レースでは打ち合わせ通りいきなり飛び出しました。フランスはどんどん下がっていくし、イギリス、アメリカの旗も私たちの後ろで揺らめいているのが見えました。五百メートルまでは実に快調でした。コース脇《わき》の放送塔から「一位ヤパン！　一位ヤパン！」と叫んでいるのが聞こえてくるんですからね、気持よかった。しかし、千メートル付近ではついにアメリカに追いつかれ、千五百メートルまで来ると眼の前が真っ暗になるほどへばってしまいました。そして次々と後続の艇に抜かれて……それで終わりでした。しかし、誰も後悔しなかった。結局、金メダルはアメリカのクルーの手に渡るのですが、そのアメリカにあれだけ先行できたのだからと……。

翌日、敗者復活戦が行われた。三組に分かれた敗者復活戦では、それぞれの組の一位のチームが決勝に進めることになっていた。日本は、イタリア、ユーゴスラヴィア、ベルギーとB組に出漕し、ユーゴスラヴィアとベルギーは抑えたものの、イタリアに一艇身半の差をつけられて敗れ、決勝への夢は断たれた。しかし、根岸たちにとっての「命を懸けた戦争」は、すでに予選の時に終わっていたのだ。

3

ボクシングが行われたドイツ館では、他に重量挙げとレスリングが行われた。日本からは重量挙げは参加していなかったが、レスリングにはフリー・スタイルとグレコローマン・スタイルに五人の選手が送り込まれていた。

日本にレスリングが入ってきたのは昭和初年である。

ところが、意外なことに、それ以前の大正十三年に行われたパリ大会で、早くも日本選手がフリー・スタイルで銅メダルを獲得している。実は、その時のメダリストである内藤克俊《ないとうかつとし》はアメリカ在住の学生だった。内藤はペンシルヴェニア州立大学に進むとレスリング部に入り、キャプテンを務めたばかりか東部大学選手権でも優勝していた。つまり、内藤はアメリカで訓練を受けた本格的なレスリング選手だったのだ。しかし、国籍は依然として日本だったため、アメリカから、アメリカ選手と共にパリに赴きながら、日本の選手としてリングに上がった。内藤はグレコローマン・スタイルとフリー・スタイルのフェザー級に出場し、グレコローマンでは四回戦で敗退したが、フリーでは負傷にもめげず善戦し、堂々三位に食い込んだ。

この内藤が柔道もよくし、二段だったところから、その結果は、日本の柔道高段者に「二段で三位なら……」とレスリングを甘く見させることになった。昭和三年のアムステルダム大会には、講道館から柔道六段の新免伊助《しんめんいすけ》が乗り込んでいったが、一回戦で無残に敗退した。

昭和四年、早稲田大学の柔道部がアメリカに遠征した。当時四段だった八田一朗《はったいちろう》は、そこでレスリングというものに初めて遭遇する。そして、その面白さに取りつかれた彼は、柔道からレスリングに転向することを決意するのだ。いわば、日本のアマチュア・レスリングは八田一朗によって選び取られたといえなくもない。

その八田は昭和六年に山本千春《やまもとちはる》らとともに早稲田にレスリング部を作った。

翌年のロサンゼルス大会には八田を中心とする早稲田勢と、講道館を代表する小谷《こたに》澄之《すみゆき》ら七人が出場したが、どちらも三回戦までで敗退してしまった。だが、その翌々年の昭和九年に、慶応大学と明治大学にレスリング部ができ、昭和十年にようやく早、慶、明三校によるリーグ戦が始められるようになるのだ。

こうした状況の中では、昭和十一年のベルリン大会の代表選手のうち、三人が早稲田、二人が明治の学生であったのも無理ないことだった。フリー・スタイルのライト級の代表だった風間《かざま》栄一《えいいち》もまた早稲田の学生だった。

新潟市の衣料品問屋の長男に生まれた風間は、新潟商業を卒業すると早稲田の専門部に入学した。

風間は小さい頃から柔道や相撲といった格闘技が好きで、新潟商業時代は相撲部に属していた。早稲田でも何かの格闘技のクラブに入ろうと考えていたが、相撲部に入ることは母親に反対された。相撲取りは早死にする人が多い、おまえは家の跡取りなのだから相撲はやめてくれないか、と言われてしまったのだ。ではボクシングにしようかとも考えたが、顔が崩れてしまいそうなのがいやだった。そうこうしているうちに、何となく、新興のクラブであるレスリング部に入ることになってしまった。

かつて相撲と柔道の両方をやっていた風間は、投げのセンスのよさと足腰の強さが備わっており、レスリングでもすぐに頭角を現しはじめた。

当時の早稲田には、中量級以上に平松敏雄《ひらまつとしお》と白系ロシア人のアレクサンドル・ボロヴィヨフという強い選手がいた。二人とも風間よりクラスは重かったが、彼らと積極的に練習することでさらに力をつけた。

ロサンゼルス大会には間に合わなかったが、その翌年の専門部二年の時には早くもライト級の日本選手権を取った。

もっとも、日本選手権といっても参加者は一クラスに十人くらいのものだった。早、慶、明の選手に、講道館からの選手が加わる程度だったからだ。

昭和十一年、入学当初は専門部を終えたあとは故郷に帰るつもりだったが、レスリング界の期待の星のひとりとなっていた風間は、そのまま早稲田の商学部に進むことになる。

ベルリン大会の選手選定には前年から何次かの予選が行われた。ライト級の最終戦には講道館の代表として五段が出てきたが、二ポイント差で判定勝ちを収め、風間が代表の座を射止めた。

風間には、日本のレスリングのレヴェルが低いことはわかっていた。だから、オリンピックで入賞しようなどとは思っていなかった。ただベルリンに行けるだけで満足だった。

ベルリン大会での一回戦はチェコスロヴァキアのブラドッグが相手だった。これにフォール勝ちを収めると、続く二回戦には、エストニアのトーツを判定で破って、三回戦に勝ち上がっていった。

ひとつ、ふたつと試合をこなしていくうちに、オリンピックの雰囲気にも、外国選手のレスリングにも慣れてきた。

勝ち上がるにつれ、周囲の期待も高まってきた。八田一朗が「ロサンゼルスの恥を風間によってそそぐことができるのではないか」と思ったのも無理はなかった。三回戦の相手はドイツの強豪のウォルフガング・エールだったが、その試合に勝てばメダルも夢ではなかったからだ。

日本の新聞の報道も少しずつ大きく、派手になっていった。

「勇猛果敢・風間堂々勝つ」（読売新聞）

「日本軍敗色の中に風間（レスリング）勇躍準決勝へ」（東京日日新聞）

エールとの試合は、夜の七時からということになっていた。ところが、競技進行の不手際から、突然、午後二時に変更になってしまった。風間はウェイトを落としたあとの疲労から控室で寝ていたが、慌てて起きるとすぐに試合場に向かわなくてはならなかった。

そのため、体が目覚めないうちにエールに巧みに崩され、巻き込まれ、最後はフォールで負けてしまった。

続く四回戦ではアメリカのストロングを判定で破ることができたから、エールにフォールで負けさえしなければ決勝に進出でき、悪くても銅メダルは獲得できたはずだった。八田は競技進行の不手際が敗北の原因だと怒り、競技委員会に謝罪文を書かせたが、あとの祭りだった。

最終的な結果は五位だったが、風間は日本の国産レスラーとして初めて入賞できたことで充分だった。

レスリングをやっていなければ専門部だけで新潟に戻り、家業を手伝うことになっていただろう。レスリングをやったおかげで商学部にまで進むことができ、おまけにオリンピックにまで来ることができたのだ。それ以上、何を望むことがあるだろう。しかも、一試合の不運を除けば、自分の持てる力を充分に発揮できたのだ。

――五位で上出来。

新聞には「風間も敗れる」と落胆したように報じられたが、負けた風間はむしろさばさばした気分だった。

野外劇場で行われた体操には八名の選手が参加した。

日本からオリンピックの体操への参加は、ロサンゼルス大会が最初だった。しかし、参加したものの、その時はろくに演技の仕方もわからないという状態だった。とりわけあん馬などはどうしてよいかわからず、取っ手の上で倒立をしてみたり、床や平行棒の技である片手上水平《じょうすいへい》をしてみたりとトンチンカンなことをしていた。旋回をするらしいということはわかっていたが、それも振り子式のフランク旋回をしていた。日本に最初に現れた体操選手といえる近藤天《こんどうたかし》によれば、ロサンゼルスに着いて初めて練習場であん馬をしていると、そこで練習していたフィンランドの選手に奇妙な顔をされた。それは三十年も前の旋回で、いまどきそんな技を使う選手はいないというのだ。

そこで初めて両足旋回をするなどということがわかったが、今度は、あん馬とユニフォームが触れる時にシュッ、シュッと、きぬずれの音がした方がいいということで、わざわざ油を塗って滑らかにするようなこともした。のちに、むしろ触ってはいけないのだということがわかり慌てたということもあった。

ロサンゼルス大会では、日本の選手があん馬の演技をすると、場内から爆笑が起きたという。ヨーロッパの選手の滑らかな演技に比べると、覚えたばかりの新しい旋回をつっかえつっかえやる日本選手の演技は、ほとんどサーカスのピエロの演じるアクロバットのようだったのだ。

だから、ロサンゼルス大会から四年たったとはいえ、このベルリン大会で上位にいけるなどとは、誰も考えなかった。

慶応大学からただひとり代表に選ばれた野坂浩《のさかひろし》は、予科では部のマネージャーのようなことをしていたが、学部に進んでから選手になったという変わり種だった。

野坂は、ベルリン大会の前年の一九三五年に、ハンガリーのブダペストで開かれた国際学生競技会に出場するため、慶応大学の体操部のチームメイトとヨーロッパに遠征した。

日本郵船の客船でマルセーユまで二カ月の航海をし、陸路ブダペストに向かった。大会には、チェコスロヴァキアに駐在している日本の大使がわざわざ駆けつけてくれた。その大使が、日本の選手の徒手の演技を見て、他国の選手との違いにびっくりした。当時の日本選手の徒手というのは、軍隊で行われている、いわゆる軍隊体操とかわらなかったのだ。大使は、野坂を呼ぶと、こう勧めた。知り合いに舞踊家の石井《いしい》漠《ばく》がいる。彼のところへ行って少しバレエの基本を習ったらどうか。そこで、野坂は帰国後、石井のもとを訪れ、倒立や宙返りや側転などのかわりに、バレエの基本を教えてくれないかと頼んだ。石井は快く引き受け、四カ月ほど教えてくれた。

しかし、そんな日本チームであったが、ブダペストの国際学生競技会では、誰もが驚いたことに団体で二位、野坂も個人で五位に入るという好成績を上げることになる。そのようなことが可能だったのは、体操の本場のヨーロッパと日本では選手の層が違っていたからである。日本では学生が主力だったが、ヨーロッパの有力選手は勤労者が多く、この大会に参加していなかった。しかし、もちろん、それだけではなかった。

当時、体操は屋外のグラウンドに器具を出して試合を行うのが普通だった。大雨が降ると中止になったし、強風が吹いたりすると順位は大荒れに荒れることになった。なぜなら、すでにその頃から練習は屋内の体育館ですることが一般化していたため、風の影響を受けた選手たちは実力を発揮できなかったのだ。

ブダペストの国際学生競技会の当日が、まさにその強風の日だった。他の国の選手が次々と失敗していくなかで、野坂ら日本の選手たちは、平行棒での倒立も、鉄棒の車輪でも、なんとかバランスを保って演技をしつづけることができた。それは東京からマルセーユまでの二カ月という長い船旅のおかげだった。退屈な船上での日々、他に何もすることのない選手たちは、甲板で体操の練習をしつづけた。それは波の高い時も、風の強い時も変わらずに行われた。つまり、その二カ月の船上でのトレーニングによって、揺れや風に強くなっていたのだ。彼らは強風下の試合になった時、これを「神風が吹いた」と言って喜びあった。

ベルリン大会に八名もの選手を派遣してもらえることになったのは、ブダペストの国際学生競技会で好成績を収めたことも大きな要因としてあった。その内実がいかに寒々しいものであったとしても、団体で二位というのは、選手数をロサンゼルス大会の時の六人から八人へと増やす大義名分くらいにはなるものだった。

代表となった選手たちは、自分たちが上位を争うことができるというほどの自信は持っていなかったが、少しでもいい成績を上げようという意欲はあった。彼らは、国際学生競技会で撮ってきたフィルムを手本に、試行錯誤しながら技を身につけていった。

だが、国際学生競技会とは違い、ベルリンの試合場であるデートリッヒ・ヘッケルト野外劇場には、日本の選手が及びもつかない技術を持った選手が多く集まっていた。

ベルリン大会における体操のヒーローは、個人総合優勝を飾ったドイツのアルフレート・シュワルツマンだった。そのシュワルツマンに野坂たちはブロークンのドイツ語で話しかけ、技術的な疑問を投げかけ、具体的に教えてもらうこともあった。

ベルリンでも屋外での競技であることに変わりはなかった。野外劇場の舞台に器具を置き、そこで演技をした。しかし、天気のよくない日はあったが、強風の日はなかった。ブダペストの国際学生競技会とは違い、日本人のための神風は吹かなかったのだ。もっとも、たとえ神風が吹いても、船でなく鉄道で来ていた選手にとっては、ただの風にすぎなかったのだが。

成績は団体で九位、野坂は個人総合で六十八位に終わった。しかし、彼ら日本の選手にとっては、シュワルツマンに直接演技を教えてもらったり、他の一流選手の演技をフィルムに収めることができただけで充分だったのだ。

バルト海の港町キールでは、ヨットの選手たちが風を相手に悪戦苦闘していた。

日本のヨットは、このベルリン大会が初めての参加だった。オリンピックにおけるヨット競技は、大正九年のアントワープ大会からあったが、日本のヨット界は選手を送り出すまでに至っていなかった。それも当然で、第一回の日本選手権が開催されたのが、ロサンゼルス大会の翌年の昭和八年だったのである。

それから三年、このベルリン大会へは、二人乗りのスタークラスと一人乗りのモノタイプに三人の選手を派遣するまでになっていた。

モノタイプに出場したのは、早稲田大学の藤村紀雄だった。

藤村は大阪出身だったが、原籍が徳島にあったため、幼い頃から連絡船に乗る機会が多かった。また、船場の掘割りの近くに家があり、蔵で即席の船を作って乗るなどという遊びをしていた。水については、夏になれば香櫨園《こうろえん》か甲子園で泳いでいたし、陸軍の偕行社《かいこうしゃ》付属という特殊な小学校でスパルタ教育を受けたこともあって、まったく怖いということがなかった。

早稲田大学に入学した藤村は水泳部に入る。しかし、当時の早稲田には、ロサンゼルス・オリンピックの千五百メートル自由形で二位になった牧野正蔵《まきのしょうぞう》をはじめとして、日本記録保持者どころか世界記録クラスの選手が何人もいた。レギュラーになれそうもないので水球をやっていると、小学校時代の仲間で早稲田に入っていた友人が「こんなところでまごまごしていてもつまらない、ヨットでもやろうじゃないか」と誘いにきた。それまで早稲田にも同好会的なものはあったのだが、それを正式なクラブとして発足させ、藤村が最初のキャプテンになった。

当時、ヨットには、関東に慶応大学の平松栄一《ひらまつえいいち》、関西に同志社大学の吉本善多《よしもとぜんた》という強豪がいた。遅れてヨットを始めた藤村は、彼らに勝つにはどうしたらいいかと考えた。

その頃の競技ヨットの世界は、遊びに少し毛が生えた程度のレヴェルだった。だから、ヨットの選手がヨットに乗るのも、夏を中心にした二、三カ月に過ぎなかった。

そこで、藤村はこう考えた。もし自分が夏だけでなく、一年中乗りつづけるとすれば、一年で彼らの四年分を乗ることになる。冬にヨットに乗るような馬鹿なことをする奴はいないが、その馬鹿をすれば彼らに勝てるのではないか。実際、藤村は昭和九年から丸一年というものヨットに乗りつづけ、ついに昭和十年の関東選手権で慶応の平松と優勝を分け合うまでになる。さらに、日本選手権では、その平松と同志社の吉本を破って優勝し、オリンピック代表の第一候補選手になった。

翌年になると、予選を勝ち上がった六選手とのあいだでチャレンジ・マッチが行われた。そこでもチャレンジャーたちを退け、藤村は正式にベルリン大会の代表選手となったのだ。

ベルリンに到着すると、他の競技の選手たちは選手村に入ったが、役員、選手、補欠の七人からなるヨットの選手団は、バルト海に面した港町のキールに直行した。

宿舎のホテルに入り、さっそく湾内で練習したが、そこで間近に見た外国勢のヨットの扱い方には驚くことばかりだった。彼らは、船を出すにしても入れるにしても、すべてを流れるような動作で行っていた。船の乗る位置、セールの絞り方、どれも実に見事だった。それまでも勝てると思っていたわけではないが、これ以後は、できるだけ多くのものを彼らから学び取って帰ろうという意識に変わった。

驚かされたのは彼らの技術ばかりではなかった。参加選手の中には、ロックフェラー家やモルガン家の御曹司や王族の子弟などがいて、自家用車付きで来ているなどという者さえいた。宿舎のホテルでは、毎晩パーティーが開かれた。もちろん、礼服着用である。そのことは事前に連絡があったので、藤村たちもタキシードを持っていくつもりだったが、贅沢《ぜいたく》だという理由で禁じられてしまった。そのため、日本チームだけが夜会に出られなかった。

本番直前に行われたトライアル・レースで、藤村は出場十カ国中の一位になった。周囲は期待を高めたが、藤村はどこかでそんなはずはないと思っていた。そして、それは正しかった。出場していた他の艇は、そのレースに勝つためではなく、本番でいかに闘うかのシミュレーションをしていたのだ。

本番のレースは、七日間に七回行われ、総合得点で成績が決まることになっていた。その第一回目のレース。それまで日本では、五、六杯の船が出てくる程度だったが、二十から三十杯近い船が一度に走りだす大レースに圧倒される思いだった。しかも、日本でなら中止になりかねないほどの強風が吹いている。藤村が帆を小さくする準備をしていると、他の連中はフルセールで待機している。

合図があってレースが始まると、外国の選手たちは凄《すさ》まじいスピードで走りだした。

それは転覆を覚悟で一位を狙《ねら》いにいくという大胆なレース運びだった。しかし、藤村にはとてもこの強風の中をフルセールで走らせる自信はなかった。リーフ、すなわち帆を縮小しても、風を受けるとモーター・ボートのように宙を飛ぶ感じなのだ。転覆させないのが精一杯だった。沈没した船は何杯もあったが、藤村はなんとかゴールに辿《たど》り着いた。しかし、沈没せずにゴールインした船の中では最下位だった。

七日間を闘い、成績は二十五人中の二十二位だった。しかし、藤村には大きなものを手に入れたという実感があった。事実、ベルリンから帰ってからしばらくは、国内で負けることがなかった。それは、藤村の内部に、自分はあのベルリンで闘ったのだという意識が、無形の自信として蓄積されていたからに違いなかった。

第六章　苦い勝利

1

日本期待の水上競技が始まったのは、大会八日目の八月八日からだった。

長旅にもかかわらず、ベルリンに入った日本の水上チームはいたって元気で、とりわけ男子競泳陣の好調さは眼を引いた。

日本の選手が練習のためプールに姿を現すと、他の国の選手たちはいっせいに水から上がった。練習はひとつの国に二コースと決められていたが、どの国の選手も日本の選手とは一緒に泳ごうとしないので、常に全コースを使って泳ぐことができた。

練習にはスイミング・パンツではなくフンドシを用いた。前回のロサンゼルス大会では使わなかったが、前年の日米対抗あたりから国際大会の練習の際に使うようになっていた。それは、日本選手が抱いていた圧倒的な自信の象徴のような意味を持っていた。ふんどし姿の彼らは、プールから上がってしまった各国選手の熱い眼差《まなざ》しの中、オリンピック記録を軽く更新するようなスピードで泳ぎつづけた。

日本がオリンピックに水泳の選手を送ったのは、第七回アントワープ大会が最初だった。この時は、内田正練《うちだまさよし》と斎藤兼吉《さいとうかねきち》の二人が自由形に出場したが、古くから日本にある水府流などの抜き手の型で泳いでいたため、すでにクロールを採用していた欧米選手とは勝負にならなかった。だが、第九回のアムステルダム大会には、早くも二百メートル平泳ぎで鶴田義行《つるたよしゆき》が優勝し、百メートル自由形でも高石勝男《たかいしかつお》が三位、八百メートル・リレーで二位という好成績を上げることになった。これが次のロサンゼルス大会での日本男子競泳陣の爆発的な活躍を生む素地を作ったといえる。

当時、男子競泳は、百メートル自由形、四百メートル自由形、千五百メートル自由形、百メートル背泳ぎ、二百メートル平泳ぎ、八百メートル・リレーの六種目しかなかったが、ロサンゼルス大会では実にそのうちの五種目に優勝したのだ。

すなわち、百メートル自由形は一位が宮崎康二《みやざきやすじ》で二位が河石達吾《かわいしたつご》。千五百メートル自由形は一位が北村久寿雄《きたむらくすお》で二位が牧野正蔵。百メートル背泳ぎは一位が清川正二、二位が入江稔夫《いりえとしお》、三位が河津憲太郎《かわつけんたろう》と金、銀、銅を独占。二百メートル平泳ぎは一位が鶴田義行で二位が小池礼三《こいけれいぞう》。八百メートル・リレーは世界記録で一位。唯一《ゆいいつ》優勝を逸した四百メートル自由形も、大横田勉《おおよこたつとむ》が三位に食い込んでいた。
ロサンゼルス大会における水泳の全種目が終わった日、東京日日新聞は号外を出し、「水の日本・世界征服」と報じた。

ロサンゼルス大会でアメリカから「水の覇権」を奪った日本にとって、このベルリン大会はその覇権を「死守」しなくてはならない大会だった。

ベルリンに着くまで、それがさほど楽なものでないことはわかっていた。アメリカの監督のロバート・キッパスは、日本に対する研究を謙虚に続けることで覇者に拮抗《きっこう》しうる戦力を育てることに成功しつつあり、それは前年の第二回日米対抗で明らかになっていたからだ。しかし、ベルリンに入ってからの日本選手の好調ぶりは、日本の特派員に「日本、全種目優勝か」という幻想を与えただけでなく、コーチ陣にも圧勝を夢見させることになった。

一方、アメリカのキッパスは、東京朝日新聞の「覇権は日米のいずれの手に帰するか」という電話インタヴューを受け、大会直前に次のように語っていた。

「予想は昔から当たった例がないから大きな声では言えぬが、強いて自分だけの予想をしてみれば、米国が背泳に勝ち、日本がその見事な長距離陣で千五百を取りそうに見える。他の種目では、日本がリレーと平泳を取り、アメリカが四百米《メートル》を取るかもしれぬ」

驚くべきことに、ベルリン大会はこのキッパスの予想通りに展開することになる。そして、明確に言及しなかった百メートル自由形だけは、日本とアメリカ以外の国の選手が優勝をさらうことになるのだ。その意味でも、キッパスの予想は極めて精度が高かったといえる。

水上の最初の決勝種目は、その男子百メートル自由形だった。ロサンゼルス大会では宮崎康二と河石達吾が一、二位を占めたが、ベルリンでは日本が一位から三位までを独占できるかどうかが興味の的だった。

実際に、日本の三選手は予選でも次々とオリンピック新記録を出して準決勝に進み、準決勝のA組では立教大学の田口正治《たぐちまさはる》が一位、B組では日本大学の遊佐正憲《ゆさまさのり》が一位で立教大学の新井茂雄《あらいしげお》が二位という、完璧《かんぺき》に他を圧した状態で決勝の日を迎えていた。気の早い新聞は「日の丸三本確実」と見出しを掲げるものもあった。三段跳びでは達成できなかったが、百メートル自由形はロサンゼルス大会における背泳ぎの再現が可能かもしれない。日本のジャーナリズムや国民ばかりでなく、水泳の関係者もそう考えるようになっていた。

ところが、決勝では思わぬことが起きた。エースの遊佐がスタートに失敗してしまったのだ。遅れを取り戻そうと最初から力を使い過ぎたのが原因で、最後の最後にタッチの差でハンガリーのフェレンツ・チックにかわされてしまった。練習中に鉤鼻《かぎばな》のチックを見た平泳ぎの小池礼三が、「鉤鼻の奴《やつ》はファイトがあるから気をつけなくてはいけない」と冗談まじりに言っていたことが本当になってしまったのだ。二位、三位、四位を日本勢が占めたが、優勝できなかったことは敗北でしかなかった。

その驚きと失望は、河西三省のラジオの実況中継に現れている。

「……遊佐トップ、遊佐トップ。日本勝ちました。あっ、ハンガリーのチック出ました。チック一着の模様、日本敗れた模様です。誠に残念であります」

百メートル自由形での敗北は、日本陣営の目算を大きく狂わせた。これに勝って一気に全種目優勝に向かって邁進《まいしん》しようという、その第一歩でつまずいてしまったのだ。

しかし、次の決勝種目が八百メートル・リレーだったことは幸いだった。この八百メートル・リレーこそ、六種目の中で日本が圧倒的な自信を持っていた種目だったからだ。

その自信に理由がないわけではなかった。

当時、自由形の短距離選手は、二百メートルを二分二十秒以内で泳げれば世界的なレヴェルに達していると見なされていた。ところが、日本には、二分十五秒以内で泳ぐ選手が何人もいたし、ベルリンに入ってからの練習では、二分九秒から十秒で泳ぐ選手が続出しはじめていたのだ。アメリカの選手の多くが二分十二、三秒から十五秒あたりで泳いでいたから、単純に計算しても四人で十秒以上の差があったことになる。

日米の力の差は、予選ですぐに明らかになった。予選のC組で一位になった日本が八分五十六秒一だったの対し、同じように予選のB組で一位になったアメリカは九分十秒四だったのだ。

日本チームは、遊佐、田口、新井の百メートル・トリオに、早稲田大学の杉浦重雄《すぎうらしげお》を加えた四人だったが、彼らは百メートルでの敗北のうっぷんを晴らすべく力泳し、決勝でもアメリカに二十メートルの大差をつけて圧勝した。タイムは八分五十一秒五。ロサンゼルス大会で日本チームが打ち立てた八分五十八秒四のオリンピック記録を、一挙に七秒近くも上回る世界新記録での優勝だった。

夫と死別後、助産婦の資格を取り、女手ひとつで息子を育て上げた遊佐の母親などは、百メートルでの敗北以後、周囲の視線に冷たいものを感じ、身を縮めるように過ごしていたが、このリレーに優勝したことで、思わず「これで皆様に申し訳が立ちます」と涙ながらに語ったほどだった。

一息ついたかたちの日本の選手団を待ち構えていたのは、四百メートル自由形の決勝だった。

2

四百メートル自由形は、大きな競技会で日本がどうしても勝てない種目だった。ロサンゼルス大会でも、唯一アメリカに敗れたのがこの種目であり、以後、アメリカの強豪を招いての日本選手権や日米対抗でも敗北が続いていた。

もしそれが力量に格段の差があっての敗北なら、日本側にさほどの執着は生まれなかっただろう。しかし、オリンピックでも日米対抗でも、常に勝つ可能性があった上での敗北だった。いつしか、日本の水泳界には「宿命の四百」という言葉が口にされるようになっていた。そして、このベルリン大会こそ、アメリカに雪辱する絶好の機会と考えられるようになっていたのだ。

日本の、いわゆる「宿命の四百」に出場したのは、早稲田大学に在学中の牧野正蔵、立教大学を卒業して東京芝浦製作所に入ったばかりの根上博《ねがみひろし》、そして立教の予科に入って二年目の鵜藤俊平《うとうしゅんぺい》の三人だった。

すでに牧野はロサンゼルス大会の千五百メートル自由形で二位になっており、根上はその牧野と中・長距離で常に一、二位を争っている選手として知られていたが、鵜藤の名は日本の水泳ファンにも馴染《なじ》みの薄いものだった。

ベルリン大会を目前に控えた日本の水泳界への鵜藤の登場は、まさに「彗星《すいせい》のように」という表現がふさわしいドラマティックなものだった。彼は、昭和十一年に、ベルリン大会に出るためにだけ姿を現した十七歳の少年だった。

鵜藤俊平は、その前年までほとんど無名の選手だった。静岡県の掛川中学で水泳部に入っていたが、さほど熱心な部員ではなかった。一度は、学校の成績が悪くなったために退部しようとしたことさえある。だが、この時は、皆の声に押されてやめることはできなかった。

だからといって、全国中等学校競技大会、通称インター・ミドルに出られるような選手だったわけではない。県下の大会に出るのがやっとというレヴェルの選手であり、それに出たのもわずか二回に過ぎなかった。

しかし、そのうちの一回に、県内の有名選手で、インター・ミドルの四百メートルと八百メートルの自由形で活躍した那須田清《なすだきよし》を破るということがあった。このたった一回のレースが鵜藤の運命を変えた。それを知った立教大学水泳部の主将の根上が、わざわざ入部の勧誘のため家まで訪ねてきてくれたのだ。他の大学からの勧誘などなかったから、もし根上が来なかったら、中学で学校はやめていたかもしれない。鵜藤の父は山林地主だったが、彼の村で大学に行くような者はほとんどいなかったからだ。

昭和十年、中学を四年修了で立教の予科に入った鵜藤は、ただ根上に言われるままに泳いでいた。そこでは、バタ足の練習を熱心にやらされた以外、特に変わったトレーニングをしたわけではなかった。しかし、自分でもわからないまま、泳ぐたびに記録がよくなっていった。夏にはまだ二流の選手だったのが、その年の末になるとトップ・クラスの選手になっていた。

具体的には、九月の大学選手権では入賞もできなかった鵜藤が、十月の日本選手権では千五百メートル自由形で二位に入ることができるまでになっていたのだ。

そして、昭和十一年五月。神宮水泳場でベルリン大会の国内最終予選を兼ねた日本選手権が行われると、鵜藤は、大先輩の根上やインター・ミドルでならした慶応大学の寺田登《てらだのぼる》らを抑え、四百メートル自由形と千五百メートル自由形で一位になってしまった。

一年前までは候補ですらなかった鵜藤が、文句なく代表の座を手に入れたのだ。

ベルリンへ向かった十七歳の鵜藤にとって、すべてが初めての経験だった。オリンピックが初めてなら、外国旅行も初めてだった。だが、それは、鵜藤をとりわけ興奮させたり緊張させたりはしなかった。

オリンピックの重圧などというものはまったく感じなかった。ベルリンに入ってからも相変わらず調子はよく、選手村ではよく眠れた。平泳ぎの葉室鉄夫によれば、鵜藤とその同室者の寺田登の二人が、暇さえあれば眠っている姿に驚かされたという。

日本の水上陣には、レニ・リーフェンシュタールのクルーが連日ぴたりと張りついて撮影を続けていた。コーチはゆっくり泳げというが、たとえ練習でも一位でゴールし、プールから上がると、さっとカメラが向けられる。そのため、鵜藤もつい力を入れて泳いだりしてしまった。

ある意味で、鵜藤は他の十代の選手よりさらに幼かったかもしれない。彼自身が言うように、「田舎の素朴な山猿に過ぎなかった」のだ。泳ぐことではなにひとつ苦労することもなく、泳げば記録が上がり、知らないうちに日本一になり、オリンピックに行くことになってしまった。大した経験も積まないまま、たった一年で急浮上してしまったのだ。

そんな鵜藤だったから、日本の水泳界の悲願としての「宿命の四百」に対する自覚も薄かった。本番では日本の誰かが優勝するに違いないと思っていたが、何がなんでも自分が勝つのだといった使命感はなかった。むしろ、みんなと八百メートル・リレーを泳ぎたいと思っていたくらいだった。二百メートルのスピードは新井、杉浦に次いで三番目だったから、記録からいえば出ても不思議ではなかったが、それより四百メートルが優先された。リレーは誰が出ても勝てそうだったが、四百メートルはそうはいかなかった。いつの間にか、絶好調の鵜藤が、最年少であるにもかかわらず、四百メートルのエースと目されるようになっていた。

開会式を前にした水上の選手は、一日、休養のため全員でライン川に遊んだ。その直後に行われた記録会で、鵜藤は四百メートルに四分四十秒二を出す。それはその年の世界最高記録であった。コーチに言われた通り、入水する手のひらの向きをわずかに外に向けると、信じられないほどピッチを上げることができるようになったのだ。

だが、この時が調子の波のピークだったのかもしれない。

四百メートル自由形における敵はアメリカのジャック・メディカだった。ロサンゼルス大会で優勝をさらったクラレンス・クラブのあとを受けたメディカは、二年前の日米対日本選手権に招かれ四百メートル自由形で牧野と根上を破り、さらに一年前の日米対抗でも根上を同タイムながらタッチの差で抑え、日本の「宿望」の前に大きく立ち塞《ふさ》がっていた。鵜藤は、このメディカを倒さなければならなかったのだ。

四百メートル自由形の予選は、強豪が順当に一位で通過していった。A組は根上、C組は牧野、E組は鵜藤、F組はメディカ。とりわけ鵜藤は、いきなり四分四十五秒五のオリンピック新記録を出して他の選手たちの度肝を抜いた。二組に分かれた準決勝では、まずA組で鵜藤が二位に五メートル以上の大差をつけて一位になった。根上は三位。B組では、牧野がメディカをわずかに抑えて一位になった。しかし、メディカが全力を出し切っていないことは明らかだった。好調の鵜藤を脅かすものがあるとすれば、それはメディカのその底知れないスタミナだった。

決勝のコース順は、一コースの根上と三コースの鵜藤とで二コースのメディカを挟むことになった。スタートしてしばらくはメディカが先行したが、百メートルを過ぎると鵜藤がわずかに前に出た。続いて、メディカ、根上の順。そのトップ・グループに、少し離れた六コースで泳いでいた牧野が追いつき、アメリカの一人に日本の三人が闘いを挑むという形になった。

しばらくそのままで推移したが、二百五十メートル付近で鵜藤がメディカを頭二つ分リードした。さらに三百メートルの手前では体半分までリードを広げたが、どうしてもそれ以上のリードを奪うことはできなかった。メディカには猛烈なラスト・スパートがある。日本のコーチ陣は、中盤までに体ひとつのリードはほしいと思っていたが、メディカは決して鵜藤の腰より下にさがることはなかった。

最後のターンをしてからのメディカの追い込みは凄《すさ》まじかった。すぐに鵜藤のリードはワン・ストローク程度のものになり、残り二十五メートルではついに並ばれてしまうことになった。プールサイドに詰め掛けた在留邦人の悲鳴のような声援の中、鵜藤はあと十メートルのところで抜き去られてしまった。そのままメディカがトップでゴール。タイムは四分四十四秒五だった。二位の鵜藤はメディカに遅れること一秒一の四分四十五秒六。三位は四分四十八秒一の牧野だった。まさに、百メートルの悪夢の再現といえた。

なぜ負けたのか。鵜藤は、新聞記者に対して「メディカが強いのではなく日本が弱くて負けたのです」とつとめて冷静に語ったが、自分でも負けた理由がよくわからなかった。決勝の記録は、練習中の四分四十秒二どころか、予選の四分四十五秒五にも及ばなかった。最初から戦略などなかったから、ただいつものように泳ぐだけだったが、力を出し切って負けたというより、気がつくと負けていたという感じだった。

だが鵜藤は、この「宿命の四百」に負けたことをさほど痛切には感じていなかった。

その意味の大きさを理解するようになるのは、ベルリンから日本に帰ってからのことだった。

3

百メートル自由形と四百メートル自由形での敗北は、日本の水上チームに衝撃を与えた。男子競泳の主将を務めていた清川正二は「これは切腹ものかもしれないな」と思った。

ロサンゼルス大会では、最初の百メートル自由形に、思いがけず十五歳の宮崎康二が優勝したことから、すべてがよい方向に回転していった。今度も勝った、また勝った、と言っているうちに六種目中五種目に優勝してしまったのだ。そして、そのお祭り騒ぎの頂点に、清川が優勝した百メートル背泳ぎにおける金、銀、銅独占の快挙があった。

しかし、このベルリンでは、すべてがその逆になろうとしている。清川には、百メートル自由形でのつまずきが、すべてに悪影響を与えているように思えた。

清川正二は愛知県の豊橋の出身だった。小さい頃から町のはずれを流れる豊川《とよがわ》で水遊びをしていたが、本格的に水泳を始めたのは県立四中に入ってからのことである。学校にはまだ水泳部がなかったが、アムステルダム大会での鶴田義行の活躍に刺激された清川は、同好の士を集め、校長に頼んで創設してもらった。背泳ぎを専門としたのは、商業学校で背泳ぎの選手をしていた兄の影響だった。

昭和五年、中学時代にはさしたる成績を上げられなかった清川は、名古屋高等商業学校に進学して一気に日本のトップ・クラスに躍り出た。全国の高等商業が集まっての大会に優勝しただけでなく、続く全国高専大会では、世界的なレヴェルに達していた早稲田の入江稔夫に次いで第二位に入ったのだ。中学では川の淀《よど》みで練習をしていたが、名古屋高商にはプールがあるのがありがたかった。

その年、日本の水泳連盟は二年後のロサンゼルス大会を目標に、オリンピック候補選手を選定し、東京で冬季合宿を行った。それは単にトレーニングだけでなく、西洋風の生活に慣れるために宿舎もＹＭＣＡとし、ベッドに寝ることはもちろん、食事のマナーから英会話まで習わせるという徹底したものだった。これに参加できたことが清川の自信を深めた。

昭和六年の背泳ぎは入江、清川、河津の三人の鼎立《ていりつ》時代に入り、第一回の日米対抗や日本選手権では、種目によって河津が勝ったり清川が勝ったりしていた。そして昭和七年、ロサンゼルス大会の年を迎えて、清川は日本のナンバー・ワンの地位を占めるようになった。オリンピックの国内最終予選でも、清川は百メートル背泳ぎで一位になり、入江、河津らと共に代表に選ばれることになった。

ロサンゼルス大会における男子競泳は日本とアメリカの一騎打ちと見なされていた。日本はすべてに優勢だったが、六種目の中で、弱点があるとすれば背泳ぎだろうと考えられていた。アムステルダム大会では入江が四位に入っていたが、前年の第一回の日米対抗ではアメリカ選手に清川と河津が敗れ、この年の記録も劣っていたからだ。

アメリカへは船で行った。練習はできなかったが、デッキにある小さなプールで水につかることくらいはできた。それは列車で行くことになる次のベルリン大会の時と決定的に違う点だった。二週間の船旅を終え、選手団がロサンゼルスに着いたのは七月初旬だった。

日本の選手団にとってロサンゼルスは快適だった。気候はよく、食事は日系人が世話をしてくれる。果物は豊富で、中にはオレンジやメロンを食べすぎて腹をこわす者も出てくるほどだった。

清川はロサンゼルスに入ってからも好調で、予選では自分の持つ日本記録を一秒一も更新して一位になったし、準決勝では、日本の三人の中で最も決勝進出が危ぶまれていた河津を助け、意図的にペースを落として泳ぐほどの余裕があった。つまり、レースの主導権を握っている清川が前半ゆっくり泳ぎ、ペースを遅くして後半に強い河津の追い上げを可能にしたのだ。作戦は的中し、河津は三位に食い込み、全員で決勝に進出することができた。

決勝は日本の三人にアメリカ二人とドイツの一人だった。清川はいつものように前半から飛び出し、一分八秒六の自己最高記録で危なげなく優勝した。二位は入江、そして、三位には河津が入った。幸いだったのは、アメリカの第一人者でアムステルダム大会の優勝者でもあるジョージ・コージャックが、医学部の勉学を優先するため出場しなかったことである。

——もし彼が出ていれば、日本はメダルのどれかを失っていただけでなく、自分の一位もどうなっていたかわからなかった。

それが清川の正直な感想だった。

日本に帰り、名古屋高商を卒業した清川は、もう少し水泳を続けたいと思い、東京商科大学に進んだ。しかし、清川はそれから長い不調に苦しめられるようになる。極東選手権で敗れ、日本選手権でも学生選手権でも敗れつづけた。昭和十年の第二回日米対抗の代表選考会では四位と敗れ、選に漏れるという屈辱まで味わった。その半年前にオーストラリアからの招待があり、三カ月にもわたって各地を転戦していたという不利もあったが、清川の力の衰えは誰の眼にも明らかだった。

昭和十一年、東京商大を卒業した清川は、羊毛で有名な神戸の兼松商店に入った。オーストラリア遠征の折に、兼松の駐在員に世話になったということもあり、また羊毛を扱う商社員というものに憧《あこが》れを抱いたからでもあった。

入社した清川の前にベルリン大会の国内予選が待ち構えていた。「水泳で会社に迷惑をかけない」と約束していた清川は、会社が終わった夜間にひそかに練習しなくてはならなかった。しかし、そのような時間に開いているプールなどない。清川は甲子園のプールに頼み込み、特別に開けてもらい、ひとり夜遅くまで泳いだ。

その効果があったのか、五月の最終予選では三位に食い込み、辛うじて代表選手の座を摑《つか》むことができた。男子の主将に内定していた清川は、三位以内に入れなくともベルリンに行くことはできたのだが、お情けではなく実力で代表の座を勝ち得たことは、単に面目を施すことができたというだけでなく、自分にとっての自信の回復にもなった。

ベルリンに着いた清川は率先して練習に励んだ。それは、会社の仕事から離れ、一日中水泳のことだけ考えていればいいという環境が嬉《うれ》しかったこともあるが、主将としての責任感から「率先垂範」しなくてはならないと思ったからでもあった。

その結果、調子は急速に上がってきた。それまでの不調が嘘《うそ》のようだった。チーム内の記録会では一分七秒二というオリンピック記録を上回る記録が出るし、レースの十日前には一分六秒台が出るほどだった。その時、清川は、もしかしたら二連覇も夢ではないのかもしれないと思うようになった。その時、彼の念頭にあったのは、アムステルダム大会とロサンゼルス大会の平泳ぎで二連勝した鶴田義行だった。アムステルダム後は力が衰えたと思われていた鶴田が、ロサンゼルスでは見事に復活して金メダルを獲得した。自分もそれと同じコースを歩んでいるような気がしたのだ。

日本のコーチ陣は、ロサンゼルス大会の時と同じく、六種目の中では背泳ぎをもっとも心配していた。アメリカにアドルフ・キーファーという世界記録保持者がいたからだ。しかし、この清川の好調な泳ぎを見て、今回もロサンゼルス大会の時のような奇跡が起こるかもしれないと希望を抱いた。

ところが清川は、ある日、練習をしようとプールに出て水を見た瞬間、ふっとその中に入るのがいやになっている自分に気がついた。しかし、彼にはその理由がはっきりとはわからなかった。

ベルリンでの清川は、主将としての責任感から、常に先頭に立って練習してきた。十代の若い選手は一晩寝れば簡単に疲れは回復するだろうが、ベテランの清川はそうはいかなかった。少しずつ疲労が蓄積していたのだ。

自分は明らかに調子が落ちている、と気がついたのは第一次予選の時だった。清川はアメリカの強豪のキーファーと同じA組で泳いだ。そのレースで、清川は一分七秒二を出したが、さらにそれを上回る一分六秒九を出したキーファーに完敗した。ある意味で、これが実質的な決勝戦だったかもしれない。清川とキーファーとの差は〇・三秒という記録以上のものがあり、清川がキーファーに及ばないことは誰の眼にも明らかになった。もちろん、それを最も痛切に感じ取っていたのは当の清川自身だった。

決勝での清川は、先行するキーファーを必死に追ったが、七十メートル付近でアメリカのアルバート・ヴァンデ・ウェーにも抜かれ、三位に沈んだ。優勝は一分五秒九のオリンピック新記録を出したキーファーだった。

これで日本の男子競泳は、全勝どころか四種目のうち三種目までも落とし、「水の覇権」も危ういものになってきた。なぜなら、残る千五百メートル自由形には四百メートルで優勝したメディカがエントリーされており、二百メートル平泳ぎにはバタフライという新泳法をひっさげてアメリカのヒギンスが登場してくる。よくて一勝一敗、場合によっては二敗するかもしれない。そうすれば「水の覇権」は文句なくアメリカに奪われてしまうことになる。「切腹」とまではいかなくとも、水上の上層部はなんらかの責任を取らなければならなくなるだろう、と清川は思った。

4

日本の水上チームの苦戦は競泳ばかりではなかった。

飛び込みには男女五名が参加していた。男子は日本大学の柴原恒雄《しばはらつねお》と早稲田大学の小柳富男《こやなぎとみお》、女子は九段精華高等女学校出身の大沢政代《おおさわまさよ》、礼子の姉妹と西宮高等女学校出身の香野扶佐子《こうのふさこ》。

飛び込みは、飛び板飛び込みも高飛び込みもアメリカが圧倒的な強さを誇っていたが、日本の飛び込み陣もロサンゼルス大会以来目覚ましい進歩を遂げていた。とりわけ、男子の柴原と女子の大沢礼子は、アメリカの一角を崩す選手としてメダル獲得の期待が高まっていた。

水上コーチの松沢一鶴も、新聞記者のインタヴューに対して「大沢礼子はこちらに来てからフォームもよくなり元気なので各国選手間に評判良く、昨年日本に来た米国飛込監督ビングストン氏も大沢の一、二位を確信している程である。男子飛込の柴原も米国のナムバー3と対等の実力まで漕《こ》ぎ付けてうまくいけば三位以内に入賞出来る状態である」と述べていたほどだった。

しかし、柴原は飛び板飛び込みで僅差《きんさ》の四位、高飛び込みで六位に終わっていた。女子の飛び板飛び込みは大沢政代の六位が最高であり、日本の飛び込み陣の期待は、高飛び込み一本に絞って出場する大沢礼子に集まった。

もともと大沢礼子は、自分が飛び込みをやることになるとは思っていなかった。すでに飛び込みの選手になっていた姉の政代が、練習で肩を脱臼《だっきゅう》したりするのを見て、何を馬鹿《ばか》なことをやっているのだろう、と笑っていたくらいだった。ところが、ロサンゼルス大会の最終予選に出場した姉の応援に行くと、選手たちの大空を飛ぶ姿がとても美しく見えた。姉は故障のため惜しくも選に漏れたが、ロサンゼルスに向かう知人を横浜港に送りに行った時に、この人たちは着るものから履くもののすべてを官費で揃《そろ》えてもらい、ただでアメリカ旅行ができるのだということに気がついた。この次はベルリンだという。それならパリやロンドンにも行くことができるだろう。

——よし、今度は私も飛び込みをやってオリンピック選手になろう。

礼子が自分も飛び込みを始めると言うと、土建業を営むワンマンの父は「そんなに水に潜りたかったら紀州の志摩に行って海女《あま》にでもなれ」と大声を上げ、姉と同じく金銭的な援助は一切しないと申し渡した。女はさっさと嫁に行けというのだ。

強引に意志を通した彼女は、姉と違って体が大きかったところから、バネが重要な飛び板飛び込みではなく、力を必要とする高飛び込みを専門とすることになった。

九段精華を卒業した大沢礼子は、神田の美津濃で売り子として朝と夜だけ働かせてもらい、午後は碑文谷《ひもんや》にある日本大学のプールに通った。

碑文谷の辺りは一面の麦畑だった。十メートルの高さから飛ぶと、まるで麦畑に向かってダイヴするようだった。それを一日に百回、二百回と繰り返した。三年でオリンピック選手になるためには、人の二倍も三倍も練習するしかなかった。

美津濃の日給が一日七十銭。同じ神田の三省堂に勤めていた姉の政代と共に、神田から渋谷まで七銭の市電に乗り、渋谷から碑文谷まで五銭の東横線で通った。給料は、その交通費と食事代ですべて消えた。夕方、神田に戻って午後九時まで働き、疲れ切って高円寺の自宅へ帰る省線に乗ると、眠り込んで終点の吉祥寺《きちじょうじ》まで行ってしまうことがよくあった。

十一月までは日大プールで飛び、それからは温水のあるＹＷＣＡや東京府立第六高等女学校の室内プールで練習した。休むのは正月の三が日だけだった。いや、その三が日も、家の芝生で踏切りや入水の練習などをした。

オリンピックの代表選手選考会の二カ月前、過労からきた胃潰瘍《いかいよう》で吐血したが、注射と薬でなんとか乗り切り、試合に出場すると大差で優勝した。猛練習の甲斐《かい》あって、姉妹で揃ってベルリン行きの切符を手に入れることができたのだ。

ベルリンに着いても、礼子は猛烈に飛びつづけた。ベルリンでは、女子の宿舎は男子と違い、オリンピック・プールの近くにあるベルリンの体育大学の寮があてがわれた。まだ開門していない早朝から塀をよじ登ってプールに行き、誰よりも早く、誰よりも多く飛んだ。それを見たアメリカの選手には「どうかしているわ。オリンピックに練習しにきたの」と笑われたほどだった。しかし、それと同時に、日本の選手がここまで急速に上達しているとは思っていなかったコーチたちには驚かれた。アメリカのジャーナーリストは、礼子を優勝候補のひとりとして挙げるようになった。礼子自身もこれなら二、三位には食い込めそうだと思った。

試合当日、飛び込み台に立ち、ホイッスルが鳴るのを聞いた時、ここに立つためにどれほど日本で飛んだものかと感慨を抱いた。何万回、いや十万回を超えていたかもしれない。

それなのに、ここで飛ぶのはわずかに四回に過ぎないのだ。十メートルのランニング・スワローとスタンディング・スワロー、五メートルのランニング・スワローと後ろ宙返り一回。

礼子はそれら四回の試技を無難にこなしたが、結果はアメリカのドロシー・ヒルとヴェルマ・ダン、それにドイツのケーテ・ケーラーに次ぐ四位になってしまった。アメリカの二人に負けるのは仕方なかったが、ドイツのケーラーに負けているはずはなかった。しかし、ドイツの審判たちは、いくらケーラーの膝《ひざ》が曲がり、足が離れていても、無条件に高得点を出してしまうのだ。

――こんな出鱈目《でたらめ》な採点が許されていいのだろうか！

次のオリンピックは東京のはずだった。ようし、今度こそ実力でメダルを取ってやる。大沢礼子は悔し涙を流しながらそう誓っていた。

5

八月十五日が水上競技の最終日だった。

この日、男子の競泳は二百メートル平泳ぎと、千五百メートル自由形の二種目の決勝が行われた。すでに四種目が終わり、優勝の数はアメリカの二種目に対して、日本は一種目にしか過ぎなかった。「水の覇権」を守るためには、なんとしてもその両種目に優勝しなくてはならなかった。

最初の決勝種目である二百メートル平泳ぎには、慶応大学の小池礼三、明治大学の伊藤三郎《いとうさぶろう》、日本大学の葉室鉄夫の三人が揃って勝ち残っていた。対するのは、アメリカのヒギンス、ドイツのエルヴィン・ジータスとベルケ、フィリピンのテオフィロ・イルデフォンソの四人。

だが、日本にとってこの種目は、百メートル背泳ぎと並んで、もっとも懸念《けねん》されていた種目だった。それは、平泳ぎにバタフライという新泳法が登場してきていたからだ。当時、バタフライは独立した泳法になっていなかった。この新泳法はアメリカのヒギンスらによって試みられていたが、二百メートルを泳ぎ切るところまではいっていなかった。しかし、もしその泳法がこのベルリン大会までに完成していれば、理論的にはオーソドックスな平泳ぎはバタフライの敵ではない。

日本の三選手の中で最も若い葉室鉄夫は、日本大学の予科に通う十八歳だった。福岡出身の葉室は、修猷館《しゅうゆうかん》中学で水泳部に入った。水泳部に入るという二人の友達についていくと、強引に入部させられてしまったのだ。葉室にとって水泳はあまり得意なスポーツではなく、そのため上級生もほとんど期待していなかった。ところが、選手並の猛練習をさせられた友達は二人ともすぐに退部してしまったが、葉室はプールで適当に遊んでいることが許されていたため退部するまでに至らなかった。

秋になって県大会があり、その年だけの種目だった二百メートルの「横泳ぎ」の部に、冗談のように出場させられた。練習をして出てみると、思いがけず三位に入ってしまった。おまけに、二位の選手が泳法違反で失格になり、三位の葉室が二位に繰り上げられると、それが決定的なポイントになって修猷館中学に優勝が転がり込んできた。その祝勝会で食べたスキヤキの味が、葉室に水泳のレースの面白さを教えることになった。

以後、葉室は平泳ぎを専門とすることになる。それは、自由形も遅いし背泳ぎでもないだろう、という消去法から出てきたものだったが、結果的に葉室には平泳ぎが向いていた。彼の体の柔らかさが、やがて世界一美しいといわれる平泳ぎのフォームを作らせることになるのだ。

葉室は、中学二年で九州大会に優勝、三年でインター・ミドルに優勝、そして四年の時には日本選手権に出場して二位になる。当時の日本の平泳ぎは、オリンピックで連続優勝した鶴田義行が引退し、実力世界一と目されていた小池礼三の天下だったが、葉室はその小池につぐ二番手の地位を占めることになる。日大の予科に進んだ葉室は、二年の時の学生選手権でついに小池を破り、以後は大試合で負けることがなかった。

葉室の大舞台での強さは、スタートやターンのうまさという技術的なものより、常に本番で自分の力を百パーセント発揮できる集中力に支えられていた。なにより、彼には「練習より力を入れて泳ぐ本番にいい記録が出ない方が不思議」という精神的な図太さがあった。

ベルリン大会の最終選考会でも、葉室は小池を抑えて一位になった。しかし、ベルリンに入った葉室はなかなか調子が出なかった。他の日本選手が半月もしないうちに好記録を続出させるようになったのに対し、葉室は日本を出発する前の調子に戻すことすらできなかった。ようやく調子が上がってきたのは大会が始まる寸前だった。ところが、これが幸いした。早めにピークが来てしまった日本選手は、会期が深まり、水温が低くなるにつれて、調子の維持が難しくなっていたからだ。

大きな競技会における葉室のレース運びは決まっていた。予選をぶっちぎりで勝ち、準決勝を軽く泳ぎ、決勝で全力を使い果たす、というものだ。このベルリン大会でも、予選は全選手中の最高記録で通過したが、いつもと違っていたのは、準決勝でも最高記録を出したことだ。それは、大先輩の鶴田の「外国選手は最初からガンとやっつけ、とても勝てそうもないと思わせることが肝心だ。少しでも弱みを見せると体力にまかせて粘ってくる」という忠告に従ったからでもあった。その結果、予選、準決勝と同じ組で泳いだ強敵のヒギンスを、完全に抑え込むことができた。

決勝での相手はドイツのジータスだった。葉室は最初から飛ばし、五十メートルでリードを奪い、百五十メートルのターンでは二位以下にかなりの差をつけていた。しかし、ジータスは諦《あきら》めなかった。ドイツ人観衆の大声援の中、じりじりと追い込み、百八十メートル付近で並びかかった。葉室はそこでスパートをかけ、最後の最後でジータスに競《せ》り勝った。葉室の記録は、二分四十一秒五。二位のジータス、三位の小池までがオリンピック新記録だった。

これを日本に生中継した山本照は、白熱したレースの模様を熱っぽくアナウンスした。その放送は、有名な河西三省の女子二百メートル平泳ぎのアナウンス以上に、当時の実況中継のスタイルと水準を物語るものになっている。

「故国日本の皆様、昨日の雨はすっかり晴れ上がりました。ベルリンの午後三時、プールからの放送であります。日本選手の活躍によりまして大スタジアムのメーンマストに翻《ひるがえ》る日章旗。興奮我を忘れ、あるいは武運つたなく敗れまして、悲憤の涙をのみし様を、このベルリンから皆様にお送りいたしました第十一回オリンピック大会の放送も、今日が最後でございます。今日は、わが放送局も総出動で皆様に最後の放送をお送りいたします。三十カ国以上のアナウンサーが本大会の放送に参加しております。隣邦支那《しな》からも二人来ております。圧倒的に強いアメリカ、地元の有利に気を吐くドイツ以外には、メーンマスト高く翻る自国の国旗を放送し得たアナウンサーはまれのようでございます。支那などは相当多数の選手があらゆる種目に出場しておりますが、全部予選に敗れておるという気の毒な有様であります。回顧してみますと、私達は陸上におきましてはなおのこと、常に日本は決勝に三人を残すという状態で、すこぶる肩身が広いのであります。日本に生まれ、東洋の盟主日本人であるということのありがたみを、この異郷の空でつくづく感謝している次第であります。ただいま、午後の陽は燦々《さんさん》としてプールに照り、真っ白なプールの底までがはっきりと見えております。赤いコースロープはただいま小さくさざ波に揺れておりまして、観衆また今日もプールの全スタンドを埋めつくしております。日本人の観衆もかなり見えております。

さて、皆様、アメリカは非常に強いのであります。かつて我々のものであった水の覇権は、再び我々の手に取り戻さなければならないという、火を吐くような意気込みがいまベルリンのプールで恐るべき活躍を示しております。水上王国日本の牙城《がじょう》はすこぶる危ないのであります。日本の非常な苦戦のうちに今日の最終日を迎えたのでありまず。なお、アメリカは四百メートル自由形と、年少選手キーファーによりまして百メートル・バックストロークの選手権、すなわち二つの選手権をすでに獲得いたしましてリードしております。一方、日本はどうでありましょうか。わずかに八百メートル・リレーを獲得しているだけでございます。ちょうどこの放送局の向こう側に、三人の可憐《かれん》な日本少女が日章旗を持って応援、まことに心強く思われます。

今日の二百メートル平泳ぎは、わが小池、葉室両選手の好調はアメリカのバタフライのヒギンス、地元ドイツの強豪ジータス、この両名に飛沫《しぶき》を浴びせるものと思いますが、本日出場の七選手の実力はまったく伯仲でございます。ただいま欧州大戦の雄マッケンゼン将軍、例の肋骨《ろっこつ》の真新しい服を着まして、中央の階段からしずしずと降りてまいります。後ろの方の観衆いずれも総立ちでこの欧州大戦の雄、護国の英雄、マッケンゼン将軍を絶大なる拍手をもって迎えております。聞くところによりますと、将軍は当年八十六歳の高齢に達しているとのことでございます。

なお、本日の二百メートル平泳ぎの出場者、七選手は実力が全く伯仲でありまして、前代未聞《ぜんだいみもん》、おそらく空前絶後の大レースとなることと思われます。二百メートル平泳ぎに予定の通り日本に凱歌《がいか》が揚がるといたしましても、千五百メートルの昨日のメディカの好調を見ましては、前途は暗澹《あんたん》たるものがございます。万が一、二百メートル平泳ぎでアメリカに敗れんか、日本の再制覇は駄目となります。是が非でも負けられないレースであります。そうして最後の千五百メートルで日米がその雌雄を決することになります。日本か。アメリカか。

競泳プール観衆、ただいま一際《ひときわ》静まりかえっております。今や始まらんとする空前絶後の大レースを待ち構えております。今日は水温もかなり昇ってる模様であります。二百メートル・ブレストの選手はまだ姿を見せておりません。やがてこのプールに、観衆の拍手裡《はくしゅり》にあらわれるものと存じます。

近代オリンピック大会の創設者でありますクーベルタン男爵《だんしゃく》は『オリンピックの意義は勝つことにあらずして参加することにあり、輸贏《ゆえい》を争うにあらずしてフェアープレーを行うにあり』と申しておりますが、我々日本の水上選手はそんな呑気《のんき》なことをいってはいられないのであります。是が非でも勝たなければならないのであります。

ただいま葉室選手がタオルを右手に握りまして、坊主頭《ぼうず》で若い葉室選手があらわれました。つづいて伊藤選手があらわれました。ずっと飛び込み台の向こうから日本の二人の選手が真っ先に入場いたしました。つづいて小池選手があらわれました。じっと腕組みをいたしまして何事か考えているような小池選手があらわれてまいります。そのうしろにはインデフォンゾがつづいております。

ただいまコースナンバーが発表されております。一コースはバルケ選手、二コースはドイツのジータス、三コースはアメリカの恐るべきヒギンス、四コースはフィリピンのインデフォンゾ選手、五コースは日本、伊藤選手、六コースは日本、葉室選手、七コースは日本、小池選手と高らかにアナウンスされました。日本の三選手はただいま入場いたしました。ジータス選手、バルケ選手、ヒギンス、この三選手と堅い握手を交わしております。

伊藤、葉室、小池の三選手はガウンをぬぎました。三コースのヒギンスは、ただいますでに水に入りまして軽いウォームアップを見せております。場内は一瞬にして重い緊張であります。どうか故国の皆様、この一戦に御声援を願います。刻一刻に大レースは迫ったのであります。満場は静粛であります。七選手ただいまいずれもガウンをぬぎまして、スタートの合図を待っております。審判長、ただいま台に上がりました。スターターはうしろに高くピストルを差し上げております。満場静かであります。

飛び込みました！　スタートしました。号砲一発、ついにスタートしました。小池、葉室まだ潜っています。日本選手はまだ潜っております。ヒギンスはすでにバターフライを始めました。二十メートル、二十メートル、まだ日本選手は潜っております。葉室、頭をあらわしました。つづいて小池も頭をあらわしました。伊藤も頭を出しました。

ヒギンス、バタフライ、ぐんぐん出ました。バルケが出ました。ヒギンス、バルケ、そうして日本、葉室出まして、この三者並行であります。三者並行であります。やがて四十四メートル、やがて四十五メートルにかかります。ぐーっと葉室出てきました。小池が出ました。葉室、小池リードしております。やがて五十メートルのターン。ただいま葉室ターン、つづいて小池ターン、つづいてヒギンス、ターン、バルケ、ターンであります。

折り返し六十、折り返し六十、葉室トップ、葉室トップ、つづいて小池がつづいております。ジータスが出ました。ドイツのジータスがヒギンスを抜いて出ました。ジータスがぐんぐん出ました。しかしながら葉室は半メートルリード、葉室は半メートルリード、八十、八十五、八十五、葉室リード、葉室半メートルリード、葉室ただいまあと五メートルで百のターンであります。葉室ターンしました。つづいてジータスがターン、ジータスがターンしました。つづいてインデフォンゾがターン、小池もターンしました。

百十、百十、ついに葉室一メートル以上リード、葉室リード、葉室リード、満場の興奮、満場の喝采《かっさい》、葉室一メートルリード、一メートルリード、つづいて小池、つづいて小池。ドイツのジータスが出ました。ドイツのジータスがまた二位にくいこみました。小池は三位、小池三位、そうしてインデフォンゾが四位、インデフォンゾ四位であります。百四十、百四十、依然、葉室リード、やがて百五十のターンをします。ただいまターンをします。葉室ターン、つづいてヒギンス、ターン、小池ターン、ジータス、ターン、インデフォンゾもターンしました。

満場興奮、満場総立ち、葉室リード、葉室リード、ただいま百七十、百七十、葉室リード、葉室リード、ジータス出ました。ジータス出ました。葉室頑張れ！　葉室頑張れ！　ジータス、ぐんぐん出ました。ジータス、ぐんぐん出ました。あと二十、あと二十。あっ、ジータス出ました。ジータス出ました。日本危ない！　日本危ない！　ジータス出ました。あっ、葉室を抜きそうです。葉室を抜きそうです。葉室頑張れ！　あと五メートル。あと三メートル。あと二メートル。あと一メートル。ゴール！　葉室一着、葉室一着、葉室優勝！

第二位はジータス、第三位は日本、小池の模様であります。ついに葉室が優勝しました。ついに葉室が優勝しました。今、今、日本の三選手は相擁してにこにこ笑っております。わが河西アナウンサー興奮いたしまして、私のうしろで日章旗を振っております。そしてスタンドの向こう側も日章旗の波であります。日章旗は相呼応しております。確かに葉室選手の優勝であります」

二百メートル平泳ぎに勝って、日本とアメリカとの金メダル数は二対二になった。その結果、続いて行われる千五百メートル自由形の決勝が、日米の「水の覇権」をかけた闘いの、天下分け目のレースとなった。

千五百メートルの決勝に進出したのは、石原田愿《いしはらだすなお》、寺田、鵜藤の日本勢三人に、メディカ、フラナガンのアメリカ勢二人、それにドイツとイギリスの選手がひとりずつの計七人であった。

日本のコーチ陣は、四百メートルに勝たねばならないという至上命題があったため、多少千五百メートルに影響が出るのは覚悟の上で、牧野、根上、鵜藤という最強の布陣を敷いた。結果としてそれは失敗に終わり、一抹の不安を残しながら千五百メートルに石原田、鵜藤、寺田の三人を送り込むことになった。

準決勝で、その不安は的中した。準決勝のA組でこそ慶応大学の寺田登がアメリカのフラナガン以下を抑えて一位になったが、B組では明治大学の石原田と鵜藤がアメリカのメディカに十秒以上の大差をつけられ一位を譲ってしまったのだ。しかも、メディカのタイムは寺田より六秒近く速かった。

決勝では、一コースに石原田、二コースにメディカ、三コースに鵜藤、四コースに寺田が並んだ。

四百メートルでデッドヒートを繰り広げた鵜藤とメディカは、この千五百メートルでも隣り合わせのコースに並び、接戦を繰り広げた。そして、千五百メートルを泳ぎ切り、ゴールした時点でのタイム差はわずかに〇・五秒だった。タッチの差でメディカが四百メートルに続いて鵜藤を抑えたのだ。

しかし、優勝したのはメディカではなかった。

レースはメディカと寺田の先行争いから始まった。寺田は五十メートルのターンでメディカの前に出ると、みるみるリードを広げていった。百メートルで二メートル、百五十メートルで五メートル、四百メートルでは実に十メートルもの大差をつけた。四百メートルのターンは、寺田、フラナガン、メディカ、石原田、鵜藤の順だった。

三位と五位にはつけていたものの、メディカと鵜藤の泳ぎには精彩がなかった。二人は、これまでに四百メートルを三回、千五百メートルを二回泳いでいた。疲れが溜《た》まっていないはずはなかった。一方、寺田は予選、準決勝と、泳ぐたびにタイムを更新していた。天気が崩れ、冷たさが増すにつれ、日本の選手たちは次第に調子を崩すようになっていたが、寺田は、平泳ぎの葉室と同じく、ベルリンで調子の出るのが遅れたことが幸いした。その上、「デブちゃん」という愛称のあった太めの寺田にとって、水温が低くなっていくことは、他の選手ほど忌《い》むべきことではなかったのだ。

それでも、六百メートルまでには、メディカが二位に、鵜藤が三位に上がってきたが、トップの寺田との差は開くばかりだった。そして、千メートルでは、メディカに十五メートル、鵜藤に二十五メートルの差をつけて独泳状態に入っていた寺田は、泳ぐにつれてさらに差を広げ、結局、二位以下に二十メートル以上の大差をつけてゴールした。スリリングだったのはメディカと鵜藤の二位争いだった。鵜藤は最後の五十メートルでメディカを急追し、あとワン・ストロークというところまで迫ったのだ。

寺田の優勝タイムは十九分十三秒七。これは前回のロサンゼルス大会で北村久寿雄が出した十九分十二秒四には及ばなかったものの、寺田の自己記録を三十二秒も上回るものだった。

こうして、千五百メートルに勝ち、日本の「水の覇権」は辛うじて守られることになったのだ。翌日、日本の各紙は号外を出し、こう謳《うた》った。

「日本勝つ！　水の王座揺るがず」

第七章　故国のために

1

男子競泳におけるアメリカとの闘いの実質は、コーチの松沢一鶴や斎藤巍洋《さいとうたかひろ》が認めているように、ロサンゼルス大会に比べれば「苦戦」であり「辛勝」だった。しかし、日本の国内では必ずしもそのような印象で受け止められなかった。その最大の理由は、女子二百メートル平泳ぎにおける前畑秀子《まえはたひでこ》の劇的な勝利にあった。前畑の勝利が、水上競技全体として、日本大勝の印象を形作る効果を持ったのだ。もし前畑が勝っていなかったら、男子競泳陣への風当たりはかなり強いものになっていただろう。

前畑の勝利が「苦戦」を「大勝」に近いものに変えてしまう力があったのは、レース自体が劇的なものだったことはもちろんだが、それを報じたラジオの実況放送が日本の聴取者に大きな興奮を巻き起こしたからでもあった。その意味で、この前畑勝利の実況放送は、放送メディアが国民感情の形成に強い影響力を持つに至る、その先駆的な例だったといえる。

それにしても、このベルリン大会における前畑ほど大きな重圧のもとにあったスポーツ選手は、かつて日本に存在しなかったに違いない。陸上競技の百メートルにおける吉岡がいくら苛酷《かこく》な状況にあったとはいえ、課せられた義務は三位までに入って表彰台に上ることであり、最悪の場合は準決勝に進出しさえすれば面目は保たれる、と自ら考えることのできる程度のものだった。

ところが、前畑には一位になること以外に道はなかった。前回のロサンゼルス大会では僅差《きんさ》の二位だった。今度こそ一位になってほしい、という国民的な願望が、なるべきだという義務の強制に変化してしまった。悪いことに、前年に二百メートル平泳ぎで三分〇秒四の世界新記録を出してからは、ベルリンでは勝つのが当然という空気が生まれていた。ところが、前畑には、その時期が水泳選手としての自らのピークであることがわかっていた。あとはどれだけ下降のスピードを遅くできるかということだけだった。

ベルリンの前畑のもとには日本から数多くの電報が打たれたが、その中には「死ぬ気で頑張れ」というものから「負けたら帰るな」といったものまで、一位になることしか許さない強圧的な文言の電報が少なくなかった。前畑には、あらかじめいっさいの退路が塞《ふさ》がれていたのだ。

とにかく、前畑はベルリンで優勝しなくてはならなかったし、また、実際、彼女自身優勝したかった。それは「祖国への義務」でもあったが、同時に、彼女の水泳選手としての生活を支えてくれた多くの人たちに対する「恩返し」にもなることだったからだ。

前畑がまず「恩返し」しなくてはならなかったのは、故郷の小学校の校長だった西《にし》中武吉《なかぶきち》だった。

前畑は和歌山県の橋本町に生まれ育った。奈良県との県境近くにある橋本には、吉野川から名前の変わる紀ノ川が流れている。幼い前畑の遊び場はその紀ノ川だった。町には泳げない子供はおらず、豆腐屋をしていた父も、働き者の母も、泳ぎは極めて達者だったという。父は幼い前畑をおぶって大きな岩からダイヴィングしたし、母は彼女を肩に掴《つか》まらせて広い紀ノ川を横断したりしていた。

小学校にはプールなどというものはなかったので、夏場は紀ノ川にロープを張って即席のプールを作った。四年生の時に小学校に水泳部ができると、泳ぎの好きだった前畑は即座に入部した。そして、五年生の時には、校長の西中の「田舎の子も都会に出て行くべきだ」という考えのもと、大阪で催された学童水泳大会に出ることになった。前畑は五十メートル平泳ぎに出場し、いきなり学童新記録で優勝してしまう。翌年、六年生で百メートル平泳ぎに出ると、今度は日本新記録で優勝してしまった。

その「豆腐屋の娘の活躍」は、故郷の橋本でこそちょっとした旋風を巻き起こしはしたが、本来なら、前畑の水泳選手としての人生はそこで終わっていても不思議ではなかった。

小学校卒業後は家業の手伝いをするため、水泳とは縁が切れるはずだった。

当時の前畑の故郷では、よほど裕福な家庭でない限り、進学することは考えられないことだったからだ。しかし、前畑の天分を惜しんだ校長の西中が、両親に小学校の高等科へ行かせるよう強く勧めたことが彼女の運命を大きく変えることになった。母親の説得によって父親も了解し、前畑にあと二年間の猶予《ゆうよ》期間が与えられることになったのだ。

この二年間の前畑の活躍は目覚ましかった。

高等科一年、つまり中学一年で、百メートル平泳ぎの日本記録を塗り替え、高等科二年で二百メートル平泳ぎにも日本新記録を出す。さらにその年、ハワイで催された全米女子選手権大会に出場し、アメリカやカナダの選手と一緒に泳ぎ、百メートル平泳ぎに優勝、二百メートル平泳ぎでは二位になった。その二位も、タッチの差であり、百メートルに出ていなければ勝てたかもしれないレースだった。前畑は中学二年にして世界のトップに躍り出ていたのだ。

だが、そうしているうちにも高等科の二年間は終わりつつあった。さすがに、それを卒業してしまえば、家業を手伝うしか道はなくなる。前畑が辛《つら》い気持でいる時に、また、救いの手が差し伸べられた。

今度の救い主は、名古屋の椙山《すぎやま》女学校の校長の椙山正弌《まさかず》だった。新設のプール開きに招いた前畑に、高等科を卒業したらこちらの女学校に編入してこないかと勧めてくれたのだ。前畑の家の窮状を西中から聞いていた椙山は、経済的な負担はいっさいかからないように取り計らうからとも言った。

この申し出に対し、西中の説得を受けた父母も結局は賛成し、前畑はさらに三年の時間が与えられることになった。

前畑は、椙山女学校のプールで、コーチもなしに膨大な量の練習をこなし、二年後に迫ったロサンゼルス大会を目指した。

だが、椙山女学校に編入した翌年、まず母親が過労の末の脳溢血《のういっけつ》で死に、その五カ月後に同じ脳溢血で父親までもが死んでしまった。家には、二十歳の兄と三人の弟が残された。女手がどうしても必要な状況になってしまったことを悟った前畑は、すべてを諦《あきら》め退学を決意し、椙山に手紙を出す。しかし、この時も、前畑を救う手が現れる。今度は、兄と弟だった。自分たちのことは何とかするから水泳を続けてくれというのだ。二十歳の兄に早く嫁をもらってやるからという周囲の説得を受け、前畑はふたたび椙山女学校のプールに戻っていく。

こうして、西中、椙山、亡《な》き父母、兄弟と多くの人の夢を背負って出場したロサンゼルス大会では、〇・一秒の差でオーストラリアのクレア・デニスに敗れる。

しかし、前畑はその二位に満足していた。よくやったと自分では思っていた。二位になったことを勲章に引退し、普通の結婚をするつもりだった。

その前畑の判断は当時の女性として特別のものではなかった。ロサンゼルス大会で十八歳だった前畑が、もしベルリン大会まで続けるとすれば二十二歳になってしまう。当時の常識では、とりわけ前畑の故郷の橋本においては、そんなことでは適齢期を逸してしまうという感じがあったからだ。

ところが、意外にも、引退を口にすると椙山に大反対をされた。一位になるまで頑張れというのだ。悩みに悩んだ末、前畑はベルリン大会まで現役を続けることにする。

目標をベルリンに定めた前畑の練習ぶりは凄《すさ》まじかった。前畑の著書『前畑は二度がんばりました』によれば、三百六十五日のうちのただの一日も練習を休まなかったという。

練習に関しては誰にも頼ることはできなかった。学校に専門的なコーチはいなかったこともあるが、仮にいたとしても、前畑のような選手をコーチすることはできなかっただろう。前畑はかつて日本の女性が到達したことのないレヴェルでの闘いを続けていたからだ。当時の日本で先頭を走るスポーツ選手の多くがそうであったように、前畑もまたすべての練習をひとりで工夫していかざるをえなかった。

《ベルリンに目標を定めてからは、それまで以上に激しい練習を自分に課しました。冬場には、学校裏の八事天白《やごとてんぱく》系の山を走りました。それも慣れた道は避けて、知らない道ばかり走るのです。道の体をなしていないような、枯草の上を走るのですから、穴ボコに足を踏みこんで、何度も足首を捻挫《ねんざ》しました。

それでも、私は練習を休みませんでした。現代のスポーツ医学から考えれば、まことに乱暴な話ですが、捻挫をすれば、足首が丈夫になると考えたのです。

プールで泳げるようになると、一日二万メートル泳ぐことを日課にしました。練習方法は、すべて自分で考えました。朝五時に目ざまし時計で目をさますと、ひとりでプールへ行きます。準備体操をすませると、「勝つぞう！」と一声いって、水のなかに飛びこむのです。

朝は、自分で考えだした「強弱練習」を実行しました。私の全力を十とすると、まず最初は半分の五の力で百メートル泳ぎます。つぎに、十の力を出して二百五十メートル泳ぐ。この強弱をくり返して、どんなに苦しくても、六千メートル泳ぐのです。

授業が終わって、午後三時からは、水泳部員たちとの練習です。ここでも一工夫こらしました。まず、平泳ぎの選手に二十五メートル先を泳いでもらい、その選手を追い抜くまで泳ぐのです。ひとりの選手を追い抜くと、つぎの選手に代わってもらいます。この追いかけっこ練習を七千メートルつづけるのです。

夕食後は、寮で勉強します。前畑は水泳しか能がないといわれるのがシャクなので、勉強も人並み以上にしたつもりです。自慢するわけではありませんが、学校の成績は、五番以下に下がったことがありません。

九時になると、電気もついていない真っ暗なプールでひとりで泳ぎます。夜は主として、スタート、ターン、スプリントをつける練習です。スタートと百メートルを全力で十回、つぎは五十メートルを三十回、二十五メートルを三十回、というふうに距離に長短をつけて、総計七千メートルを泳ぐわけです。

夜の練習がいちばんこたえました。朝と昼の疲れが出て、全身の筋肉が痛み、水から上がっても歩くことができず、スタート台まで這《は》っていったこともあります。

いいスタートを切るためには、スタート台のふちに足の指を引っかけて飛び込むのが有利なことも発見しました。その練習をつづけるうちに、指の裏の皮が切れ、血も出てきます。バンソウコウを貼《は》り貼《は》り、練習をつづけたのですが、いつしかその個所にタコができました。そのタコは、いまでも残っています。

朝、眠くて起きられないとき、あるいは、疲れて練習をつづけるのがきつくなったときなど、私は、ひとり大声で叫びました。

「金メダルだ！　十分の一秒に勝つんだ！」》

こうした中に、前畑のベルリン大会はあったのだ。

前回の優勝者であるデニスは、すでにプールから上がって選手生活と縁を切っていた。この大会での最大のライヴァルは、ドイツのマルタ・ゲネンゲルと目されていた。

ベルリン入りをした前畑を苦しめたのは、泳いでも泳いでも調子が出ないということだった。男子選手が練習で次々と世界記録並のタイムを出していくのに、自分はごく普通のタイムでさえ泳げない。そこに、ドイツのゲネンゲルやその同僚のヘルツェルが好記録で泳いでいるという情報が届いてくる。絶望的な気分になることもあった。しかし、結果的に見れば、葉室や寺田と同じく、調子の出るのが遅れたことが前畑には幸いした。

予選が始まったのは、八月八日からだった。

予選のB組には、まずゲネンゲルが出場し、三分二秒九を出した。三分二秒九というタイムは、ロサンゼルス大会で一位のデニスが出した三分六秒三のオリンピック記録をはるかに上回るオリンピック新記録だった。

ところが、続くC組で、前畑は不安を吹き飛ばす泳ぎを見せた。前畑の出した三分一秒九は、ゲネンゲルの記録を一秒上回るオリンピック新記録だった。と同時に、それは長水路、つまり二十五メートルではなく五十メートルのプールにおける世界新記録でもあった。

予選を終わって、前畑はベルリンに来て以来初めて息をついた。ゲネンゲルのタイムを上回り、勝てるかもしれないと自信が持てたことと、とりあえず長水路世界新記録という日本に持って帰る土産がひとつできたことに安堵《あんど》したのだ。

しかし、その安堵もつかの間だった。翌日の準決勝で、ゲネンゲルが前畑を上回るタイムで泳いだのだ。AとBの二組に分かれて泳いだ前畑とゲネンゲルは、それぞれの組で共に一位になったものの、A組で泳いだ前畑が予選よりタイムを落として三分三秒一だったのに対して、B組のゲネンゲルは三分二秒八と予選よりタイムを上げてきた。

——負けるかもしれない。

前畑に再び不安が兆《きざ》してきた。決勝は準決勝の二日後だった。前畑はその二日を重圧におしつぶされそうにして過ごす。とりわけ決勝の前夜が苦しかった。夕食後は、同じ和歌山県の橋本出身の小島一枝《こじまかずえ》や、平泳ぎの選手で準決勝で敗退していた壺井宇乃子《つぼいうのこ》などが部屋で一緒に過ごしてくれた。日本から持ってきたレコードを掛けたり、少しでも気を引き立てようと冗談を言って笑わせてくれるのだが、どうしても気分は沈みがちだった。やがて、就寝時間になり、ベッドに入った。だが、なかなか眠れない。ついに一晩中、ほとんど眠れないまま翌日の決勝を迎えた。

前畑によれば、オリンピック・プールの控室でレースを待っている時、自分でもわからない奇妙な衝動に駆られて、洗面所に走ったという。選手村にいる前畑のところには日本全国から激励の電報が届いた。その数は二百通を軽く超えていたが、前畑はそれを風呂敷《ふろしき》に包んで控室まで持ってきていた。そしてまた、日本を発《た》つ前に親戚《しんせき》や友人知人から無数にもらったお守りも別の風呂敷に包んで持ってきていた。前畑は、控室で、電報の束を包んだ風呂敷をあけると、その発信人たちに向かって「どうか後押ししてください」と頼み、次に、お守りが入っている風呂敷をあけ、神に祈ろうと思った瞬間、その奇妙な衝動に駆られた。前畑は、お守りの束のいちばん上に載っている葉書半分ほどの紙のお守りを手に、洗面所に走った。そして、それを小さく丸めると、水に濡《ぬ》らして飲み込んだのだ。すると、これで神様がついていてくれるのだから、と少し落ち着いた気分になったのだという。

決勝のスタートはまずまずだった。前畑は、最初の折り返しまでは二番手グループにいたが、百メートルの手前でトップに立ち、以後はゲネンゲルとの一騎打ちになった。百五十メートルをターンして、前畑ワン・ストロークのリード。しかし、ゲネンゲルの追い込みも急だった。

この時、日本へのラジオの実況中継を担当していたのは河西三省だった。

その日、朝から河西三省は調子が出ず、同僚の山本照や現地雇いのアルバイトに「調子が悪い」と盛んにこぼしていた。女子二百メートル平泳ぎの放送が始まる頃になっても依然として調子が悪そうだったので、傍《そば》にいる二人が「河西さんガンバレ」「ガンバレ、ガンバレ」と言って励ましているうちに、それがいつの間にか河西に伝染してしまった。河西が前畑に対して「ガンバレ、ガンバレ」と言いはじめたのだ。河西は百四十メートルまでは「心配でございます、心配でございます」と言っていたが、百五十メートルを過ぎると「ガンバレ、ガンバレ」の一点張りになった。

「前畑わずかにリード、前畑ガンバレ、ガンバレ、ガンバレ、あと二十五、あと二十五。わずかにリード、わずかにリード。前畑わずかにリード。前畑ガンバレ、ガンバレ、前畑！」

あと二十メートルというところになり、ドイツのゲネンゲルが激しく追い込んでくると、満場は総立ちになった。すると、河西はマイクを摑むや、いきなり机の上に跳び乗った。のちに「あの沈着な河西さんが」と多くの人を驚かせたほどの熱狂ぶりだった。

「ゲネンゲルが出ております。ゲネンゲルが出ております。危ない！　ガンバレ、ガンバレ、ガンバレ。前畑リード、前畑リード、前畑リードしております。前畑ガンバレ、前畑ガンバレ。リード、リード。あと五メートル、あと五メートル、五メートル。前畑リード、前畑リード、リード、リード、勝った、勝った、勝った、前畑勝った、前畑勝った、前畑勝ちました……」

わずか三分余りの放送の中で、河西は「ガンバレ、ガンバレ」を三十八回、「勝った、勝った」を十八回も叫んだ。

この放送が極めて臨場感あふれるものになったのには、放送の最初に「どうぞ切らないで」と繰り返し叫んだことも大きかった。これが雰囲気を切迫させるのに役立った。しかし、それは前畑が頑張っているのだから聞きつづけてくださいと聴取者に向かって呼びかけていたのではなく、午前零時になると受信を終わらせてしまう日本の放送関係者に向かって叫んでいたのだ。もう少しだから、放送を続けさせてくれ、と。

　この放送が「名放送」だったかどうかは当時でも意見が分かれた。レースの状況がまったくわからず、スポーツの実況放送としての最悪のもの、という意見もあったし、冷静に見ていれば、前畑とまったく同じリズムで泳いでいたゲネンゲルが抜けないことがわかったはずだ、ともいわれた。

　しかし、この河西の放送が日本の聴取者に与えた影響は大きかった。女子二百メートル平泳ぎの勝利は、この河西の放送によって、男子競泳の苦戦を帳消しにするほどの効果を持つに至ったのだ。

　だが、ゴールに辿《たど》り着いた瞬間、前畑は自分が勝ったのか負けたのかわからなかった。疲れ切ってコースロープに摑まっていると、隣を泳いでいたゲネンゲルがにこやかに手を差し伸べてきた。その手を握り返しながら、前畑は愕然《がくぜん》としていた。

　――もしかしたら、私は負けたのかもしれない！

　そこに、カメラマンが走り込んできて、頭上でシャッターを切りはじめた。心なしかゲネンゲルに向けられる回数の方が多い。

　――やはり私は負けたらしい……。

前畑は全身の力が抜け、コースロープに摑まっていなければプールの底に沈みそうなほど体が重くなった。

ところが、スタンドのどこからか「万歳」という声が聞こえてくる。そこに、女子の水泳監督の白山広子《しろやまひろこ》が走り寄ってきた。白山に引き上げられ、よろめくようにプールサイドに立つと、スタンドで振られる日の丸の旗が見えた。

「勝った！　ありがとう！」

白山が抱きつきながら言った。

しかし、それでもまだ、前畑は自分の勝利が信じられなかった。控室に戻り、場内アナウンスが一位前畑と告げるのを聞いて、初めて勝ったのを信じることができた。

選手村に帰ると、宿舎であるクラエンハイム付きのドイツの少女たちが暖かく迎えてくれた。そして、夕食の食卓には彼女たちの手で美しい花が飾られていた。自分たちの国の希望の星であるゲネンゲルを打ち負かした私に、このような優しい心遣いをしてくれるとは。前畑はそのことに深く感動した。

一方、前畑の故郷の橋本では、すでに前夜から大騒ぎになっていた。必勝祈願の提《ちょう》灯《ちん》行列が出て、神社へお参りに行く人の波が続いた。前畑がゲネンゲルに勝った瞬間、第六十八連隊が付近の山から五発の号砲を撃ち、それを合図に実家には町内の人々が祝いに駆けつけた。
「前畑嬢、涙の栄冠」（東京朝日新聞）
前畑秀子は、河西の放送とあいまって、ベルリン大会における日本最大の国民的ヒロインとなった。

日本人にとって、ほとんどベルリン大会の象徴的なレースとなった女子二百メートル平泳ぎは、しかしレニ・リーフェンシュタールの『オリンピア』にはまったく出てこない。

水上競技を扱った『美の祭典』が輸入されると、配給元の東和商事は困惑した。あの前畑のレースが出てこないオリンピック映画など、日本の観客が受け入れてくれるはずがなかった。そこで、急遽《きゅうきょ》、ニュース・フィルムにある女子二百メートル平泳ぎを『美の祭典』に挿入した。戦前に『美の祭典』を見た日本人が、戦後にオリジナル版の『美の祭典』を見て、前畑のレースが出てこないのに愕然とするのはそのためである。

当然レニも女子二百メートル平泳ぎは撮影していたが、編集の段階で切り捨てた。それは、女子二百メートル平泳ぎの「激闘」が、レニの「美」の基準に当てはまるものではなかったからだった。

2

前畑とは逆に、『オリンピア』に登場してくる日本選手の中でも、最も長く映っているのはマラソンの孫基禎《ソンギジョン》である。孫は、『オリンピア』の全体を通して、百メートルのオーウェンスや十種競技のモリスと並んで、最長の出演者のひとりとなっている。マラソンは第一回のアテネ大会で創《つく》り出された種目である。それが「オリンピックの華」とまでいわれるようになったのは、なにより、最初の大会でギリシャのルイスが優勝したことが大きかった。開催国であるギリシャの選手が優勝したことによって、マラソンが劇的な効果を持つ種目であることが認識されるようになったからだ。それ以後も、マラソンはさまざまなドラマを生み出すことで神話性を増していった。

ベルリン大会でマラソンが実施されたのは陸上競技の最終日だった。スタート地点に集まった二十七カ国五十六人の選手の中には、日本の孫基禎、南昇龍《ナムスンニョン》、塩飽玉男《しわくたまお》の三人がいた。その三人の中でもとりわけ期待されていたのは、一年前に世界最高記録を出していた孫基禎だった。

孫基禎は朝鮮の新義州《シニジュ》の出身だった。新義州は朝鮮と中国との国境を流れる鴨緑江《アムノクガン》の河岸の町である。孫の家は雑貨屋を営んでいたが、生活はかなり貧しかった。とりわけ、新義州一帯を襲った洪水の被害にあってからは、行商をしながら日本の小学校にあたる普通学校に通わなければならなかった。

彼は、幼い頃から長い距離を走るのが得意だったという。運動会では、一年生の時にすでに上級生に負けなかった。新義州は冬が寒く、河川や湖沼が簡単に氷結するためスケートが盛んだったが、孫はスケート靴が買えないためできなかった。サッカーではゴール・キーパーをしていたが、友達と自由に遊ぶ時間のない彼には続けることのできないスポーツだった。結局、彼には、金もかからず、ひとりで練習のできる「走ること」しか残らなかった。

だが、母親は彼が走るのを喜ばなかった。靴は減るし、靴下は破れるし、服も汚れる。その上、腹が空《す》くためよく食べる。そこで母親は、彼にゴムでできた女用の靴を履かせようとした。甲のところが広く開いているため、走ろうとするとすぐ脱げてしまう。これさえ履かせておけば、走らなくなるだろうと思ったのだ。ところが、彼はその靴の上から荒縄を縛って走った。縄のあたるところが擦《す》れて水ぶくれになったが、それでも構わず走りつづけた。やがて母親も、草レースで走ることを黙認するようになった。

普通学校を卒業して印刷工の見習いをしていた孫は、どうにかして自分の能力を生かす道を見つけたいと思っていた。自分の能力といえば、走ることしかなかった。そうした彼のところに、普通学校時代の教師から、日本なら働きながら学校に通える職場があるが行ってみないかという話が持ち込まれる。喜んだ孫は、その教師の紹介で、もうひとりの友達と長野県の上諏訪《かみすわ》の呉服屋に奉公に行くことになった。

それは孫にとって初めての大旅行だった。朝鮮半島を縦断し、玄界灘《げんかいなだ》を渡り、下関から名古屋に出て、中央線に乗った。それが八月だったということは、甲子園で優勝した松本商業の野球部と列車で一緒になったことで覚えている。その時、各駅で繰り広げられる歓迎ぶりを眼にして、スポーツで勝つということの晴れがましさが強く印象づけられた。

奉公はやはり苦労の多いものだった。まず、言葉がわからなかった。孫が勉強していた日本語は標準語だったが、その店で使われる日本語は訛《なま》りがひどかった。電話で注文を受けても、孫にはまるで英語のように聞こえた。冬は故郷とは異なる種類の寒さだったし、異郷で迎える正月は寂しかった。

しかし、そうまで我慢した奉公だったが、肝心の呉服屋が学校へ行かせてくれる前に倒産してしまい、半年ほどでまた朝鮮に戻ることになった。やがて、新義州で穀物問屋の店員として働きはじめたが、そうした状況の中でも走ることはやめなかった。彼には、走ることでしか自分は世の中に出られないという思いがあったのだ。

孫基禎は十九歳の時、朝鮮の全国大会に平安北道《ピョンアンプクト》の代表として出場し、五千メートルを走った。成績は二位だったが、彼はこの初めての公式大会で大きなものを二つ手に入れる。ひとつは、この世の中にマラソンというものがあるらしいと初めて知ったこと。もうひとつは、学校に入って本格的に陸上競技をしてみたいという思いを強くしたことである。とりわけ、二つ目の思いは、先輩の口ききで、京城の養正高等普通学校に入り、陸上部に所属できるようになったことで現実化する。

朝鮮の高等普通学校は、日本の中等学校にあたる学校で、この養正高等普通学校は陸上競技が盛んだった。孫基禎はもう十九歳を過ぎており、中学生というには年をとりすぎていたが、とにかく小学校の次の教育を受けつつ走ることになった。

養正高等普通学校に入った孫基禎は、すぐに学校の代表として走るようになる。そして、それは、彼を朝鮮内にとどまらせず、日本でのレースに赴かせることになるのだ。

孫基禎は、養正高等普通学校に入学した年の四月、報知新聞が主催する「東京―横浜往復中等学校駅伝競走」に朝鮮を代表して南昇龍らと参加し、圧倒的な勝利を収める。

彼らの、日本の学校に対する対抗意識には強いものがあった。レースでは必ず勝とうとした。そういう機会でなければ、自国を支配している日本人を叩《たた》き伏せることはできなかったからだ。

さらに五月には、ロサンゼルス大会の代表選手選考会に出場したが、これは五千メートルに十七位、一万メートルで十九位に終わった。

その時の選考会では、養正高普の先輩である金恩培《キムウンベ》と権泰夏《クォンテハ》の二人の朝鮮人ランナーがマラソンで一、二位を占め、日本代表としてロサンゼルス大会に出場することになった。結果は六位と七位だったが、やがて孫基禎が長距離からマラソンに転向するのは、その二人の先輩ランナーに、あとを託されたということもあったからだった。

孫基禎にとって初めてのマラソンは、翌年の明治神宮大会だった。コースは、神宮競技場から品川、大森を通って、多摩川に架かる六郷橋で折り返すというものだった。彼は、往路こそ快調に走ったものの、復路でトラックの排気ガスにやられ、ついに品川付近で棄権してしまった。しかし、この失敗以後、孫は日本でほとんど負けなくなる。

練習はただ走るだけだった。どんな天候の日でも走りつづけた。だが、その練習量は、のちの時代の眼から見れば大したものではなかったかもしれない。先輩や友人の援助によって辛うじて学校に通うことのできていた孫は、あまり激しい練習をするわけにいかなかった。そのエネルギーを補充しうる食料を買うだけの経済的余裕がなかったのだ。彼は、レースに出る以前に、まず空腹と闘わなくてはならなかった。

彼の貧しさは、走る用具にも影響を与えざるをえなかった。ランニング・シューズは高価なため、一度も履いたことがなかった。彼が用いたのは、足先が割れたマラソン・タビだった。綿でできていて、いちおう底にはゴムがひいてある。だが、ランニング・シューズと比べると、衝撃の吸収力には格段の差があった。

腕時計も持っていなかった。これはシューズ以上に高根の花だったが、たとえ買える金があっても買わなかったろう。ラップ・タイムを見ながら走るという時代ではなかったし、むしろ腕を重くするだけだと思っていたからだ。孫にとって、レースの駆け引きは無用だった。とにかく「ゴールするまでに、前のランナーをひとり残らず抜いてしまえばよかった」のだ。

ベルリン大会の前年までには、日本と朝鮮のマラソン界において孫基禎が第一人者になっていた。そればかりか、孫がその秋の明治神宮大会で出した二時間二十六分四十二秒は、世界最高記録となるものだった。

ベルリン大会の国内最終予選は、神宮競技場から六郷橋までの往復のコースで行われた。結果は、意外なものだった。養正高普から明治大学に入っていた南昇龍が一位になったのだ。二位が孫基禎、三位は日本大学の鈴木房重《すずきふさしげ》、四位が坂出《さかいで》小学校出の塩飽玉男。南の大躍進は、孫と二人の日本人ランナーを代表にするというマラソン界の上層部の思惑を突き崩すことになった。選考会の成績順にすれば、朝鮮人二人に日本人が一人という構成になってしまう。そのため、マラソン界の上層部は、代表派遣選手は上位の四人とし、最終エントリーはベルリンでの調子を見て決めるという曖昧《あいまい》なものにした。

日本のマラソン選手団は、本隊より三週間ほど早く東京を出発し、六月十七日にベルリンに着いた。彼らはそれから二カ月近く練習を続けたことになる。

当時、世界で最も有名なマラソン・ランナーといえば、前回のロサンゼルス大会で優勝したアルゼンチンのファン・カルロス・サバラだった。アルゼンチン政府の手厚い保護を受けていたと噂《うわさ》されるサバラは、日本選手よりさらに数カ月も前からベルリンに入り、オリンピックに備えていた。日本の選手たちは毎日のようにマラソン・コースを走ったが、一度もサバラの姿を見かけなかった。サバラは数カ月の練習で、いまさらコースに出る必要もなかったし、むしろ手の内を知られることの方を恐れたのだ。逆に、日本の四選手は、アルゼンチン側の偵察の中を走ることになった。

しかし、日本の選手たちは、コースを三つに分けて順に走ったり、時には二分割したコースを二日で完走するような練習をした結果、オリンピックが始まる頃までには、「眼をつぶっていても走れるくらい」になっていた。

それにしても、ベルリンで練習を続けていた日本の四選手は、極めて微妙な人間関係の中にいたといえる。単なるライヴァル関係ばかりでなく、そこには民族問題も絡《から》んでいた。四人のうちのひとりは落とされることになる。それは誰なのか。孫基禎が落とされることはありえなかったが、他の三人はそれぞれに落とされるかもしれない理由を持っていた。結局、開会式の八日前、三十キロを走らせるという、孫基禎によれば「まったく愚かな」予選の末に、ようやく孫と南と塩飽の三人が出場することに決まった。

他国の出場者については、サバラ以外の情報はほとんどなかった。ただ、イギリスとフィンランドが強いらしいという噂だけを聞かされていた。

いよいよレースの日がやって来た。その日は、小雨まじりの低温に悩まされてきたこれまでと違い、珍しく日差しの強い夏空となった。

孫は優勝以外は狙《ねら》っていなかった。優勝してこそ自分の名が広く知られることになる。そして、そのことは故国の朝鮮人に喜びを与えることになるだろう。

スタート直前、スタジアムに大きな歓声が沸き起こった。大臣たちを従え、ヒトラーが姿を現したのだ。

やがてスタート・ラインに並んだ二十七カ国、五十六人のランナーは、号砲によって一斉に走りはじめた。

スタートするやいなや、サバラに引っ張られた集団は、とてつもないスピードで走りはじめた。日本の選手は三人とも最後方に置いていかれた。孫は、一瞬、これはだめかなと絶望しかかった。しかし、すぐにそのサバラのスピードには無理があったことがわかる。五キロも行かないうちに棄権するランナーが続出しはじめたのだ。それを見て、孫はなんという奴《やつ》らだと思った。田舎の運動会ではあるまいし、たった五キロで棄権するなど恥ずかしくないのだろうか。選手となったからには国を背負って出てきているのではないか、鉄砲なしの戦争をしているのと同じではないか。少なくとも、孫はそうした意識でこのレースに臨んでいたのだ。
六、七キロを過ぎる頃には、孫の順位は中ほどのところまで上がっていた。十キロになると三位グループに入っていた。一位のサバラと二位のポルトガルのディアスを追っていた三位グループには、孫と参加選手中最年長のイギリスのアーネスト・ハーパーがいた。
孫は先行するランナーを早めに捕らえたかった。それは彼の本能でもあった。しかし、彼がペースを上げようとすると、隣を走っているハーパーが話しかけてきた。どうやら、「抑えろ」と言っているらしい。

「あのスピードではいつか潰《つぶ》れる。ついていかない方がいい……」

ハーパーの言葉をそう理解した孫は、あるいはそれが彼の戦略なのかもしれないと疑いかかった。しかし、孫はハーパーの言葉を信じ、しばらくは彼と共に自分のペースを守って走ることにした。

二十キロ地点で、二位を走っていたディアスがずるずると後退していった。さらに一位で折り返したサバラは、後方を走る孫やハーパーにはわからなかったが、暑さと疲労で復路の方向を見失うほど朦朧《もうろう》としていた。その日は、この時期のドイツには珍しい猛暑となっていたのだ。

孫は、二十七キロを過ぎた地点で、そろそろ行こう、前にいるサバラを抜いてしまおうと思った。いつまでもハーパーと一緒に走っていれば楽だが、最後には長い足を持つ彼のスピードに負けてしまうだろう。孫は、来るなら来い、というつもりで飛び出した。

孫基禎が先頭を走るサバラを抜いたのは二十八キロ地点だった。すれ違いざまにサバラを見ると、冷や汗を大量にかいていた。

しかし、三十一キロ地点で追走してくるハーパーをも振り切り、たったひとりで先頭を走りながら、孫は不安でならなかった。サバラがまた盛り返してくるのではないかという恐怖心があったのだ。彼がサバラの途中棄権を知るのはレースが終わってからである。

一方、オリンピック・スタジアムのスタンドの放送席では、各国のアナウンサーがチェック・ポイントから入ってくる記録を頼りに放送していた。日本放送協会の担当アナウンサーは山本だったが、その隣のブースではアルゼンチンが放送していた。優勝候補を擁する国を並べるというドイツ放送局の粋《いき》な計らいだった。そのアルゼンチンのアナウンサーは、最初からサバラ、サバラと叫び狂っていた。ところが、三十二キロ付近で、ついにサバラが棄権すると、「サバラの馬鹿《ばか》野郎、しようがない奴だ。

俺はもう知らない!」と言い残して、さっさと帰ってしまったという。

孫は、前半を自分のペースで走ったおかげで消耗の度合いは少なかったが、四十キロを前にして左足が痛くなってきた。履いていたマラソン・タビが小さすぎたのだ。そのタビは彼の足に合わせて、東京大塚仲町のタビ職人黒坂辛作《くろさかしんさく》、勝蔵《かつぞう》の親子が作ってくれたものだった。走ると足は膨張するため、最初からきつすぎてもいけないし、ゆるすぎても走りにくい。黒坂は、いろいろな状況に対応できるように、微妙に大きさの違うタビを五足作ってくれたが、レースに用いたタビは少し小さかったのだ。しかし、その足の痛みは孫のスピードを鈍らせはしなかった。このレースに勝つためにさまざまな労苦に耐えてきたのだ。足が痛いくらいでどうしてスピードを落とせよう。

孫は四十キロ地点まで独走して、ようやくこれなら勝てそうだと思った。マラソン・ゲートをくぐると、すぐゴールだった。優勝タイムは二時間二十九分十九秒二。孫基禎はゴールしたあとも倒れたりしなかった。しばらく走ってから腰を下ろし、痛む左足のタビを脱いだ。タビの中は血で赤く濡《ぬ》れていた。

その日のうちに表彰式が行われた。

表彰台のいちばん高いところに上がった孫基禎は深い喜びを覚えていた。自分はこのベルリンで力を出し切ることができた。そして、出し切った結果、狙い通り優勝することまでできた。

だが、月桂《げっけい》の冠を頭にかぶせられると、場内には「君が代」が流れ、国旗掲揚台に「日の丸」が翻《ひるがえ》った。孫はうつむきながら、どうしてここで「君が代」が流され、「日の丸」が掲げられなければならないのだろう、と無念の思いで聞いていた。

孫基禎は、この時、かつてないほど痛切に「亡国」の悲しみを感じることになったのだった。

第八章　氷の宮殿

1

八月一日に始まったベルリン大会も、最終日の馬術と閉会式を残すだけとなった。十四日間にわたって繰り広げられてきた十九の競技からは、無数の敗者と一握りの勝者が生み出されてきた。さらに、その一握りの勝者の中からは、真にヒーローと呼ばれるにふさわしい何人かの選手も生まれてきていた。

このベルリン大会を代表するヒーローをひとり挙げよと言われれば、誰しも躊躇《ちゅうちょ》なくジェシー・オーウェンスと答えるだろう。陸上の百メートル、二百メートル、走り幅跳び、四百メートル・リレーに出場し、そのすべてに世界新記録か世界タイ記録かオリンピック新記録をもって優勝した。オーウェンスは、単にベルリン大会だけでなく、全大会を通じて最大のオリンピック・ヒーローといえるかもしれない。

だが、そのヒーローの枠を二人に広げるとすれば、オーウェンスに次ぐ者として名前が挙げられることの多い選手は、マラソンの孫基禎だろうと思われる。彼は、ベルリンの四十二・一九五キロを走り、二時間二十九分十九秒二で優勝した。それによって彼は、オリンピックのマラソンで二時間三十分を突破した最初のランナーとなったのだ。

ベルリン大会のヒーローたるオーウェンスと孫は、ヨーロッパに黒人と東洋人に対する新たな驚きを植えつけることになった。ヨーロッパ人にとって、オーウェンスはアメリカ人というより「黒人」であり、孫は朝鮮人ではなく日本人と見なされていたが、それより以前に「東洋人」だった。その黒人と東洋人が、オリンピックの華ともいうべき百メートルとマラソンに優勝した。そのことは、少なくともスポーツにおいては、白人が世界の主役でありつづけることは不可能かもしれないという惧《おそ》れを、ヨーロッパ中にもたらすことになった。オーウェンスと孫は、オリンピックが変容していくだろうという予感の、その象徴的な存在となったのだ。

そのオーウェンスと孫の二人に対して、ヒトラーがどのような感情を抱いていたかは定かではない。

ただ、ヒトラーの人種差別主義を批判するために使われることの多い、オーウェンスが百メートルに優勝すると黒人と握手をするのを嫌い貴賓席に招かなかったという挿話は、さまざまな研究者やライターの手でその誤りが明らかになりつつある。

事実は、次のようだったと思われる。

競技開始初日に、ドイツのハンス・ヴェルケとティリー・フライシャーが、男子の砲丸投げと女子の槍《やり》投げに優勝すると、それを観戦していたヒトラーは大いに喜び、優勝者を貴賓席に招いて祝福した。だが、午後遅くなり、最後の決勝種目である走り高跳びにアメリカの黒人選手であるジョンソンが優勝すると、ヒトラーは表彰式を待たずに退席した。

これには、途中から降り出した雨がひどくならない前に帰ったのだという証言もあり、ジョンソンを貴賓席に招いて握手などしたくなかったからだという見解もある。いずれにしても、ヒトラーがジョンソンと握手をしなかったことだけは確かである。

しかし、二日目に百メートルで優勝したオーウェンスを、黒人という理由で貴賓席に招かなかったというのは正しくない。実は、前日のヒトラーの振る舞いを見た国際オリンピック委員会会長のラトゥールが、優勝者を祝福するならするですべての優勝者に公平にしてほしい、とクギを刺していたのだ。それに対してヒトラーは、公平に「誰も招かない」ことにした。つまり、二日目以降は、オーウェンスばかりでなく、誰もヒトラーの席には招かれなかったのだ。

にもかかわらず、どうしてヒトラーがオーウェンスを無視したというような話が流《る》布《ふ》されるようになったのか。『あるアメリカ人の生涯』の著者であるウィリアム・ベイカーの調査によれば、その元凶はニューヨーク・タイムズの記事にあったという。まず、走り高跳びのジョンソンについて「ヒトラー、金メダリストを讃《たた》える。ただし、アメリカ人を除いて」と誇張して報じ、さらにその翌日には、「ヒトラー、ニグロのメダリストたちを無視」と大袈裟《おおげさ》な見出しをつけた。そのトーンを、今度は他の新聞が受け継ぎ、オーウェンスに関する報道で利用した。

「ヒトラー、オーウェンスを鼻であしらう」

そして、それが定説となってしまったというのだ。

ヒトラーが黒人を好んでいなかったことは間違いないとしても、オーウェンスに対して「鼻であしらう」というようなことは一切しなかった。

しかし、それが定説化するについては、オーウェンス自身にも責任がなくはなかった。最初はそうした報道を否定していたが、そのうちに面倒臭くなったのか、「ヒトラーが鼻であしらったことに対する怒りが四つの金メダルを取らせた」という物語を受け入れるようになってしまったのだ。『ジェシー』という自伝には、「ヒトラーの鼻を明かした男」という副題がついているほどだ。

　では、孫基禎に対してはどうだったのか。

　もちろん、孫も優勝後に「祝福」を与えられはしなかったが、のちに直接言葉を交わす機会が得られた。マラソンに勝利した二日後に、水泳の会場でヒトラーに会うことができたのだ。それは孫が自ら望んだことだった。

　ヒトラーに会いたいというと、最初はマラソンのコーチである佐藤秀三郎《さとうひでさぶろう》に止められた。「お前はドイツ語を知っているのか」というのだ。それに対しては、「ヒトラーは私の言葉を知っているか」と言い返し、強引にセッティングしてもらった。

　会って、握手をし、ヒトラーの写真にサインをしてもらった。

「よくやった」

　とヒトラーは言った。

「勝てたのはドイツ国民の応援のおかげです」

　孫が言うと、ヒトラーは、

「ふっふっふ」

　と笑った。

　これだけのことだったが、孫はヒトラーに対して悪感情を持たなかった。それは、彼に対する蔑視《べっし》のようなものが感じられなかったからだ。

ヒトラーがどのような思いでオリンピックの競技を見ていたかも正確にはわからない。レニ・リーフェンシュタールによれば、最初はオリンピックにまったく関心がなかったはずだという。

「ヒトラーは私が撮ることになったオリンピックの映画に何の興味も示しませんでした。そもそもオリンピック自体に興味がなかったのです。オリンピックが始まって、だんだんドイツ人が金メダルを獲得していくので興味が出てきたのです」

確かに、ヒトラーのスポーツに対する関心は薄かったと思われる。彼の著書である『わが闘争』の中にも、スポーツに関する省察はほとんど出てこない。唯一《ゆいいつ》の例外がボクシングについてのものである。

《ボクシングについて「教養のある人々」の間にあやまった考えがいかに広がっているかは、信じられぬくらいである。若い人々がフェンシングをならい、そしてあちらこちら決闘して歩くことはとうぜんであり、名誉なことだと考える。だがかれらがボクシングをすると、それが粗暴だとは！　なぜだ？　これぐらい攻撃精神を助長し、電光石火の決断力を必要とし、肉体を鋼鉄のように鍛えるスポーツはない。二人の若い人々が意見の相違を、みがかれた一片のはがねでよりもこぶしで争って決着をつけるほうが、粗野でないのだ。また、攻撃をうけたものが、その攻撃者からにげ出して警官のところで非をならすかわりに、みずからをこぶしでまもることは、下品でない。それだが若い健全な少年はまず第一になぐられるのにたえることを学ぶべきである。それはもちろん現代のわが知的闘士の目には野蛮と思えるかもしれない。けれども民族主義国家はまさに、平和的な耽美《たんび》主義者や、肉体的に腐敗した群を育てあげるのが課題ではない。尊敬すべきプチブルや、淑徳高きオールド・ミスは民族主義国家の理想とする人間ではなく、男性的な力の権化《ごんげ》たることを自負する男子、さらにこういう男を世に送りだすことのできる女子が、民族主義国家の理想なのだ》（平野《ひらの》一郎《いちろう》・将積《しょうじゃく》茂《しげる》訳）

当然のことながら、これをもってヒトラーがスポーツについて深い関心を抱いていたとするわけにはいかない。

だが、オリンピックが始まると、ヒトラーは側近たちが驚くほど頻繁に各競技場に足を運んだ。たぶん、レニの言うように、オリンピックを観戦しているうちに自国の選手に感情を移入して見ることの面白さがわかってきたのだろう。

ところで、ベルリン大会に参加した日本人にとって、ヒトラーはどのような印象を与える存在だったのか。

ホッケーの柳武彦は天皇との比較でヒトラーを眺めていた。日本もドイツも同じような軍国主義的な国ではあるが、元首に対する熱狂の度合いがこれほどまでに違うものかというのが驚きだった。日本の天皇を間近に見るということはほとんどなかったが、ヒトラーはあらゆるところにオープン・カーに乗ってやって来る。そのヒトラーに向かって、さまざまな階層の、さまざまな年代の人々が「ハイル・ヒトラー！」の叫び声を上げる。「ハイル・ヒトラー！」の叫び声は、ヒトラーがいるいないにかかわらずベルリンの街にあふれていた。「今日は」のかわりに「ハイル・ヒトラー」、「さようなら」のかわりにも「ハイル・ヒトラー」、「ありがとう」のかわりにも「ハイル・ヒトラー」が使われた。要するに、「ハイル・ヒトラー」とさえ言っていれば挨拶《あいさつ》に困らないほどだったのだ。

ヒトラーを天皇との比較で見ていたのは柳だけではない。

水泳の行われていたオリンピック・プールにヒトラーが姿を現したのは二日間だった。どちらも、二百メートル平泳ぎの決勝がある日だった。競泳三日目の女子二百メートル平泳ぎの決勝は日本の前畑とドイツのゲネンゲルがデッドヒートを演じ、最終日の男子二百メートル平泳ぎの決勝も同じく日本の葉室とドイツのジータスが接戦を演じた。そのどちらも、最終的には日本選手がドイツの選手を抑えて一位でゴールしたから、ヒトラーは日本人に名を成さしめる場面だけを選んで見にきていたことになる。

その最終日、日本放送協会の山本照が二百メートル平泳ぎの決勝の放送をしていると、突然、スタンドがざわついた。見ると、白い服を着た麗人がロープを越えて貴賓席のヒトラーに歩み寄り、いきなり飛びついたのだ。そして、ヒトラーの首にしがみつくと、いきなりキスをした。ヒトラーは慌《あわ》ててふりほどこうとしたが、彼女はしっかりキスをするまで離れようとしなかった。その情景を眼にした山本は、思わず放送の中でしゃべりそうになったが、咄嗟《とっさ》にやめておこうと判断した。天皇と同じ絶対的な元首のみっともない姿を放送して、日本国内で不敬問題にでも引っ掛かるといけないと思ったからだ。山本はアナウンサー席の隣に坐《すわ》っている河西と顔を見合わせ、それにはひとことも触れぬまま放送を続けた。

山本にはその出来事の意味がよくわからなかったが、のちにロンドンで新聞を読んで一挙に氷解した。彼女はデンマークの女性記者で、仲間と賭《か》けをしていたのだ。つまり、ヒトラーにキスができるかどうかということを。

この大会期間中にヒトラーと間近に接することのできた日本人は少なくない。だが、人によってヒトラーの印象は大きく異なる。

直接会って言葉を交わし、サインまでしてもらった孫基禎の印象は「実に威風堂々としていた」というものである。

一方、高飛び込みの大沢礼子によれば「なんだかおかしかった」ということになる。ヒトラーは日本の水上チームが練習しているところにやって来て、ひとりひとりと握手をしてくれた。その時、ヒトラーの頬が異様に赤かったのが大沢の眼には滑稽《こっけい》に映った。それはまるで頬紅でもつけているのではないかと思えるほどのものだったからだ。

日本人のナチス・ドイツに対する見方は、必ずしも礼讃《らいさん》一本槍ではなかった。医者でもある役員の浅野均一にとって、ドイツを訪れてまず驚かされたことは、自分たちが教科書などで学んだ医学の大家たちの多くが、ユダヤ人であることを理由に追放されていることだった。恐らく、そうしたことの違和感からだったのだろう、浅野はナチスに対して冷静な観察眼を持ちつづけた。

日本選手団の本部役員は、現地で調達した一台の自家用車にドイツ人の運転者をつけて使っていた。ある時、ごく普通の道路をごく普通に走っていると、後ろから来た車がきわどく追い抜き、前方で急停車した。仕方なくこちらも停まると、中からナチスの制服を着た男たちが出てきて、こちらに近づいてくる。浅野は何事が起きたのかわからなかったが、ドイツ人の運転手は恐怖に脅えている。要するに、我々の車が後ろから来ているのを承知で、どうして道をあけなかったのかということのようだった。しかし、制服の男たちは中を覗《のぞ》き込み、浅野が日の丸をつけた服を着ているのを見て、文句も言わずに引き上げていった。あとで運転手が言うには、もしおまえが乗っていなかったら間違いなく牢屋《ろうや》送りになっていただろう、とのことだった。

ナチスの横暴さだけでなく、ドイツ国民のヒトラーに対する個人崇拝も度を超していると浅野には思えた。彼らが総統の官邸前で「ハイル」を連呼してヒトラーを呼び出すのはまだ愛嬌《あいきょう》があるにしても、病院の医者までが、看護婦や患者との挨拶のかわりに一日中「ハイル・ヒトラー」とやりつづけるのにはうんざりさせられた。

会期中のスタジアムでも、ヒトラーが姿を現すと、総統旗が掲げられ、それと共に観客が立ち上がり、「ハイル・ヒトラー！」の大合唱になる。競技をしている選手たちにとっては迷惑な話で、見ている浅野が不愉快になることも一再ではなかった。

この、「ハイル・ヒトラー！」の大合唱について、日本人特派員のあいだにはひとつの噂《うわさ》があった。あれは自然発生的なものではなく、観客の中に二千人ほどのサクラが配置されており、彼らが巧みに音頭《おんど》を取っているのだ、というのである。しかし、そうした極めてシニカルな見方は紙面にはほとんど反映されなかった。

競技日程の消化は極めて順調だった。ドイツの大会関係者は、閉会式を目前にして、ようやくこの大会が成功裡《せいこうり》に終わることを確信できるようになった。

ベルリン・オリンピックには、以前から、大会の開催そのものを危うくするひとつの火種があった。ナチスが政権を奪取して以来、ドイツ国内で強力に推し進められてきた反ユダヤ政策が、「人種と宗教による差別」を禁じているオリンピック憲章に反するのではないかと見なされたのだ。国際オリンピック委員会は、「ベルリン大会の開催権はナチスのドイツでなく、ワイマール共和国のドイツに与えられたものだ」という論理によってベルリンでの開催を認める決議をしたが、国際世論はそれを素直には受け入れなかった。ベルリンでのオリンピック開催の是非が議論されるようになり、とりわけ多くのユダヤ系移民が居住するアメリカでは激しいボイコット運動が巻き起こった。万一、アメリカが不参加ということにでもなれば、ベルリン・オリンピックは単なる国際大会に近いものになってしまう。そこで、ドイツ側も妥協の道を探るようになった。

当初、アメリカ体育協会はボイコットの方向で動いていたが、アメリカ・オリンピック委員会の代表であるアベレー・ブランデージがドイツを訪問すると、彼の舵取《かじとり》によって微妙に風向きが変わっていった。ドイツのオリンピックに対する取り組みの熱心さに心を動かされたブランデージが、どんなことがあってもボイコットはすべきではないという信念をますます強くしてしまったからだ。のちに国際オリンピック委員会の会長にまで登りつめるブランデージには、いささか病的なアマチュアリズムと権威主義とがあり、そこにナチスの外見的な清潔さと規律正しさを受け入れる素地があったのだ。

この年、ベルリンの夏季大会の前に、同じドイツのガルミッシュ＝パルテンキルヘンで冬季大会が行われた。その大会に、アメリカが大選手団を送り込んできたことで、ドイツ側は安堵《あんど》の胸を撫《な》で下ろした。

だが、この冬季大会でひとつの事件が起きる。

ドイツのオリンピック委員会は、一九三三年の国際オリンピック委員会の総会で、ユダヤ人を排斥しないと誓約はしていたが、一九三六年には、その誓約は反古《ほご》同然になっていた。冬季大会の会場であるガルミッシュ＝パルテンキルヘンの競技施設の周辺にも、「ユダヤ人に告ぐ――あなた方は入れないのでお引き取りください」といった札がいたるところに立てられていた。それを見て驚愕《きょうがく》した国際オリンピック委員会会長のラトゥールは、ちょうど冬季大会の観戦に来ていたヒトラーに会見を申し込んだ。ブランデージの『近代オリンピックの遺産』（宮川毅《みやかわつよし》訳）によれば、二人のやりとりは次のようなものだったという。

儀礼的な挨拶が済むと、ラトゥールが切り出した。

「総統閣下、あの歓迎の言葉を刻んだ立て札は、オリンピック精神に反しているのでご注意しておきます」

すると、ヒトラーが切り返した。

「しかし会長、友人の家に招かれたとき、主人のやり方に注意するのは失礼だとは思いませんか」

その正論風の言葉に一瞬つまりはしたが、しばらく考えたあとでラトゥールはこう答えたという。

「失礼ながら総統閣下、五輪の旗がスタジアムの上に掲げられると、もうそこはドイツではないのです。そこはオリンピアで、家の主人はわれわれなのです」

この二人のやりとりはいくつかのヴァリエーションがあるが、結末に関してはまったく同じように伝えられている。すなわち、ベルリン大会の開催が危うくなるのを恐れたヒトラーが折れ、ラトゥールがガルミッシュ＝パルテンキルヘンを去る時までには、その種の立て札はきれいに取り去られていた、というのだ。

もちろん、それで問題が片付いたわけではなかった。ナチスの反ユダヤ政策は、ベルリン大会の会期中もなお、依然として、いつ大きな炎を噴き上げるかわからない危険な火種であることに変わりなかった。

だが、ヒトラーとナチス・ドイツは、ベルリンを訪れた外国人に対して大きな失策を犯さなかった。反ユダヤ政策は表面化しないように細心の注意を払われ、近隣諸国への領土的な野心は祝祭の歓迎ムードによって覆《おお》い隠された。

ナチス・ドイツに対して批判的だったアメリカ人記者ウィリアム・シャイラーも、その『ベルリン日記』（大久保《おおくぼ》和郎《かずお》・大島《おおしま》かおり訳）においてこう書かなければならなかった。

《残念ながらナチのプロパガンダは成功を収めたようだ。第一に、ナチはいまだかつて見なかったほどの贅《ぜい》をつくした大がかりな大会をやったのだが、これが選手たちの非常な好感を呼んだ。第二に、ナチは一般の訪問客、とくに大実業家たちに、表面をとりつくろっていいところばかり見せた》

あるいは、ヒトラーにとっても、ナチス・ドイツにとっても、このオリンピック会期中の日々は短い休暇だったといえるかもしれない。やがて、休暇が終わると、ヒトラーとナチス・ドイツは一気に動き出すことになるのだ。

一九三六年夏のベルリンは、いまや、その短い休暇の終わりを迎えようとしていた。

2

最終日のオリンピック・スタジアムでは、全競技の最後を飾る馬場馬術の大賞典障害飛越が終わり、水上競技の表彰式がまとめて行われた。

さらに馬場馬術のエキシビションが披露されると、今度は馬術の表彰式が執り行われた。

それがすべての終わりだった。あとは日が暮れるのを待って閉会式が行われることになっていた。馬術のエキシビションを追加してまで閉会式の開始時間を延ばしたのは、ドイツというより、ナチスが得意とした光の演出をするために、闇《やみ》が必要だったからである。

午後七時二十分、ファンファーレが鳴り響き、天に向かって無数のサーチライトが放射された。それが闇をはらんだ空の一点で交わり、競技場を光の帯が覆った。それは、外から見ると、競技場を包む光の天幕のようであり、中にいる者の眼には、氷の宮殿の内部にいるように映った。

場内のライトが一斉に点灯されると、マラソン・ゲートから各国の旗手が入場してきた。開会式の時とは逆に、ホスト国のドイツの旗手を先頭に、アメリカ、ウルグアイ、ハンガリーと続き、最後がギリシャという順番だった。

各国の選手と役員は観客席に坐って見ていたが、開会式の時の人数からすると、いないも同然の寂しさだった。選手の多くは、自分の出場する競技が終わると帰国していたからだ。日本の選手たちも、前日まで試合のあった水上の選手と、この日まで闘いつづけた馬術の選手を除けば、ほとんどがヨーロッパ各地に散っていた。たとえば、陸上チームは五班に分かれてチューリヒやブダペストで招待試合をこなすことになっていたし、バスケットボール・チームもパリやジュネーブで親善試合をすることになっていた。

各国の旗手たちは、正面スタンド前の演壇に向かって整列した。

貴賓席には、国際オリンピック委員会や大会組織委員会の主要メンバーと共に、ヒトラーをはじめとするナチスの高官がずらりと並んでいた。

　この大会がナチスの総力を結集して行われたものであることは誰の眼にも明らかだった。競技場の建設から、大会の運営に至るまで、ナチス・ドイツは金と労力を惜しまず注ぎ込んだ。その結果、ベルリン大会は過去最多の選手と観客を集め、多くの世界新記録とオリンピック新記録を生み、大きな感動と興奮のうちに終わろうとしていた。その意味では、他国の参加者にとっても文句がつけにくい大会だった。すべてに清潔で効率的で機能的だった。しかし、それらには、街に氾濫《はんらん》するハーケン・クロイツの旗にも似て、どこか不安を覚えさせる過剰さがあった。

　旗手の整列が済むと、国際オリンピック委員会会長のラトゥールが壇上に登り、閉会の辞を述べた。

　ベートーヴェンの曲が大合唱団によって歌い上げられる中、白衣をまとった少女たちの手によって、各国旗にはベルリン大会の記念に月桂の冠がリボンで結び付けられた。

　少女たちが退場すると、それに続いて旗手たちも退場した。「旗の別れ」のコーラスの中、礼砲が鳴り、しだいに場内が暗くなってきた。

　不意にまたファンファーレが鳴り響いた。「旗を下に！」の号令が掛かると、五人の海軍兵士の手によってオリンピック旗がポールから降ろされた。オリンピックの鐘が打ち鳴らされ、それが止《や》むと同時に聖火が消えた。

やがて、ロサンゼルス市長の代理とベルリン市長がスポット・ライトを浴びて登場してきた。その二人をラトゥールが壇上で迎えると、畳まれたオリンピック旗が四人のフェンシングの選手に守られて運ばれてきた。ロサンゼルス市長に渡されたそのオリンピック旗は、ラトゥールの手を経て、ベルリン市長に渡された。それは、次のオリンピックが開催されるまでの四年間、オリンピック旗はベルリン市長が保管するというセレモニーなのだ。

再び電光掲示板に文字が浮かび上がった。

オリンピック大会
ベルリン　アテネ　東京
一九三六年　一八九六年　一九四〇年

一九四〇年の第十二回オリンピックが東京で開かれることに決まったのは、ベルリン大会の開会式の前日のことだった。ホテル・アドロンの「鏡の間」で催された国際オリンピック委員会総会において、委員全員による投票の末、三十六対二十七で東京が勝利していたのだ。

その勝利の証《あか》しである「東京 一九四〇年」という電光掲示板の文字を、役員の浅野均一は複雑な思いで見つめていた。

開催地の競争相手はフィンランドのヘルシンキだった。浅野はそのヘルシンキを、総会の前に訪れていた。ヘルシンキで合宿している陸上の選手たちを迎えにいきがてら、同じ立候補国としてフィンランドの関係者に挨拶をしておこうと考えたのだ。日本選手団の団長である平沼亮三と水上飛行機に乗り、ヘルシンキ湾に着水して上陸すると、岸壁にフィンランドの陸連会長が出迎えてくれていた。のちにフィンランドの大統領となるそのウルホ・カレバ・ケッコネンという陸連会長は、もしよければといって、建設中の競技場に案内してくれた。それは次のオリンピックがヘルシンキに決まればメイン・スタジアムとなるはずの競技場であり、国民のひとりひとりが金を出し合って作ったものだということだった。当時の最も若い独立国のひとつであり、スポーツ好きの多いフィンランドにとって、オリンピック開催は国民全体の悲願に近いものだったのだ。わずか四百万人足らずの国民のうち、二百万人までもがオリンピックの準備委員会に登録するという国でもあった。

その競技場のグラウンドには土質の違う四本の走路が引いてあった。あれは何かと訊《たず》ねると、どのようなトラックがいいかヌルミを走らせて研究しているのだという。それに比べると、東京はどこにメイン・スタジアムを建設するかさえ決まっていない。浅野と平沼は東京に決まった際のことを考えて暗澹《あんたん》たる気分になった。しかし、東京と決まった以上、最善を尽くさなくてはならない。そこで浅野は、大会期間中のベルリンで「泥棒」までしなくてはならなかった。日本にまだないアンツーカーのトラックの研究をするため、ひそかにオリンピック・スタジアムからミカン箱に一杯ほどの土を盗み出していたのだ。

その時、まさに天から降るようにスピーカーから声が聞こえてきた。

「私は世界の若者を東京へ招く」

全員が起立し、「祭りは終わりぬ」の歌が流れると、それがすべての終わりだった。

ついにヒトラーは一言も発しなかった。それはオリンピックの閉会式のセレモニーが国家元首の発言を必要としていないためだったが、祭りが終わったことに興奮したドイツ人の観客は、ヒトラーの言葉を求めて「ハイル・ヒトラー!」を叫びはじめた。それは場内を圧する大喚声となって響き渡った。その恍惚《こうこつ》としたドイツ人を見て、他国の人間は微《かす》かな不安を覚えていたという。

この日のことを、ゲッベルスは翌日の日記にこう書いた。

《一九三六年八月一七日（月）／すべてはすばらしく進行した。われわれの客人たちは熱狂している。三時、スタジアム。超満員。街路も。人々の歓声。ドイツは金メダル三三個で断然トップだ。すばらしい。果てしもなく続く表彰式。少しそっけない閉会式。聖火が消えた。鐘が鳴り、旗がおろされた。大会は終った。総統と一緒に歓呼している人波を通って行く。人の海。祭典の町が別れを告げる。さようなら！》（平《ひら》井正《いただし》『ゲッベルス』）

ゲッベルスも書いている通り、金メダル争いではドイツに凱歌《がいか》が上がった。金メダルは、二位のアメリカの二十四個に対して、一位のドイツは三十三個と圧倒した。以下、ハンガリーの十個、イタリアの八個、フィンランドとフランスの七個、スウェーデンとオランダと日本の六個と続いた。

この事実を踏まえ、『ナチ・オリンピック』の著者であるリチャード・マンデルは、シニカルな調子でこう総括した。

《ドイツと外国のスポーツ記者たちの採点表が示していたのは、第一にナチス・ドイツはアメリカより優れていた、第二にイタリアはフランスより優れていた、第三に日本はイギリスよりはるかに優れていた、ということだった。その結果、ファシズムと全体主義は人間のエネルギーをより効率的に発揮させる体制である、ということになった》

3

閉会式が終わり、最後までベルリンに残っていた日本の水上チームも、親善試合をするため二つの班に分かれてドイツの各都市に向かっていった。

八月末から九月初めになると、ヨーロッパ各地に分散していたさまざまな競技のチームが、フランスのマルセーユとイタリアのジェノヴァに集結しはじめた。そして、シベリア鉄道で帰った漕艇《そうてい》などの少数の例外を除き、大部分の選手と役員は、日本郵船の鹿島丸、箱根丸、イタリア船コンテ・ロッソ号に分乗し、日本への帰途についた。

陸上の百メートルで惨敗《ざんぱい》した吉岡隆徳は、十月初旬、コンテ・ロッソ号が神戸港に到着し、皆が嬉々《きき》として下船したあとも、まだ船から出ていく勇気が湧《わ》いてこなかった。どのような顔をして歓迎の人々の前に出ていったらよいかわからなかったのだ。

しかし、「もう誰も残っていませんね」という船内アナウンスが流れる段になって、ようやくふんぎりをつけた。

――ロサンゼルス大会から帰ってきた時には、誰よりも早く下船したものだった。それが今の自分は最後の最後にこうして出ていかなくてはならない。なんという皮肉なことだろう。

うつむきながら歩いていると、どこからか少年の声が聞こえてきた。

「吉岡選手、がっかりしないで！」

歓迎に駆り出された小学生のひとりが、小旗を振りながら叫んだようだった。

――子供たちですら、了解してくれているのだ！

そう思うと、急に気分が楽になった。よしそれならば、もういちどだけオリンピックに挑戦してみよう。四年後の東京大会には三十一歳になっているが、リレーのお役にくらいは立つだろう。

マラソンで優勝した孫基禎には思いがけない運命が待ち構えていた。

故国朝鮮の京城では、「孫基禎マラソンに優勝」の報が入ると、狂喜のあまり街中を走りまわる者が続出したといわれている。そうした民族感情の最も突出したかたちとして、東亜日報は表彰台の孫から胸の日の丸をそぎ落とした写真を掲げた。孫の勝利は、日本の勝利ではなく、朝鮮の勝利であることを示そうとしたのだ。この抵抗の姿勢に、朝鮮総督府は激怒し、東亜日報を半年間の発行禁止処分にしたが、この事件の真の意味は、戦後になるまで多くの日本人に伝わることがなかった。当時の最も代表的な雑誌に「同じ日本人なのに差別をする朝鮮の新聞は許せない」などといった文章が載る程度だったのである。

孫基禎がこの東亜日報事件を知るのは、コンテ・ロッソ号の寄港地のひとつシンガポールにおいてだったが、日本に着いてからは無関係なはずの彼にまで思想警察の取り調べが及んだ。同じ金メダリストとして、田島直人や前畑秀子とは甚《はなは》だしく異なる遇され方だった。

京城に戻っても、母校主催の祝賀会すら出席することが許されなかった。それどころか、孫を祝うどんな集まりも開くことが許されなかった。朝鮮総督府は、彼が朝鮮独立のシンボルとなることを恐れたのだ。京城でマラソン優勝の報告会を開くことが認められたのは、一九三六年もかなり押し詰まってからだった。だが、その会では、朝鮮人の前で朝鮮語を使うことを禁じられた。孫が日本語で話すと、壇上の通訳が「ただいまの孫先生の言葉をわかりやすく申しますと……」と朝鮮語に直して通訳した。

以後、孫基禎には、二度とマラソンを走る機会が訪れることはなかった。

水泳の鵜藤俊平は、銀と銅の二つのメダルを取りながら、むしろ敗者のような扱いを受けた。あの「宿命の四百」に勝てなかったことが、銀と銅の価値まで下げてしまったようだった。

ベルリンから帰った鵜藤は極度のスランプに陥った。泳いでも泳いでも記録が伸びなくなってしまった。それどころか、泳げば泳ぐほど記録は悪くなっていく。レースに出ても、決勝に残るのがやっとという程度の選手になってしまった。「あれがオリンピック選手か」という眼で見られているのだろうと思うと、最後尾で泳いでいる自分が哀れだった。

喫茶店に行くと、先客の囁《ささや》き声が耳に入ってくる。

「あれがオリンピック選手の鵜藤だよ」

「そんな奴《やつ》いたっけ」

やがて喫茶店に行くのも憂鬱《ゆううつ》になった。

予科の二年だった鵜藤は、ベルリン大会後も四年にわたって大学選手権と日本選手権に出場したが、ついに一度も勝てなかった。大学を卒業すると、もう泳ぐことはほとんどしなくなった。

サッカーの堀江忠男は、同じくサッカーに出場した東京帝大の種田孝一《おいたこういち》と、帰りの船の中で「もうすぐ鉄と血の時代が来そうだな」と話し合っていたが、それは予想以上に早くやって来た。翌年には中国との戦闘が本格化し、さらにその翌年には東京大会の中止が決定された。ベルリン大会の元代表選手たちも戦地に送られはじめ、一九三九年には陸上百メートルの鈴木聞多が華北戦線で戦死、一九四一年には棒高跳びの大江季雄がルソン島上陸作戦において戦死、というように次々と戦死者が出てくるようになった。

ロサンゼルス大会の大賞典障害飛越で優勝したものの、ベルリン大会では二十位と惨敗した馬術の西竹一は、第二次大戦末期、陸軍中佐として硫黄島の防衛に当たっていた。

一説によれば、玉砕を目前に控えたある日、包囲しているアメリカ軍から呼びかけがあったという。バロン西、あなたを死なせるのは惜しいから、出てきなさい、と。

それが、ロサンゼルス大会のヒーローへの、アメリカ側の思いやりだったというのだ。もちろん、西はその呼びかけに応じることなく死を選んだ。

しかし、これが創作されたものだったということは、大野芳《おおのかおる》の『オリンポスの使徒』によってほぼ明らかにされた。遺族への配慮から生まれた虚構が、思わぬ広がりをもって流布されることになったのは、敗戦下の日本人がこうした物語を欲していたからではないか、と大野は推測する。さらに、そうした一種の「流言」を占領軍が放置しておいたのは、そこに含まれるアメリカへの幻想が、占領行政において決してマイナスになるものではないと判断したからであろう、とも。

いずれにしても確かなことは、かつてのオリンピック選手西竹一が、一九四五年の三月に硫黄島で死んだということである。

戦争に巻き込まれたのは、もちろん男子選手だけではなかった。姉妹で飛び込みに出場した大沢礼子と姉の政代は、帰国後、順番に嫁いでいき、相次いで大陸に渡っていった。北京《ペキン》で暮らしていた妹の礼子は敗戦前に最後の関釜連絡船で日本に戻ることができたが、満州にいた姉の政代は奉天《フォンティエン》（現在の瀋陽《シェンヤン》）からついに戻らなかった。政代の夫はグアム島で戦死、幼い娘は引き揚げの途中で栄養失調のため死に、政代自身もチフスにかかって死んだとのことだった。埋葬をしてくれたという行きずりの人から、妹の礼子のもとに政代の遺髪と爪《つめ》が届けられてきたのは、政代が肌身離さず持っていた写真が手掛かりになったからだった。その写真には、日本代表のユニフォームを着たベルリンでの政代が写っていたのだ。

バスケットの横山堅七は、戦後も日本鋼管でプレーイング・マネージャーとしてコートに立ちつづけ、一九五〇年と五一年の全日本選手権の優勝に貢献した。この時、公式戦で九十連勝するという驚異的な記録を樹立し、もしその連勝が百まで続けば「毎日スポーツ賞」が贈られるということが内々に伝わってくるまでになった。ところが、九十八試合目の東洋高圧戦に「三」点差で敗れてしまい、百連勝の夢は潰《つい》えてしまった。記録まであと「三」勝だった。その時、横山はベルリンでメキシコに敗れた時のゴール差も「三」だったことを思い出した。

三段跳びで優勝した田島直人は、ベルリンから帰ると三井鉱山で働くことになった。どうして三井鉱山に入ることになったのかは結婚相手の土倉麻にも知らされていなかった。麻は、チラリと、もう少し安定した大きな会社に入ればいいのではないかと思わないではなかったが、男の決めたことに口を挟むことなど考えも及ばなかった。結婚後、北海道の炭鉱に行って三年くらいたった時、ふと訊ねてみた。どうして三井鉱山に入ったのですか、と。すると、田島は意外な返事をした。初任給がいちばんよかったからだ、と。そして、さらにこう言った。ロサンゼルスからの帰りの船の中で、男子選手が女子選手の品定めをした。その時、誰かが「土倉麻はいかにも金がかかりそうな女だ」と言ったのだという。それが田島の頭にあって初任給のいい会社を選ばせることになったらしい。麻はなんだかとても申し訳ないことをしてしまったような気がした。

田島は戦後も三井鉱山で働きつづけたが、一九五六年、日本の若者二百人を引率してドイツに渡った。ドイツの炭鉱の技術を学ばせるという大義名分はあったが、体のよい出稼ぎだった。田島は子供を日本に残し、妻の麻と二年間エッセンに滞在した。その任務はサラリーマンの出世コースからは大きく外れるものだったが、田島は決していやがらなかった。彼にはドイツという青春の思い出の地に行くことができるという嬉《うれ》しさの方が大きかったのだ。

ドイツ滞在中の田島のもとに、ある日、レニ・リーフェンシュタールが訪ねてきた。ナチス協力者の疑いをかけられ、つらい戦後を送っていたレニの『民族の祭典』が、ようやくドイツ国内で再上映されることになったというのだ。ついては、そのオープニングの日に挨拶をしてくれないかという。田島は心が動いたが、日本でコーチや審判として陸上競技の世界に身を置いていたため、厳格だったアマチュア規定に抵触することを懸念《けねん》して断らざるをえなかった。しかし、それからしばらくは、ドイツのいたるところに、月桂冠《げっけいかん》をかぶった田島の写真をモチーフにしたポスターが見られることになった。

やがて、日本に帰った田島は、一九六〇年のローマ大会でレニと再会した。レニは次のオリンピックが東京で開かれることを知っており、田島にその映画を自分に撮らせてもらえるよう尽力してくれないかと頼み込んできた。「いや、監督は決まっているらしい」と答えると、「誰？」と訊ねた。「どうやら黒沢明らしい」と言うと、レニはがっかりしたように呟《つぶや》いた。

「クロサワ……なら仕方がない」

三段跳びで友人の田島に次いで二位になった原田正夫は、戦後は日本陸連とほとんど関わりを持たず、日立製作所でサラリーマンとしての人生を全うした。

ベルリンでは日本の誰かが優勝すればいいと思っていた。田島が一位で自分が二位になったことを悔やんだことはない。しかし、ある時、一位と二位は厳然と違うのだということを思い知らされる出来事があった。息子がドイツを旅行した折、ベルリンの競技場を訪れた。父親の昔の戦場を確かめてみようとしたらしい。日本に帰ってきて、その息子が原田に言った。競技場の壁に、田島のおじさんの名前は刻まれていたけれど、お父さんの名前はなかったよ、と。ベルリンの競技場の壁には、各種目の優勝者の名前が刻まれているが、二位以下の名前は載っていないのだ。それを聞いて、原田は初めて一位にならなかったことを残念に思った。

二百メートル平泳ぎで金メダルを取った葉室鉄夫は、戦後、毎日新聞の運動部の記者となり、一九五二年のヘルシンキと一九五六年のメルボルンの二つのオリンピックに特派員として取材合戦に参加した。

一九七二年、ミュンヘン・オリンピックの年の八月十三日、葉室はベルリンのオリンピック・プールを訪れた。今度は取材ではなく、かねての約束通り、そこで三十六年ぶりにドイツのエルヴィン・ジータスと泳ぐためだった。

話はその二年前にさかのぼる。一九七〇年、葉室の住む大阪で万国博覧会が開催された。その折、葉室がドイツ館とドイツを結んだラジオ放送にゲストとして出演すると、海の向こうのマイクの前にはベルリン・オリンピックで激闘を繰り広げたジータスが坐っていた。まだ泳いでいるかと訊ねると、ジータスは泳いでいるという。逆に、二年後のミュンヘン大会にはドイツに来るかと訊ねられた葉室が、必ず行くと答えたついでにひとつの提案をした。もしよければ、あのオリンピック・プールで、もういちどレースをしないか、と。

そうして再会した二人のために、一般開放されていたベルリンのオリンピック・プールには特別に二つのコースが設けられた。水から上がった子供たちが物珍しげに眺める中を、二人は同時に飛び込んだ。今度はベルリン大会の時とは違い、ジータスが先行し、葉室が追いかけるというレース展開になった。葉室は激しく追い上げたが、タッチの差で敗れた。しかし、二人にはすべてが三十六年前と少しも変わっていないような気がした。今度のレースを二百メートルから五十メートルにした以外は。

それを取材していたドイツの新聞記者は、翌日の新聞にジータスの勝利をこんな見出しをつけて伝えた。

「金メダルに三十六年遅かった」

もちろん、二人にとって勝敗などもはやどうでもよいことだった。泳いだあとでおいしいビールが呑《の》めるだけで充分だったのだ。

漕艇のエイトに出場した根岸正は、本州製紙の社長をしていた一九七六年、ロンドンへ昔の仲間とボートを漕《こ》ぎにいった。その前年に、テレビの番組に伝説の旭号と共に引っ張り出され、戸田のボート場で昔の仲間と漕いだことがきっかけだった。漕ぎ終わり、懐《なつ》かしいビアホールで呑んでいるうちに、みんなの気分が大きくなり、「来年はテムズ川で漕いでみようじゃないか」という話が出てきた。それを番組の本番で披露されてしまい、本当にロンドンに行く羽目になってしまったのだ。

ただし、彼らが実際にテムズ川で漕いだ場所は、自分たちが勝ったマローではなく、負けたヘンレーだった。それが「武士の嗜《たしな》みというものだ」と考えたからだ。

惜しいところでメダルを逸した大沢礼子は、今度こそと狙《ねら》っていた東京大会が中止になり、ついに飛び込みでメダルを取ることはできなかった。戦後は、娘を育てながら、飛び込みの世界に関わりつづけた。後進の指導をし、自らも飛び込みつづけた。一九九六年の七月、彼女はイギリスに向かった。マスターズ国際大会で、飛び込みの八十歳以上の部に出場するためだ。ベルリンの時とは違い、スタンディング・スワローを飛ぶだけのものだったが、今度こそはメダルを取るつもりだった。

「取れそうですか」

知人が訊ねると、彼女は笑って答えた。

「金メダルだって軽いわよ」

「どうしてそんなに自信があるんですか」

「だって、八十を過ぎて、まだ飛び込みをしている女なんて、世界で私しかいないはずなんだから」

ところが、イギリスから帰国して、その知人に成績を訊ねられると、彼女はペロリと舌を出して言った。

「銀だったわ」

「どうしたんです」

「私より元気なおばあさんがオーストラリアにもうひとりいたの」

ヨットのモノタイプに出場した藤村紀雄は、一九三八年に召集されて以来、ソ満国境から南方まで転々とさせられたが、きわどいところで死を免れていた。しかし、終戦間際《まぎわ》、広島の船舶兵団司令部にいて被爆した。生死の境をさまよったが幸運にも生き延びることができた。いつ死んでも仕方がないと思っていたが、気がついてみるとオリンピックに参加したヨットの仲間の誰よりも長く生きていた。

だが、いま、都内の病院に入院中だ。

「病気は、そう、血液のガンと言えばいいでしょうかね。どれだけ生きられるか、のんびりやっていこうと思っているんですよ」

開会式の時に、彼はこう思った。「たとえ式次第は忘れても、このコーラスの響きだけは忘れないだろう」と。そして、まさにその通りになった。六十年が過ぎ、いくらか耳の遠くなったいまも、あの荘厳《そうごん》な『メサイア』のコーラスだけは、どこからか聞こえてくるような気がするのだ。

そしてこうも思う。あのベルリン大会はさまざまに評価されるオリンピックだったかもしれないが、参加した自分たちにとっては最高の祭りだった、と。

終章　階段へ

1

ベルリン・オリンピックから六十年を隔てて、私はその祝祭の「巫女《みこ》」たるレニ・リーフェンシュタールと向かい合い、彼女の作った『オリンピア』にまつわる質問を長時間かさねていた。それに対し、九十歳を過ぎたレニも熱っぽく答えつづけていた。その答えには、レニの自伝『回想』に記されている挿話もあり、まったく初めて知る話もあった。また、『回想』にあった挿話の中にも、書かれていた内容と微妙に異なっているものもあり、それは老いによる記憶違いなのか、『回想』の方が辻褄《つじつま》を合わせるために粉飾しているのかわからないところもあった。だが、レニが私の質問に対して、いっさいはぐらかすことなく真剣に答えようとしてくれていることだけは確かだった。時に嬉《うれ》しそうに、時に軽い憤《いきどお》りをにじませながら、レニは彼女の過去と『オリンピア』について語りつづけた。

「ベルリン・オリンピックで印象に残る人といえば誰ですか」

私はレニに訊《たず》ねた。

「そう、最も印象が強かったのはやはりグレン・モリスです。彼とは恋愛関係にもなりましたしね。私は彼に恋をし、それでもオリンピックの期間中は距離をおこうと努力しましたが、再撮影の時に燃え上がってしまったのです」

最初にモリスを見た時から強く魅《ひ》かれていたレニは、夜間にかかっていて撮れなかった十種競技の千五百メートルを、棒高跳びと同じように再現して撮ることにする。しかし、その決断が遅れたため、モリスは他のアメリカ選手と共にヨーロッパでの親善試合の旅に出てしまっていた。なんとかモリスをベルリンに呼び戻すことに成功したレニは、自分の感情を隠しておくことができなくなる。その情熱に対してモリスも同じような情熱で応《こた》え、「嵐《あらし》のような」愛の時を過ごす。やがて、モリスが出発しなければならない日がやって来て、その短くも激しい恋愛は終止符を打たれる。

「モリスの他には?」

私は訊ねた。

「やはりジェシー・オーウェンスでしょうね」

レニが当然という口調で言った。

「オーウェンスが実際に走る姿は見ましたか」

「もちろん。陸上競技の中で私には大事な種目が四つありました。百メートルと棒高跳びと十種競技とマラソンです。だから、オーウェンスが走るのは常に見るようにしていました。中でも強く印象に残っているレースがあります。それは決勝で、世界新記録を出したけど追い風で公認されなかった時のことでしたが、事故が起こりかけたのです。私はスタジアムに掘られたひとつの穴の中で、カメラマンのグッツィ・ランチュナーの傍《そば》に立って見ていました。ゴール付近にも穴があって、そこにもカメラマンがカメラを構えていましたが、オーウェンスの走りは快調で、勢い余ってカメラマンが入っている穴に落ちそうになってしまったのです。そのため、危険すぎるということで、せっかく獲得した撮影用の穴を埋めろと命じられることになりました」

それは『回想』の中にも出てくる挿話だ。しかし、事実はレニの記憶とは少し違っている。まず、オーウェンスが世界新記録を出しながら追い風のため参考記録にとどまったレースは、決勝ではなく第二次予選だった。そして、その第二次予選では、内側から二人目のレーンで走っていたため、トラックの外側にある穴に落ちる可能性はまったくなかった。外側のコースを走っていたオーウェンスがその穴の脇《わき》をきわどく走り抜けるのは第一次予選でのことだった。レニの記憶には、こうした間違いがいくつもあるようだった。

「オーウェンスの美しさは際立《きわだ》っていました。私はアメリカの黒人をこの眼で見たのは初めてでしたが、すぐに魅了されてしまいました。私に人種的な偏見がないのは『ヌバ』でもわかるでしょう。私は人種差別ということを知らないのです。黒人やアジアの人の顔つきには魅かれていました」

ある意味でそれは嘘《うそ》ではない。実際、『オリンピア』では、黒人選手のオーウェンスが、美しく、ヒーローにふさわしい敬意をもって撮られているのはもちろんだが、アジア、とりわけ日本選手が多く撮られている。しかも、量だけでなく、登場してくる日本選手がみな美しいのだ。もしかしたら、『オリンピア』は外国映画の中で最も日本人を美しく撮った作品かもしれない。外国人の眼を通しながら、これ以上に美しく日本人が撮られた例はないのではないかと思えるほどだ。

「日本の選手の中で容貌《ようぼう》が素晴らしかったのはオオエね。美しい人だったわ」

「それ以外には」

「感じがよかった人はそれこそたくさんいるけど、水泳のハムロと……八百メートル・リレーにもいたわね。何といったかしら」

「遊佐ですか」

「ユサ。そうかもしれない。ニシダも感じがよかった選手ね。戦後も仲よくしてたし。そうそうタジマとも仲がよかった」

私は田島が記憶していた「フリーゲン」というレニの言葉についての話を持ち出した。しかし、それについての彼女の記憶は薄れているようだった。

「タジマは選手として目立ちました。とても美しい人でした。注意して彼の動きを追っていたので、彼がうまく跳んだ時、跳躍というより飛翔したというふうに感じたのかもしれません。でも、彼にそう言ったということは忘れていました」

レニはそう言うと、さらに言葉を継いだ。

「戦後、タジマだけでなく、いろいろな選手と再会しました。ニシダとも会いましたし、ソンにも何度か会いました」

「オーウェンスとも会っていますね」

「オーウェンスとはベルリン・オリンピックの期間中は話したことがありませんでした。戦後、彼は駐独アメリカ大使館の賓客としてしばらくドイツにいました。そして講演を行って、私のことを讃《たた》えてくれました。私が政治的な攻撃にさらされていたので、弁護してくれようとしたのです」

政治的な攻撃にさらされていた、というレニの言葉は決して大袈裟《おおげさ》なものではない。

まさにレニの戦後は困難の連続だったのだ。

一九三八年、ベルリン・オリンピックを撮った四十万メートルのフィルムから六千メートルに編集された『オリンピア』は、二時間五分の『民族の祭典』と、一時間三十九分の『美の祭典』の二本にまとめられ、全世界に送り出されていった。

レニ・リーフェンシュタールはこの『オリンピア』によって真に世界的な監督になる。だが、彼女の栄光に満ちた人生は一九四五年のドイツの敗戦で一変する。進駐してきた連合国軍によって逮捕されてしまうのだ。以後、尋問と釈放と逮捕が繰り返され、収容所ばかりか精神病院にまで入れられる。当時彼女は、何人かとの恋愛の末にペーター・ヤーコプと結婚していたが、その渦中で離婚も経験することになる。

さらにレニは、戦後ドイツで吹き荒れた「非ナチ化審理」の嵐を二度にわたってくぐり抜けなければならなかった。そこでは、ナチの同調者だったと認定されたものの、戦争犯罪人としては起訴されなかった。しかし、「無傷で生き残ったナチの女」として、マスコミの格好の標的にされた彼女は、以後、誹謗《ひぼう》と中傷に満ちた記事を書かれつづけることになる。それは、彼女がたったひとこと「悪かった」と懺悔《ざんげ》しないことによっていた。改悛《かいしゅん》したふりをすれば世間は許しただろう。だが、レニは自分が悪いことをしたとは思っていなかった。思っていない以上どうして改悛することなどできるだろう。自分はただ映画を撮ってきただけなのだ。レニは、スキャンダラスな報道を繰り返すジャーナリズムに対して昂然《こうぜん》と闘いを挑み、名誉毀損《きそん》の裁判で次々と勝利を勝ち取っていく。しかし、そのため、ドイツの映画界ではほとんど仕事ができなくなってしまうのだ。

「それは、仕事が来なかったからではないのです。監督しないかという話はたくさんありました。たとえばフィンランドからはオリンピック映画の依頼を受けました。貧しい時だったけど、『オリンピア』以上のものが作れるはずはないので断りました。あれには私の最高のものを出し切っているからです。同じ申し出をノルウェーの冬季オリンピックの時にも受けましたが、もちろん引き受けませんでした」

だが、田島によれば、ローマ大会のときレニに会うと、東京オリンピックの映画を撮らせてもらえるよう口を利《き》いてくれないか、と頼まれたという。

「いえ、頼まれたのは私の方よ」

「どういうことですか」

「東京オリンピックの場合、関係者が私のところにきて、共同制作をしないかと言うので断りました。もちろん、その申し出は公式なものではありませんでしたが」

「田島に撮りたいというような意味のことを言っていない？」

「言うはずがありません」

そうだろうか。田島が話を脚色するとは思えない。レニが勘違いしているか、故意に忘れたがっているかだ。しかし、彼女がそう記憶したいと望んでいるなら、それはそれで構わなかった。

「依頼される仕事は、どれもテーマに満足できませんでした。中級品を撮りたくはなかったのです。ところが、私の撮りたい、夢の作品には資金が集まりません。『意志の勝利』と『オリンピア』に対する非難が激しくて、実現寸前でみな潰《つぶ》されてしまいました。誰も実現したことのない新しいテーマとアイデアが、すべて無になってしまったのです……」

これまでを振り返って、人生の頂点といえるのはどの時期だったと思うか、と私はレニに訊ねた。

「ひとつはダンサーの時期でしょうね。証拠として映像には残っていないけど、一九二三、四年はすごい成功だったもの。ダンサーとして私は百パーセント満足していました。膝《ひざ》の怪我《けが》がなかったら、踊りつづけていたでしょう。トレーニングは苛酷《かこく》なものでしたが、ただ芸術のことだけ考えていられました。私は一時間半のプログラムを、たったひとりで、パートナーもアンサンブルもなく踊りました。それは私自身の感情を表現する踊りでした。悲しみ、喜び、怒り、ユーモア、痛み、すべての感情を体で表現しました。音楽の選択はもちろんのこと、コスチュームまで自分でデザインして、ほとんど毎晩どこかの劇場で踊っていました。とても大変だったけれど、舞台で踊っている時は本当に気持がよかった。自分を完全に出し切って……完璧《かんぺき》でした」

ダンサー時代について話すレニは、楽しげで、また誇らしげだった。

「その次の頂点は『青の光』の成功です」

では、『オリンピア』の成功はレニの人生においてどのように位置づけられるのだろうか。

「そう、『オリンピア』のキャンペーン旅行では、ヨーロッパの至るところで人生最大の栄誉を受けました。フィンランドでは、陸上競技の選手権が行われていたのですが、大会の長が私をスタジアムの中央に連れていき、試合を中断させたのです。私はバラの花束をもらい、人々は立ち上がって私のためにフィンランド国歌を歌ってくれました。ベルリン大会に出場した選手たちも各地から集まってくれ、ノートにサインをし、私に手渡してくれました。ノルウェーでも同じような歓迎にあいました」

だとすれば、レニの人生には、三つの峰、三つの頂点があったということになる。

「でもね、最高だったのは戦争勃発《ぼっぱつ》の少し前です。アマゾネスの女王を主人公にした

『ペンテジレーア』という映画の準備で、北海の島に白馬を連れていき、サドルもつけずに乗りまわす訓練をしました。そこで『イリアス』や『オデュッセイア』といったギリシャ文学を読み、シナリオの執筆もしました。それでも少しも疲れませんでした。肉体的にも最高だったんです。そのとき私は三十七歳。あらゆる意味で、戦争勃発直前が私の人生の頂点でした。それからは、落ちるばかり。戦後も、アフリカでヌバ族の中に入ったり、珊瑚《さんご》の海に潜ったりするなど、楽しい時はありましたが、あの頂点には及びません」

三十七歳を境にして、以後は「落ちるばかりだった」というレニの言葉に胸を衝《つ》かれた。

私は、これまでの人生で心残りなことがあるとすればどんなことか、とレニに訊ねた。

「戦争勃発第一日目に、私の人生が終わってしまったことね。戦争で『ペンテジレーア』の製作を続行することができなくなりました。あれは私の夢だったのに……。戦後は迫害のために思うように仕事ができませんでした。のちに写真を撮るようになりましたが、写真は私にとって本質的なものではありません」

そうした戦後の不遇は誰の責任なのか。不寛容なドイツのジャーナリズムのせいなのか、ヒトラーと深く交わったレニ自身の責任なのか。

「私がユダヤ人の強制収容所の存在を知らなかったと言っても信じてくれないのです。そして、ジャーナリズムは『意志の勝利』と『オリンピア』で私がプロパガンダ映画を製作したと非難するのです。たえず政治的な批判が繰り返されるのにはうんざりします」

私はレニに訊ねた。では、『意志の勝利』と『オリンピア』の二作を撮らなければよかったと思っているのか、と。

「あの二作を撮らなくたって、私は『青の光』で世界的な成功を収めていたんですよ。一九三二年、まだヒトラーが登場する前に。たくさん依頼が舞い込んでいたから、きっと現代のスピルバーグみたいな仕事をしていたでしょう。それなのに、あの二つの映画のおかげでそれができなくなってしまったんです。数年前、パリで『レニ』が掛かった時、フランスの新聞が私についての批評を載せました。大方の批評は私に好意的でしたが、唯一《ゆいいつ》批判すべきは、私が悪魔のために『意志の勝利』を作ったことだというのです。レニは天才だけど、あの映画は作るべきではなかった、と」

そして、レニはいかにも腹立たしそうに言った。

「でも、パリ万国博の映画祭で、あの『意志の勝利』に金賞をくれたのはフランスだったのですよ。どの新聞もそのことを書かないのです。まったくどうかしているわ」

レニが『意志の勝利』を撮らなければよかったと思う気持は理解できる。だが、彼女は『オリンピア』によって映画史に名を残す監督となったのだ。その『オリンピア』すらも撮らない方がよかったというのだろうか。

「そうね、製作する前には予想できなかったけど、代償が大きすぎた。一年間の準備、一年半の編集、合計三年近くも人生の最もよい時期を失ってしまった。もちろん、『オリンピア』で有名になったけど、有名になるということは私を幸せにはしてくれません。私は芸術上の夢を実現できさえすればいいんです。大事なことは頭に描いたものを造形すること。それが私の人生なんです」

レニにとって、『意志の勝利』と『オリンピア』の二作は、ヒトラーと知り合うことがなければ手を染めなかったかもしれない仕事である。そこで、私はこう訊ねてみた。あなたはヒトラーと知り合いにならなければよかったと思いますか、と。その問いについては、いいえ、という答えを予測しているところがあった。確かにそれによってさまざまな困難に見舞われることになった。しかし、だからといって、ヒトラーと知り合わなければよかったなどと後悔してみても始まらない。そんな答えが返ってくるのではないかと思っていたのだ。ところが、レニの答えは私が予期していたものとは違っていた。

「ええ、知り合わなければよかった」

そして、こう言ったのだ。

「あれは私にとって大きな悲劇でした。ヒトラーは、私の映画と芸術性は讃美《さんび》したけれど、私個人には興味を持たなかったのです。それなのに、興味本位の作り話がセンセーショナルに報じられて……」

ヒトラーがレニの映画に魅かれたのは間違いない。しかし、個人的な関心を抱かなかったかどうかはわからない。現に、レニの『回想』にも、ある日、ヒトラーが彼女の家を用もないのに訪れるところが出てくる。そして、帰ってからレニはこう思う。

《私はなかなか寝つくことができなかった。緊張が強すぎたせいである。なぜヒトラーは訪ねてきたのだろう？　なぜあんなに長く私のところにいたのか？　何の理由で彼の個人的生活をかくも親密に見せたのか？／その晩私は、ヒトラーが自分を女として求めていることを感じた》

だがレニは、二人の関係はこれ以上のものにはならなかった、と言いたいのだろう。

それにしても、レニはヒトラーに対してもう少し熱い感情を抱きつづけているものと思っていた。なぜなら、『回想』に出てくるヒトラーは、他の書物からは窺《うかが》えない人間的な姿で登場してくるからだ。そこでのヒトラーは、極めて孤独であり、極めてファナティックであり、しかし同時に極めて魅力的でもある。私はレニにそう言ったあとで、こう訊ねた。

「ヒトラーはそれだけの魅力を持った人間だったように思えますが、あの時点であなたは魅かれていませんでしたか」

するとレニは思いがけないほど強い口調でしゃべりはじめた。

「ええ、魅かれていましたよ。あの当時は、ほとんどのドイツ人が魅かれていたわ。それなのに、いまになるとその事実を認めようとしない。私がたったひとりの例外だと言うんだわ！」

話しているうちにレニが激してくるのがわかった。

「当時のニュース映画を見ればわかります。ドイツ人の九十パーセントがヒトラーの虜《とりこ》になっていたんだから。でも、いまはそれを言ってはいけないことになっているの。そう、彼はとてもとても人を魅きつける力を持っていました。日本で、サムライが国のために自分を犠牲にするというなら、日本の人々もそのサムライを愛するでしょう。ヒトラーも同じでした。彼はドイツを愛し、ドイツをひとつにまとめようとしただけなのです。世界征服を試みたわけではありません」

レニは、いま、確実に、これまで心の奥に閉じ込めていた思いの丈を吐き出している。私はぞくっとするものを覚えた。

「歴史的真実はまだ現れてきていないのです。あまりにも嘘が多すぎます！」

そう言うレニに、私はさらに訊ねた。ヒトラーが孤独な姿を見せた時、女として心が動きませんでしたか、と。すると、レニは不意に肩を落とすようにして、言った。

「もう、ヒトラーについては話したくありません。……疲れました」

確かにレニの疲労の色は濃かった。だが、話を突然やめたのは、もうこれ以上ヒトラーについて感情の赴くままにしゃべっては危険だ、と判断したためのようだった。

「そろそろ切り上げましょう」

レニが言った。ヒトラーに関しては訊《き》きたいことの何分の一も訊けなかったが、インタヴューを始めて三時間近くになっている。九十歳を超えた老女に、これ以上無理を強いるわけにはいかなかった。私が諦《あきら》めることにしてうなずくと、レニは階下のホルストに呼びかけた。

「用意はいい？」

私は事前にノリコを通してひとつの頼み事をしていた。インタヴューとは別に、『オリンピア』の映像を見ながら、疑問点に答える時間を作ってくれないかと。レニは、その依頼を忘れていなかったのだ。

レニの家には、地下にヴィデオの編集室があった。レニは、ホルストの「オーケー」の返事を聞くと、先に立って地下に降りていった。

2

編集室のホルストは、すでに正面の受像機に『民族の祭典』のヴィデオをセットして待ってくれていた。

私はその受像機の前の椅子《いす》にレニと並んで坐《すわ》った。

ホルストがリモコンのスイッチを押すと、画面に『民族の祭典』のプロローグの部分が流れはじめた。ヴィデオの性能がいいのか、新しいフィルムから起こしてあるのか、六十年も前の映像だとは思えないほどのシャープさだ。

私はホルストに、『民族の祭典』の中でもとりわけ評価の高い、マラソンのシーンを出してくれるよう頼んだ。

田島によれば、棒高跳びや十種競技と同じく、マラソンにも試合後に撮り直した部分があるという。レニと一緒に自動車に乗り、「そこで汗を拭《ふ》いて、そこで振り向いて」といったレニの言葉を孫基禎に通訳したというのだ。孫自身もレース後にレニに走るところを撮られたと語っている。それが棒高跳びや十種競技と並ぶもうひとつの再現フィルムとなった。

だが、マラソンに使われているのは、棒高跳びや十種競技と違って、試合後の再現フィルムだけではない。マラソンにはそれ以外に何種類かの映像が混入しているのだ。そのひとつはレース前に撮られた練習中の映像であり、もうひとつはいつ撮られたかも定かではない映像である。それらがレースそのものの代替映像としてひそかに用いられている。

私は、マラソンに出てくる映像についての質問をするため、まず、『オリンピア』で使われている映像を、実際に行われたものと演じられたものとの二つに分け、さらに、実際に行われたものを試合そのものと練習中のものの二つに分類した。すると、レニは練習中のもの、という言葉に鋭く反応して、予想外のことを言い出した。

「あれには練習中の映像は入れてありません」

「いや、マラソンには入っています」

「足と影を撮ったものでしょう。それは本番では許可が出なかったからです」

しかし、マラソンに本番のレース以外の映像が入っているのはその部分だけではないのだ。

「それ以外にも練習のシーンが入っています」

「いえ、そんなはずはありません」

ホルストが早送りしてくれた画面に、マラソンが映りはじめていた。オリンピック・スタジアムをスタートし、中間点を折り返すと、サバラや孫やハーパーのあとに、日本の南昇龍が出てきた。

「そこで止めてくれますか」

私はホルストに頼んだ。そして、レニに画面を指さしながら言った。

「ほら、これを見てください」

南は日本代表の白いユニフォームではなく、胸に大きくMの字のついたシャツを着ていた。つまり、それは南の属する明治大学のユニフォームなのだ。

「あら、違うシャツだわ」

レニが驚いて言った。

「色がついている」

ホルストもびっくりしたような声を出した。それを着てオリンピックのレースに出るはずはない。さすがのレニも練習中の映像が使われていることを認めざるをえなくなった。だが、確かめたいのはその映像だけではなかった。

次に孫の映像に戻してもらった。

「そこで止めてください」

私はホルストに頼んだ。そして、怪訝《けげん》そうなレニに、このシーンの孫をよく見ておいてくださいと言い、ホルストにさらに先へ進めてくれるよう促した。

また孫が出てきた。

「奇妙だと思いませんか」

私の言葉の意味が、レニにも、ホルストにもわからないようだった。私は説明した。

「ほら、ゼッケンが裏返しになっていますよね」

孫基禎のゼッケンは「382」だが、それが裏返されたように逆になっている。

「あら、ほんと、裏返しだわ」

「本当だ」

レニとホルストが同時に声を上げた。

「いままで気がつきませんでしたか」

「全然」

このシーンの存在に気づかせてくれたのは、日本における最も包括的な孫の伝記といえる、鎌田《かまた》忠良《ただよし》の『日章旗とマラソン』である。鎌田は、孫の長男である正寅《チョンイン》に指摘されて知ったと言い、こう書いている。

《この点を確認するため、いまではビデオテープ化されて市販されている同映画『民族の祭典』を観《み》てみることにする。するとそれは確かに、普通の注意の仕方では見落としてしまいそうなワン・カットではあるものの、ゼッケンは明らかに裏返しと判明するのである。／それにつけても、この奇妙にして大胆きわまる行為はなにを意味するものであろうか》

そして、鎌田はそれを孫による意図的な行為と捉《とら》え、日本に対する一種の抵抗ではなかったかと推測する。祖国の朝鮮ではなく、日本の代表として走り、「君が代」を聞かなくてはならなかった。そのことに対する抵抗の意志を含め、ゼッケンを裏返しにして映画に撮られたのではないか、というのだ。

もしそれが本当だとすれば極めて興味深いことだ。ところが、鎌田がそれについて孫基禎に訊ねると、はかばかしい答えが返ってこなかったという。

《当の孫自身はそのことについては他の問題と反応が異なって、いまや詳しく語りたがらない》

しかし、孫が詳しく語りたがらないのは当然だったのである。孫はゼッケンを故意に裏返しになどしていなかったからだ。いや、故意であったか否《いな》かというより、裏返しにするという行為そのものをしていなかったのだ。

　私も同じようにヴィデオで調べてみると、確かにゼッケンは裏返しに映っていた。だが、その前後の映像を丹念に調べていくと、それは裏返しに「された」ものではなく、裏返しに「なった」ものでしかないということがわかってきた。

　もし、ゼッケンを裏返しにつけたとするなら、ゼッケン以外のものはすべて同じ状態でなくてはならない。だが、その映像においては、ユニフォームの斜めの線が、正常なものでは右肩から降りているのに対し、その映像では左肩から斜めに降りている。さらに決定的なのは、日の丸が右胸ではなく左胸についているのだ。それらのことは、ゼッケンだけでなくすべてが逆になっているということを意味している。写真でいう「裏焼き」の状態である。つまり、単にフィルムが裏返しになっていただけで、差別や抵抗とはまったく無関係の映像だったのだ。

　しかし、そのシーンは、差別や抵抗については何も語っていなかったが、レニの『オリンピア』について考える時の重要な材料になりうるものであるような気がしてきた。

　そこで、私はマラソンの部分を詳細に検討してみた。すると、それが『オリンピア』という映画の根幹にかかわるものを多く含んでいることがわかってきたのだ。

まず私は、レニにこれがゼッケンだけを裏返しにしたものでないことを確認した。

「そうね、すべてが逆になっているものね」

次に、このような映像をなぜ入れたのかを訊ねた。

「気がつかなかったわ。ネガの編集者が間違えたのをそのまま使ったとしか思えないわ」

そうだろうか。私にはその言葉は素直に受け取れなかった。いまはもう忘れているが、この反転された映像は単なる過失ではなく、意図的に使ったものではなかったのか。

どうしてそう考えられるかといえば、この映像は裏焼きされなければならない必然性があったように思われるからだ。

映画では、折り返し点までのマラソン・ランナーたちの走りは主として画面の左から右へと向かう動きで捉えられている。

そして、折り返し点を過ぎると、選手たちは右から左へと向かって走ることになる。この裏焼きの映像は、本来は、左から右へと走るものだったため、折り返し以後に使うことができなかった。にもかかわらず、あえて使うとすれば、どうしても裏焼きしなければならなかったのだ。

さらに、これが確信犯的な使用だと推定できるのは、同じ裏焼きの映像が他にもう一カ所使われているからなのだ。折り返し点の前にフィンランド選手が三人で並んで走っているシーンがある。それもよく見ると、ゼッケンが裏返しになっている。そしてその映像も、左から右へという流れの中で、どうしてもこちら向きにしなくてはならなかったという状況の映像なのだ。

つまり、レニは画面の流れを重視するあまり、それが必要なら裏焼きをしてでもつなげるということをしているのだ。

マラソンのシーンは全体で十二分三十秒の長さだが、それは大きく四つの部分から成っている。第一にスタートから折り返し点を過ぎるあたりまでの先頭争い、第二に疲労で苦しむランナーの姿、第三に三十五キロ地点を過ぎた主要選手の走りとそのクローズアップ、第四は孫基禎が競技場に入ってきてから表彰式までの映像。この中で、マラソンのハイライトとなるのは、第三の部分である。とりわけ、三十五キロ地点を過ぎて、孫、南、ハーパーらを一通り映したあとで、孫のアップから始まるシーンは、マラソン・ランナーの孤独な内面と極限的な走りを描いて圧巻とされるところである。その部分は、時間にして二分だが、カット数は二十三にものぼる。

ところが、この二十三のカットを詳しく検討していくと、実に二十二までが実際のレースで撮られた映像ではないことがわかってくる。少なくとも、レース中に撮られた本物のシーンと確定できるものはわずかに一カットしかないのだ。それ以外は、練習中のものか、試合後のものか、そのどちらともつかない映像によって成り立っている。

私は当初、その二十三のカットのひとつひとつについてレニに質問していこうと思っていた。しかし、南のユニフォームの映像と、孫の裏返しの映像に対するレニの反応を見て、それがあまり意味のない行為だということを理解した。

たぶん、彼女は本当に忘れているのだろう。彼女の明晰《めいせき》な話しぶりから記憶もまた鮮明なのだろうと思っていたが、その多くは失われていたのだ。無理もない。六十年も前のことなのだ。出来事の輪郭は記憶しているにしても、細部となると古い建物の壁が剝落《はくらく》しているように曖昧《あいまい》になってしまっているのだろう。それがレニの六十年だったのだ。

私はレニの隣に坐り、一緒に画面を見つめていた。そして、マラソンのシーンが終わり、オリンピックの鐘が鳴り響く『民族の祭典』の最後の画面を眺めながら、ひとつの思いを強くしていた。

――『オリンピア』はドキュメンタリー映画ではなかった。

もし『オリンピア』がドキュメンタリー映画でないとしたら、それはいったい何なのか。

レニには明確なドキュメンタリー理論というものはなかった。彼女にあったのは、何が美しいかを判断する鋭い直感である。彼女は、膨大な時間と情熱を注ぎ込み、その直感が必要とする映像をすべて手に入れようとした。だが、そうして手に入れた映像は、すべてがオリンピックの現実をそのまま映したものではなかった。創作、撮り直し、置き換え……。彼女はその優れた編集能力を駆使し、さまざまなレヴェルの映像を混ぜ合わせた。その結果、『オリンピア』は単なるドキュメンタリーであることをやめ、ドキュメンタリーと劇映画のはざまに浮かぶものとなっていたのだ。

『民族の祭典』にまつわる質疑が終わると、レニはいま彼女が熱中して撮りつづけている海底のヴィデオを見せてくれた。

私はその映像がこれほど美しいとは思っていなかった。

映画『レニ』の中では、楽しげにエイと戯《たわむ》れるレニが撮られていたが、ここでは、鮮やかな色彩を持った大小さまざまの魚たちが自在に青い海の中を泳ぎ回っていた。

しかし、これをどのようにまとめるつもりなのだろう。

「それはオリンピックの映画を作るより難しい作業です。ストーリーがないだけでなく、競技というまとまりすらないんですからね」

レニの口調は珍しく弱々しげなものだった。

3

私たちは地下の編集室を出て、再び階上にあがった。

「これでいいのね」

レニが義務を果たしたという安堵《あんど》感《かん》と、微《かす》かな疲労感をにじませながら言った。

「ええ」

私が答えると、レニはヤーン夫人に何かを持ってくるよう命じた。しばらくして戻ってきたヤーン夫人は、二冊の本と一枚の写真をレニに手渡した。

レニはその写真集をテーブルの真ん中に置くと威儀を正してしゃべりはじめた。

「ここに、私が『オリンピア』で政治的なプロパガンダを行ったのではないという証拠があります」

それは、二冊ともレニが作ったベルリン・オリンピックの写真集『オリンピック大会の美』だった。以前、私はその写真集を棒高跳びの大江季雄の遺族を訪ねた折に見せてもらった記憶があった。その時は、戦前のものだというのに、女性の美しい全裸の写真があったりして驚かされたものだった。いまテーブルの上に置かれた『オリンピック大会の美』は、一九三八年に出版された古いものと、一九八八年に発行された新版だった。

レニは言った。

「でも、内容は新版も旧版とまったく同じです。ただ、新たにオリンピック委員会とケビン・ブラウンローという映画評論家の文章を入れなくてはならなかったので、二枚だけ写真が少なくなっています。私が当時書いた文章はそのまま一字一句違えずに載せてあります。そのテキストは、『非ナチ化審理』で非常に大きな意味を持ちました。このテキストを書いた一九三六、三七年というのは、ドイツ中がナチス讃美の真っ最中だったのです。でも私は、文章の中にヒトラーの名前も入れず、ドイツという国についてすら特別に言及しませんでした。日本やアメリカについては触れたにもかかわらず、です。だから、この新版にもまったく同じテキストが使えるのです。これは、当時の私がインターナショナリズムの信奉者であり、政治的なプロパガンダを行ったのではないことの証明になっているはずです」

　レニはそう言うと、新旧二冊の写真集に載っているレニの序文のところを開き、こちらに向けて押し出した。私が交互に眼を向けていると、レニはさらにこう付け加えた。

「ほらね、テキストは一語も変わっていないでしょ」

　私はドイツ語が読めないが、二つの文章に変化がないことはわかった。私が写真集を閉じると、レニはヤーン夫人が持ってきてくれた写真を前に置いた。

　そのキャビネ大の写真は、戦前のレニの女優時代のブロマイドだった。記念に私にプレゼントしたいというのだ。レニは黒のサインペンを手にすると、そこに几帳面《きちょうめん》な字でサインしはじめた。文字はドイツ語ではなく英語だった。

　ブロマイドの中のレニは若いようだった。そこにサインペンを走らせるレニの姿を見守りながら、私は奇妙な感じを受けていた。この老いた顔を知っているのに、若く美しかった時期の写真をくれようとしている。かつてこのように美しい時代があったということを伝えようとしているのだろうか。

　最初に私の名前を書き、次に、

「with my best wishes
　Leni Riefenstahl」

と書かれたレニのブロマイドを手渡され、あらためてじっくりと見た若いレニの美しさに、私は眼を見張らされた。三十年代風の細い眉《まゆ》の下には、内斜視だったという痕跡《こんせき》がわずかに残る瞳《ひとみ》が前方の何かをじっと見つめている。細く高い鼻の下には、微妙な歪《ゆが》みのある唇が柔らかく結び合わされている。ひとつひとつの部分を見ていけば欠点の見つからない顔立ちではないが、その若さと、なにより強い意志を感じさせる表情が、見る者の心を捉えて離さない魅力を放っている。

だが、私はその美しさに驚くと共にこんなことを考えていた。

――この美しいレニのブロマイドにも、微妙な修整が加えられていることだろう。それと同じように、『オリンピア』にもさまざまに手が加えられていた。つまり、あれもまた一種のブロマイドといえるのではないだろうか。『オリンピア』は、レニの用いた言葉を使うとすれば、ベルリン・オリンピックの「デュープ」などではなく、「ブロマイド」だった。しかも、極上の「ブロマイド」……。

「これでいいわね」

レニはもういちどそう言い、私とノリコに別れの挨拶《あいさつ》をすると、中二階にある自分の部屋に戻っていった。最初に降りてきた時と同じように、誰の助けも借りず、手摺《てす》りにつかまり、一段一段ゆっくりと階段を上りながら。

私は、しばらく、誰もいなくなった中二階をぼんやり見上げていた。すると、不意に、ベルリン・オリンピックというひとつの歴史が、レニと共に階段の奥に消えてしまったような気がしてきた。

そう、歴史という名の鳥はすでに飛び立ってしまっていたのかもしれない。もしかしたら、私たちに見ることができたのは、ただ時の闇《やみ》の奥に向かって飛び去っていく鳥の影だけだったのかもしれないのだ……。

帰りも、ホルストが車でポッセンホーヘンの駅まで送ってくれた。あたりはすっかり暗くなっていた。ハンドルを握っているホルストが、ライトに照らされた前方を眺めたままの姿勢で言った。

「レニも以前に比べるとかなり弱ってきたけれど、二カ月後には海底のヴィデオを撮るため、またカリブ海に潜りにいく予定なんだ」

海の底の世界を描いたドキュメンタリー。それがレニ・リーフェンシュタールの最後の作品になるだろう。私はぜひ完成させてあげたいと思った。たとえそれが、海の底の世界のドキュメンタリーではなく、珊瑚と魚たちの美しいブロマイドになるにしても。

あとがきⅠ

四歳の時、私は劇場のニュース映画で不思議なボクシングの試合を見た。リングに上がった二人のボクサーが、殴り合いもしないで追いかけっこをしているのだ。がっちりした白人のボクサーがファイティング・ポーズを取ると、相手の瘦《や》せた黒人のボクサーは怖がって腰を引いてしまう。レフェリーが何度もファイトを命じるのだが、まったく打ち合いにならない。ついに黒人のボクサーがリング上をぐるぐると回って逃げはじめ、白人のボクサーがそれを追いかけまわすという展開になった。

それがオリンピックの映像だったということは、後にいくつかの点から判断したことである。ボクサーたちはヘッド・ギアーをかぶり、上半身にユニフォームをつけていた。その事実はアマチュアの試合だったことを意味するが、アマチュアの試合で世界的なニュースになるとしたら、それはやはりオリンピックくらいしかない。また、そのニュースでは、ボクシング以外に水泳や陸上競技もやっていた。まるでチャップリンの映画のようなその試合の結末がどうついたのかは覚えていない。しかし、その不思議なボクシングの情景は、私が見た最初のオリンピックの記憶として、いまでも鮮やかに残っている。

以来、テレビの視聴者として、あるいはスタジアムの観客として、さらにはメディアの取材者として、いくつものオリンピックを見てきた。そこには、心を動かされたり、眼を背けたくなったり、息をのんだりと、さまざまなオリンピックのシーンが存在していた。私はそうした感動や嫌悪《けんお》や自失の体験も含めて、なかなか一筋縄ではいかないオリンピックというものを、丸ごと理解したいと思いつづけてきたような気がする。

この『オリンピア　ナチスの森で』は、これから順次刊行していく予定の『オリンピア』という構築物の一部をなすものである。もちろん、だからといって、『オリンピア　ナチスの森で』が次の巻のための助走部分でしかないというのではない。始めがあり、終わりがあり、それ自体でひとつの完結した世界を形作っているはずである。つまり、『オリンピア』の各巻は、オリンピックを描いたノンフィクションとしてのゆるやかな連続性を持ってはいるが、互いの独立性を侵すものではないのだ。

それにしてもまた、ずいぶん長い時間がかかってしまったものである。我ながらいささか驚かざるをえない。最初にベルリン・オリンピックに関する短い文章を書いたのが一九七六年だから、ここに至るまでに二十二年が過ぎたことになる。

その二十二年のあいだに、取材をさせていただいた多くの方々が亡《な》くなってしまった。最初の取材の時点からはもちろんのこと、二年前に最後の取材を終えてからも亡くなる方が相次いだ。もう、これは、直接に取材しうるぎりぎりのタイミングだったのかもしれない。おかげで、辛うじてインタヴューできた方からは、記録に残されたものとは違う、思いがけない挿話を手に入れることができた。

六十年も前の出来事を現代に甦《よみがえ》らせるために、最も基本的で重要な資料となったのは、当時の新聞雑誌の記事を除くと、選手をはじめとする当事者へのインタヴューとレニ・リーフェンシュタールの映像だった。

だが、すでに見てきたように、レニの『オリンピア』は、必ずしも正確にベルリン・オリンピックの姿を現代に伝えるものではなかった。『オリンピア』は彼女の美意識によって事実の改変が大胆に行われていた。しかし、だからといって、出場選手を含めた当事者の記憶の中にこそ真の姿があったかといえば、そう簡単には言い切れないところがある。

たとえば、レニが撮り直した棒高跳びの夜間の決勝シーン。これについて、レニは「その翌日、同じ場所で、同じ選手たちに、同じ高さで跳び直してもらった」と言っていた。だが、主要な当事者のひとりである西田修平によれば、「選手たちこそ同じだったが、撮り直しをした場所は選手村に付属したグラウンドだし、高さも実際より低くして跳んだし、撮り直した日にちも翌日ではなかった」ということになる。私は、その西田の当事者としての意見を、ながく正しいものと受け入れていた。撮った日にちが翌日でなかったこと、跳んだ高さが実際の記録より低かったことは、田島直人の話などからも間違いないことだった。しかし、問題はその撮影場所がどこだったかということである。レニはオリンピック・スタジアムだったと言い、西田は選手村に付属したグラウンドだったと言う。私は、レニの記憶にいくつかの点で誤りがあったところから、場所についてもレニが勘違いしているのだろうと判断していた。

ところが、すべての原稿を書き上げた夜、あらためて『オリンピア』を見ているうちに奇妙なことに気がついた。撮り直しをした棒高跳びのシーンに、チラチラと小さく動く白い点があるのだ。ヴィデオをコマ送りにしてよく調べてみると、その白い点は聖火台で揺らめく炎だった。オリンピックの会期中に、オリンピック・スタジアム以外で聖火が灯《とも》されていたのは、ヨットの会場となったキール湾と、漕艇《そうてい》の会場となったグリューナウだけである。もし、選手村に付属したグラウンドで撮り直しを行ったのなら、その映像に聖火が入っているはずがない。つまり、撮り直しはレニの記憶どおりオリンピック・スタジアムで行われたことになるのだ。

映画のための撮り直しというかなり重要な出来事ですら、当事者においてこれほどの記憶の誤りがある。やはり、「鳥は飛び立って」いたのかもしれない。

だが、たとえ鳥が飛び立ち、捉《とら》えられたものが鳥の影に過ぎないとしても、その影のなんと鮮やかにくっきりとしていたことだろう。

それは、ここに登場してくる選手たちの人間的な魅力に負うところが大きい。

実際にお会いすることのできた選手たちは、すべてが明治から大正にかけての生まれだった。その方々に関してとりわけ印象的だったのは、たたずまいに凛《りん》としたものを持っていらしたことだった。なるほどいま私は「良き日本人」と向かい合っているのだ、とインタヴューの最中に何度思ったかわからない。しかし、そうした凛とした印象は、朝鮮人である孫基禎のたたずまいからも強く受けたことだったから、それは日本人に特有のものというより、あの時代に生まれ、あの時代のアマチュア・スポーツの世界に生きていた人々に共通のものだったかもしれない。

この『オリンピア　ナチスの森で』の原形は、一九七六年「文藝春秋」に発表された「ナチス・オリンピック」という記事である。

それを、二十年後に、まったく新しいものとして書き直すことができたのは、日本経済新聞の経済解説部が「ひとニュース」欄に連載の場を与えてくれたからだった。一九九六年の前半は、『オリンピア　ナチスの森で』を書きつづけることにすべてが費やされた。

さらに、その連載分の原稿を大幅に加筆することで成ったこの単行本が、集英社の第十一編集部で出されることになったのは、そこにかつての「日本版PLAYBOY」の編集者たちが多くいたからである。「日本版PLAYBOY」は、日本で最も生きのよい雑誌のひとつだったという時代があるだけでなく、私にとっても、ライターとしての青春の記憶につながる懐《なつ》かしい雑誌なのだ。その記憶のために、いつか彼らと一冊の本を出したいと思っていた。

あるいは、私はこれまで、自分の作品に関して、たったひとりで構想し、たったひとりで取材し、たったひとりで執筆するということを、いささか過大に書いたりしゃべったりすることがあったかもしれない。しかし、この作品について考えてみても、実に多くの方の協力を仰いでいる。

ミュンヘンで通訳をしてくださった椛島則子さん、日本でドイツ語文献の翻訳をしてくださった山村ゆみ子さん、東和の資料を貸してくださった小池晃氏。これらの方々には深い感謝の意を示さなくてはならない。

また、文藝春秋の立林昭彦、日本経済新聞社の野村義博、玉利伸吾、高橋千加子、集英社の田中照雄、相原明の各氏には、原稿のさまざまな段階でさまざまな手助けをしていただいた。

さらに、厄介な校正には創美社の小山洋子さんがあたってくださった。小山さんには、校正だけでなく、ゲラが出るたびにおこなった全体の構成に関する検討にも加わっていただいた。

ポッセンホーヘンの家でレニと会った三日後、私はベルリンに立ち寄った。ベルリン大会の主競技場だったオリンピック・スタジアムを見るためだ。

一マルク払って中に入った冬の競技場には誰もいなかった。私は無人の観客席に坐《すわ》り、六十年前にここで行われたはずの式典と競技を思い浮かべながら静かな時を過ごした。

何も見えず、何も聞こえない。

しかし、よく耳を澄ませば、観客の歓声や選手たちの息遣いに混じって、間断なく続く銃声や兵士たちの叫び声が微《かす》かに聞こえたかもしれない。なぜなら、私を取り囲む石の壁には、いたるところに生々しい砲弾の痕《あと》が残っていたからだ。この競技場で流された選手たちの汗は、恐らく、ベルリン陥落の際の兵士たちの血によって洗い流されてしまったに違いない。

一九九八年三月

沢木耕太郎

あとがきⅡ

二〇二〇年に二度目の東京オリンピックが開催されることになると、オリンピックについて書かれた作品を新たに文庫化するつもりはないか、という打診を受けるようになった。

確かに、私はこれまで多くのオリンピックを取材し、さまざまに書いてきた。その中には、すでに書籍化されているものもあれば、雑誌や新聞に書いたままままとめられていないもの、さらには、原稿として書かれてはいるものの、どこにも発表されていないものなどがあった。

私はそうした申し出を受けて、あるとき、それらの文章群のすべてに眼を通してみることにした。

かつて、一九三六年のベルリン大会について描いた『オリンピア　ナチスの森で』を刊行したとき、私にはひとつの野心があった。これから、オリンピックをテーマとする著作を「オリンピア」というタイトルのもとに順次刊行していこう、と。

しかし、実際は、それ以後、「オリンピア」というタイトルを冠した作品を出すことはなかった。

たとえば、アメリカのアトランタで開催された第二十六回大会を描いた『冠《コロナ》〈廃墟《はいきょ》の光〉』を、「オリンピア」の一巻として出そうとしたが、書き方も文体も異なるものを同じタイトルで括《くく》ることへのためらいもあって、果たさなかった。

ところが、時間を経て読み直してみると、書き方や文体の違いなどということは小さなことのように思えてきた。どれも、それぞれアプローチは異なるものの、オリンピックという不思議な競技会について書いている。やはり、これらは、すべて「オリンピア」というタイトルを持つことがふさわしいのではないか。もう一度、「オリンピア」を刊行し直すということを考えてもいいのかもしれないと思いはじめた。

しかし、書かれたもの、書こうとしている作品は、互いに緩やかな関連性はあるものの、基本的には独立しているものだ。それをどのように読者に伝えたらいいのか。「オリンピア1」、「オリンピア2」、あるいは「オリンピアⅠ」、「オリンピアⅡ」というように番号をつけるか。しかし、それでは、順番に読まなくてはならないものと受け取られかねない。

どうしたらいいのだろう……。

そのとき、私のために新たなオリンピックのシリーズを出そうとしてくれていた新潮文庫の菊池亮氏から、思いがけない提案があった。「オリンピア」のあとに、「番号」ではなく、そこで中心的に扱われている大会が行われた「年号」をつけたらどうだろうか、というのである。

つまり、『オリンピア　ナチスの森で』を『オリンピア1936　ナチスの森で』に、『冠〈廃墟の光〉』を『オリンピア1996　冠〈廃墟の光〉』としたらどうかというのだ。

その提案を受けて、まさに、立ち込めている霧が晴れ、さっと眼の前が明るく開けていくような気がした。なるほど、そうしておけば、かりに将来、最初の東京オリンピックについて書きたくなったとしても、『オリンピア1964　＊＊＊』とすればいいことになる。読者にも、相互に緩やかな関連性はあるものの、基本的に独立したものだということがわかるだろう。

私に、もう一度、「オリンピア」と題した作品群を出していこうという強い意欲が生まれた。

この『オリンピア１９３６　ナチスの森で』の原形となる文章を発表したのは一九七六年の「文藝春秋」誌上である。「ナチス・オリンピック」というタイトルで、四百字詰めの原稿用紙で七、八十枚の短いものだった。

それが、『オリンピア　ナチスの森で』として単行本のかたちで世の中に出ることになったのは、「ナチス・オリンピック」から二十二年後の一九九八年だった。そして、偶然にも、そこからさらに二十二年後の二〇二〇年に、『オリンピア１９３６　ナチスの森で』として、ここに装《よそお》いを改めて新潮文庫で刊行されることになった。

雑誌に掲載された記事から単行本を出すまでの二十二年のあいだに、取材をさせていただいた方の多くが亡《な》くなっていた。そして、その単行本の刊行から、この新潮文庫版に至るまでの二十二年間にも次々と選手や関係者が亡くなっていった。

とりわけ、二〇〇三年には、ベルリン大会の「巫女《みこ》」のような存在だったレニ・リーフェンシュタールが亡くなった。年齢は百一歳だった。聞くところによれば、蠟燭《ろうそく》の炎がふっと消えるような自然な死に方だったという。

彼女にとっては、晩年の宿願だった『ワンダー・アンダーウォーター　原色の海』が生きているあいだに完成し、一般に公開されたことが何よりの幸せだったかもしれない。私には、単なる「海の美しさ」というものを突き抜けた、レニらしい「何か」を感じることはできなかったのだが。

そして、二〇一〇年、高飛び込みに出場した大沢礼子が九十四歳で亡くなった。それを知らせてくださった御遺族の手紙によれば、大沢さんは、この『ナチスの森で』に取り上げられたことを、死ぬまで誇りに思ってくださっていたという。

慧眼《けいがん》の読者には、八十歳を過ぎた大沢さんがマスターズ国際大会に出場したときのエピソードを語った「知人」というのが、どうやら筆者である私らしいということはわかっていたと思う。

私には、そのとき、金メダルを取るはずが銀メダルに終わったということを話してくださった大沢さんが、別れ際《ぎわ》にとびきり明るい口調で、こう言ったのが忘れられない。

「明日はね、映画館で『Ｓｈａｌｌ　ｗｅ　ダンス？』を見るつもりなの」

この好奇心と元気さからいくと、もしあの作品を見たら、今度は社交ダンスをやってみたいなどと言い出すのではないかと、こちらまで心楽しくなったものだった。

たぶん、この大沢さんの死で、ベルリン大会に出場した日本の選手のほとんどが亡くなられたのではないかと思われる。少なくとも、私にとってのベルリン大会は幕を閉じることになった。

あとは、この『オリンピア１９３６　ナチスの森で』が、少しでも永く生きることができればと願うだけだ。

二〇二〇年三月

沢木耕太郎

あとがきⅢ

去年、この本のために「あとがきⅡ」を書いてから一年が過ぎた。

二度目の東京オリンピックが一年延期されたことを受け、出版社の意向により、この本の出版も一年延期されることになった。

私は、オリンピックの延期が囁《ささや》かれることになったときから、もし延期するのなら一年ではなく二年にした方がいいと考えていた。新しいコロナウイルスの流行のサイクルを見極めるためには、最低でも一年は必要だと思えたからだ。オリンピック開催の適否や時期は、そこからもう一年のあいだに検討すればいい。開催するならどうしたらいいのか。さらなる延期は許されるのか。中止するのならどのような手順を踏むべきなのか。

かりに二年後としても、それを難しいとする致命的な理由はなかったはずだった。

二年後には冬季オリンピックがあるが、かつては同年に開催していたのだから問題はない。サッカーのワールドカップの開催年に当たるが、時期を若干ずらすことはさほど難しくはない。あとは、最大の金主であるアメリカのネットワーク・テレビの意向だが、非常事態の発生を理由に局の事情を最優先するのを抑えてもらうことは不可能ではないはずだ。

それに、オリンピックとオリンピックとのちょうど中間の年になる二年目は、かつてアテネで催されたことのある「オリンピック中間年大会」の現代版ということで納得してもらえるかもしれなかった。

しかし、当時の首相の安倍《あべ》晋三《しんぞう》は、かなり強引なリーダーシップを発揮して一年後に開催すると宣言してしまった。

なぜ二年後にしなかったのか。ＩＯＣ側は、二年後という案を呑《の》むことも辞さないという態度だったと言われる。とにかく、凄《すさ》まじい金権体質のＩＯＣはオリンピックを開催できさえすればいいのだ。そのためにはあらゆることを呑むはずだった。

そこを一年後としてしまったのは、安倍氏の側にそうしたい事情、たとえば一年後ならまだ首相として開会式に臨めるだろうという期待、のようなものがあったからではないかと思えなくもない。

その結果が、現在の苦境である。新型コロナウイルスの流行が終息していれば、戦いの勝利を祝う大会になり得たかもしれない。終息しないまでも、流行の勢いにある程度の落ち着きがうかがえれば、世界を巻き込んだ戦いの、つかの間の休息のときとしての大会になり得たかもしれない。私は、そこに、この「大義」のないオリンピックに、「大義」が生まれるかもしれない可能性を見てもいた。

しかし、世界で依然として厳しい戦いが続いているさなかとあっては、あらゆる意味において開催の「大義」は生じようもなくなってしまった。組織委員会も、東京都も、日本国も、進むも地獄、退くも地獄の隘路《あいろ》で立ち往生してしまったかに見える。

それにしても。

これほど惨《みじ》めなオリンピックの大会は、かつてなかったかもしれない。中止になれば、その準備に費やされた莫大《ばくだい》な金と労力が無になる。強行されたとしても、外国からの支持や支援は希薄な上に、国内においても国民ばかりか東京都民ですら熱い気持を向けられなくなっている。実に都民の七割以上が開催に反対しているらしいのだ。

なんとかかわいそうな「二度目の東京オリンピック」さん。

いま、そのかわいそうな「二度目の東京オリンピック」さんを前に、私はどのように対応したらいいのか迷っている。

以前と同じように、あくまで「大義」のない大会として黙ってやり過ごせばいいのか。あるいは、惨めで哀れな大会だからこそ、最後まですべてを見届けてあげるべきなのか。

さて……。

二〇二一年四月

沢木耕太郎

主要参考文献

回想　レニ・リーフェンシュタール（椛島則子訳）文藝春秋
長距離を走りつづけて　村社講平　ベースボール・マガジン社
根性の記録　田島直人　講談社
わが人生一直線　吉岡隆徳　日本経済新聞社
私のスポーツの記録　清川正二　ベースボール・マガジン社
One Free World　堀江忠男　新評論
水泳おもしろばなし　葉室鉄夫　私家版
前畑は二度がんばりました　兵藤秀子　ごま書房
ああ月桂冠に涙　孫基禎　講談社
レニ・リーフェンシュタール　グレン・B・インフィールド（喜多迅鷹・喜多元子訳）　リブロポート
シネマのある風景　山田稔　みすず書房
わたしの渡世日記　高峰秀子　朝日新聞社

オリンピック余聞　鈴木良徳　ベースボール・マガジン社
朝日新聞社史　朝日新聞百年史編修委員会編　朝日新聞社
定本　横光利一全集　第十三巻　河出書房新社
垣隣り　宮城道雄　小山書店
近代オリンピックの遺産　アベリー・ブランデージ（宮川毅訳）ベースボール・マガジン社
わが闘争　アドルフ・ヒトラー（平野一郎・将積茂訳）角川書店
ベルリン日記　ウィリアム・シャイラー（大久保和郎・大島かおり訳）　筑摩書房
ゲッベルス　平井正　中央公論社
オリンポスの使徒　大野芳　文藝春秋
日章旗とマラソン　鎌田忠良　講談社
第十一回オリンピック大会報告書　大日本体育協会
ヒトラーへの聖火　ダフ・ハート・デイヴィス（岸本完司訳）東京書籍
近代オリンピック100年の歩み　日本オリンピック委員会監修　ベースボール・マガジン社
「文藝春秋」にみるスポーツ昭和史　第一巻　文藝春秋

陸上競技百年　織田幹雄　時事通信社
日本陸上競技史　山本邦夫　道和書院
近代陸上競技の歴史　ロベルト・L・ケルチェターニ（日本陸上競技連盟監修）ベースボール・マガジン社
水連四十年史　日本水泳連盟
昭和十二年ラヂオ年鑑　日本放送協会編　日本放送出版協会
DIE OLYMPISCHEN SPIELE 1936, Cigaretten-Bilderdienst, Hamburg-Bahrenfeld, GERMANY
THE NAZI OLYMPICS, Richard D.Mandell, Macmillan, U.S.A.
JESSE OWENS: AN AMERICAN LIFE, William J. Baker, Free Press, U.S.A.

この作品は一九九八年五月集英社より『オリンピア
ナチスの森で』として刊行され、二〇〇七年七月集英社
文庫に収められた。新潮文庫版刊行にあたり改題した。

沢木耕太郎著

波の音が消えるまで
―第1部 風浪編／第2部 雷鳴編／第3部 銀河編―

漂うようにマカオにたどり着いた青年が出会ったバカラ。「その必勝法をこの手にしたい」――。著者渾身のエンターテイメント小説！

「新潮45」編集部編

殺人者はそこにいる
―逃げ切れない狂気、非情の13事件―

視線はその刹那、あなたに向けられる……。酸鼻極まる現場から人間の仮面の下に隠された姿が見える。日常に潜む「隣人」の恐怖。

「新潮45」編集部編

殺ったのはおまえだ
―修羅となりし者たち、宿命の9事件―

彼らは何故、殺人鬼と化したのか――。父母は、友人は、彼らに何を為したのか。全身怖気立つノンフィクション集、シリーズ第二弾。

「新潮45」編集部編

殺戮者は二度わらう
―放たれし業、跳梁跋扈の9事件―

殺意は静かに舞い降りる、全ての人に――。血族、恋人、隣人、あるいは〝あなた〟。現場でほくそ笑むその貌は、誰の面か。

「新潮45」編集部編

凶悪
―ある死刑囚の告発―

警察にも気づかれず人を殺し、金に替える男がいる――。証言に信憑性はあるが、告発者も殺人者だった！ 白熱のノンフィクション。

吉村昭著

戦艦武蔵
菊池寛賞受賞

帝国海軍の夢と野望を賭けた不沈の巨艦「武蔵」――その極秘の建造から壮絶な終焉まで、壮大なドラマの全貌を描いた記録文学の力作。

吉村昭著
漂流
水もわかず、生活の手段とてない絶海の火山島に漂着後十二年、ついに生還した海の男がいた。その壮絶な生きざまを描いた長編小説。

吉村昭著
羆《くまあらし》嵐
北海道の開拓村を突然恐怖のドン底に陥れた巨大な羆の出現。大正四年の事件を素材に自然の威容の前でなす術のない人間の姿を描く。

吉村昭著
破船
嵐の夜、浜で火を焚いて沖行く船をおびき寄せ、坐礁した船から積荷を奪う――サバイバルのための苛酷な風習が招いた海辺の悲劇！

吉村昭著
破獄
読売文学賞受賞
犯罪史上未曽有の四度の脱獄を敢行した無期刑囚佐久間清太郎。その超人的な手口と、あくなき執念を追跡した著者渾身の力作長編。

宮沢賢治著
新編 風の又三郎
谷川に臨む小学校に突然やってきた不思議な転校生――少年たちの感情をいきいきと描く表題作等、小動物や子供が活躍する童話16編。

宮沢賢治著
新編 銀河鉄道の夜
貧しい少年ジョバンニが銀河鉄道で美しく哀しい夜空の旅をする表題作等、童話13編戯曲1編。絢爛で多彩な作品世界を味わえる一冊。

新潮文庫最新刊

角田光代・島本理生
燃え殻・朝倉かすみ
ラズウェル細木著
越谷オサム・小泉武夫
岸本佐知子・北村薫

もう一杯、飲む？

そこに「酒」があった――もう会えない誰かと、あの日あの場所で。九人の作家が小説・エッセイに紡いだ「お酒のある風景」に乾杯！

伊藤祐靖著

自衛隊失格
―私が「特殊部隊」を去った理由―

北朝鮮の工作員と銃撃戦をし、拉致されている日本人を奪還することは可能なのか。日本初、元自衛隊特殊部隊員が明かす国防の真実。

鳥飼玖美子著

通訳者たちの見た戦後史
―月面着陸から大学入試まで―

日本人はかつて「敵性語」だった英語とどう付き合っていくべきか。同時通訳と英語教育の第一人者である著者による自伝的英語論。

沢木耕太郎著

オリンピア1936
ナチスの森で

ナチスが威信をかけて演出した異形の1936年ベルリン大会。そのキーマンたちによる貴重な証言で実像に迫ったノンフィクション。

沢木耕太郎著

オリンピア1996
冠《コロナ》**〈廃墟の光〉**

スポンサーとテレビ局に乗っ取られたアトランタ五輪。岐路に立つ近代オリンピックの「滅びの始まり」を看破した最前線レポート。

知念実希人著

ひとつむぎの手

命を縫う。患者の人生を紡ぐ。それが使命。〈心臓外科〉の医師・平良祐介は、多忙な日々に大切なものを見失いかけていた……。

オリンピア1936

ナチスの森《もり》で

新潮文庫　さ－7－41

令和三年六月一日発行

著者　沢《さわ》木《き》耕《こう》太《た》郎《ろう》

発行者　佐藤隆信

発行所　株式会社　新潮社

郵便番号　一六二―八七一一
東京都新宿区矢来町七一
電話　編集部(〇三)三二六六―五四四〇
読者係(〇三)三二六六―五一一一
https://www.shinchosha.co.jp

価格はカバーに表示してあります。

乱丁・落丁本は、ご面倒ですが小社読者係宛ご送付ください。送料小社負担にてお取替えいたします。

印刷・錦明印刷株式会社　製本・錦明印刷株式会社

ISBN978-4-10-123526-4　C0195